新时代高校国民经济管理专业核心课程教材

科学出版社“十四五”普通高等教育本科规划教材

国民经济发展战略与规划

主　编◎赵丽芬　杨爱兵　廖信林

科学出版社

北　京

内 容 简 介

本书深入系统地阐释国民经济发展战略与规划的相关理论、实务要领，全面清晰地呈现中华人民共和国成立以来国民经济发展战略与规划的历史实践、时代背景及其与时俱进的创新历程。本书由理论篇、实践篇、展望篇三个部分构成，按照“理论分析—实务实践—未来展望”的基本思路搭建研究框架，既体现了国内外相关理论研究最新成果，也蕴含着所有参编者丰厚的教学研究积累。

本书既可以作为大学本科生专业课教材，也可作为考研参考资料，以及跨学科学习者、非相关专业学生拓宽知识视野、了解国民经济宏观布局的参考书目。

图书在版编目(CIP)数据

国民经济发展战略与规划 / 赵丽芬, 杨爱兵, 廖信林主编. -- 北京 : 科学出版社, 2025. 6. -- (新时代高校国民经济管理专业核心课程教材) (科学出版社“十四五”普通高等教育本科规划教材). -- ISBN 978-7-03-082260-4

Ⅰ. F124

中国国家版本馆 CIP 数据核字第 2025T1T070 号

责任编辑：方小丽 / 责任校对：姜丽策
责任印制：张 伟 / 封面设计：有道设计

科学出版社 出版
北京东黄城根北街 16 号
邮政编码：100717
http://www.sciencep.com
北京市金木堂数码科技有限公司印刷
科学出版社发行 各地新华书店经销
*
2025 年 6 月第 一 版 开本：787 × 1092 1/16
2025 年 6 月第一次印刷 印张：14 1/4
字数：332 000

定价：58.00 元

（如有印装质量问题，我社负责调换）

总　序

2023 年 7 月 8 日，全国设有“国民经济管理”本科专业的高校骨干教师聚集成都，完成了一项富有历史性的使命：编写符合习近平新时代所需要的、新型的国民经济管理专业系列教材。

众所周知，国民经济学是研究和阐释一个国家的经济如何运行以及如何管理的经济学科。新中国的国民经济学科起步于 1950 年，经历了三个时期的艰难发展历程：最初通过引进苏联经验，在计划经济时期建立起满足当时国民经济建设和发展所需要的国民经济计划学；进入改革开放时期，又将这种学科理论转型为满足社会主义市场经济所需要的国民经济管理学；进入 21 世纪之后，国民经济学科开始逐步定型。在 2000 年，保留了“国民经济管理”本科专业的七所高校的专业教师聚集北京，集体商定编写了教育部“面向 21 世纪课程教材”之“高等学校国民经济管理专业主干课教材”。该丛书共计四本，列有《国民经济管理学》《宏观经济数量分析方法与模型》《可持续发展战略学》《区域经济管理学》。该套丛书得到过老一辈学者钟契夫、刘成瑞、张今声、侯荣华的悉心指导，一些学科前辈如杜肯堂、戴士根、刘起运、李华、江勇等均担纲主编了该丛书。该套丛书在各个高校中使用了 20 多年，获得不少学术奖励，其中部分教材还发行了三版。

时过境迁，当中国经济实践进入经济高质量发展阶段之后，当中国经济理论也进入习近平新时代中国特色社会主义思想阶段时，“面向 21 世纪”的课程教材就需要更新为“新时代”的课程教材。特别是，2022 年 4 月 25 日习近平总书记考察中国人民大学，提出“加快构建中国特色哲学社会科学，归根结底是建构中国自主的知识体系”[①]。面对这场时代巨变和时代呼唤，国民经济学科需要与时俱进，及时更新教学内容并进一步完善学科体系。

本套丛书同样规划为四本，列有《国民经济学原理》《国民经济分析方法》《国民经济发展战略与规划》《国民经济学案例》。不难看出，本套丛书在继承上一套丛书的基础上，更加注重规范和创新。首先，学科与专业区分开来，教材名称更加规范。目前全国高校本科专业设为“国民经济管理”，研究生专业设为“国民经济学”。经过 20 多年教学实践、体验和观察，国民经济学更加符合该学科的应用经济学科性质。国民经济学属于经济学大家庭中的一员，所以从研究对象和研究方法上更多采用经济学科范式。以前的国民经济管理学介于经济学与管理学之间，内容更多偏重管理理论与方法。通过数十年的发展，国民经济学的理论与方法都已经向经济学靠拢，因此丛书各本基本不再采用管

① 《习近平在中国人民大学考察时强调：坚持党的领导传承红色基因扎根中国大地 走出一条建设中国特色世界一流大学新路》，https://www.gov.cn/xinwen/2022-04/25/content_5687105.htm，2022 年 4 月 25 日。

理说法。然而，由于国民经济学科本身不仅研究国民经济运行问题，也研究国民经济管理问题，尤其是在中国一直采用发展战略与规划的形式来引导国民经济运行，因此作为该专业的核心课程之一“国民经济发展战略与规划”仍然是富有管理专业性质的。丛书专门编写了富有国民经济管理特色的《国民经济发展战略与规划》教材，这个做法是实事求是的。如今，类似战略与规划课程多数设在“公共管理”专业下，而国民经济学专业保留该课程是专业性质和特色所决定的。其次，课程教材体现了中国的国情和经济发展特点。实际上，中国的国民经济学科本身就是土生土长的，与国外的经济学科基本没有学脉关系，所以在编写本套丛书时就继续强调了要总结好中国经验，讲好中国故事。本套丛书专门编写了《国民经济学案例》一书，这本书在全国范围内也不多见，力图更加聚焦中国发展经验与教训，为后人提供丰富的中国教案。最后，本套丛书基本上凝聚了本学科的专业核心内容。四本教材基本上都是在各个高校已经开设的核心课程基础上，为国民经济管理本科专业或国民经济学研究生专业量身定制的，不存在与其他专业课程教材重合、边界不清的问题，学科建设和教学更加专业和规范。

本次新编丛书的教师来自全国设有国民经济管理本科专业和国民经济学研究生专业的高校。这些教师大都年富力强，专业教学科研经验丰富，对中国国民经济管理理论、实践和方法比较熟悉。其中不少教师具有海外留学或研修经历，常年跟踪国内外学术研究前沿进展，对中外学术进展状况比较了解。这种高素质、高素养的编书人才队伍的构成，使得本套教材丛书的编写极有可能进入国内外领先行列。

本套教材丛书在编写过程中参考了国内许多优秀科研专著和教材，同时还借鉴了国内三套具有代表性的国民经济学科系列教材，即张今声等主持的教育部“面向 21 世纪国民经济管理专业教学内容与课程体系改革研究”系列教材、林木西主编的“国民经济学系列丛书”、刘瑞主持的“21 世纪国民经济管理学系列教材”。感谢这些中国化的国民经济学科教材为本套丛书提供了丰厚的学术资源和教案素材。同时，本套丛书的编写也得到了相关学校“十四五”规划教材和教改工程项目的资助，被列入科学出版社“十四五”普通高等教育本科规划教材，部分教材得到了中国人民大学“钟契夫国民经济学科发展基金”出版赞助，借此机会对上述机构及人员表示诚挚的谢意。

编委会

2025 年 4 月

前　言

坚持以国民经济发展战略与规划引领和推进经济社会发展，是中国共产党治国理政的重要方式，也是中华人民共和国成立至今我党在实践和发展中积极探索并长期坚持的一项重要工作。从经济社会发展实践的视角考察，无论是在计划经济时期，还是在改革开放以来特别是社会主义市场经济体制建立与完善时期，国民经济发展战略与规划在我国社会主义现代化建设中始终占有重要地位。从理论演进的视角考察，不难发现，几十年来无论在国际上还是在中国学术领域，有关经济发展战略与规划的研究探讨不断深入，形成了一系列创新性成果，相关理论体系日臻完善。

当前，中国特色社会主义进入新时代，中国经济已由高速增长阶段转向高质量发展阶段，同时，世界百年未有之大变局加速演进。以中国式现代化全面推进中华民族伟大复兴，需要我们理性把握、科学判断世界经济发展趋势，充分发挥社会主义制度优势，以及国民经济发展战略与规划对我国经济社会发展的引领作用。在这一背景下，以国民经济发展战略与规划的相关理论为基础，系统梳理和总结我国国民经济发展战略与规划的演进逻辑及实践经验，深入探讨进一步优化国民经济发展战略与规划体系的路径，既是新时代赋予中国社会科学工作者的历史使命，也是作为培养新时代经济管理人才的高校教师义不容辞的责任。

本书是全国六所高校教师通力合作完成的成果。各位作者在教学第一线工作多年，具有丰富的教学经验和教材编写经验。本书既体现了国内外相关理论研究最新成果，也蕴含着所有参编者丰厚的教学研究积累。

本书由理论篇、实践篇、展望篇三个部分构成，体现了编者按照“理论分析—实务实践—未来展望”搭建研究框架的基本思路。理论篇包括第一章、第二章和第三章，分别对国民经济发展战略与规划的内涵、特征、功能、分类等进行理论分析，并在此基础上阐述国民经济发展战略与规划的理论依据，为后续的实务实践研究奠定理论基础；实践篇包括第四章、第五章、第六章、第七章、第八章和第九章，从实务操作层面介绍国民经济发展战略与规划的制定（编制）和实施过程，并在此基础上回顾和梳理中国国民经济发展战略与规划实践的演进历程及其创新；展望篇即第十章，在系统总结我国制定和实施国民经济发展战略与规划历史经验的基础上，综合分析和研判国内外环境因素的新变化、新挑战和新趋势，对未来我国进一步优化国民经济发展战略与规划体系，更好发挥其引领经济社会发展作用的路径选择等进行前瞻性探讨。

总之，本书适应国民经济管理专业培养应用型经济管理人才的需要，致力于理论与实践相结合，专业教育与课程思政相结合，在坚持教材编写的规范性、科学性、严肃性、前沿性的前提下，力求深入浅出、融会贯通，彰显国民经济发展战略与规划的中国特色。一方面，深入系统地阐释国民经济发展战略与规划的相关理论、实务要领；另一方面，全面清晰地呈现中华人民共和国成立以来国民经济发展战略与规划的时代背景、历史实践及其与时俱进的创新历程，以便于教师在专业课教学中紧密结合国民经济发展战略与规划的实践进行“四史”教育，让学生在专业学习中对我国改革开放前后的情况有比较深入的了解和认识，更深刻地领悟国民经济发展战略与规划的实践与创新在中国经济社会发展中的重要地位和重大意义。

本书由中央财经大学赵丽芬教授、辽宁大学杨爱兵教授、安徽财经大学廖信林教授任主编，中央财经大学田子方副教授任副主编。各章的编写分工如下：第一章，辽宁大学张紫薇副教授；第二章，安徽财经大学王伟老师；第三章，中央财经大学赵丽芬教授；第四章，中央财经大学吴楠老师；第五章，中央财经大学田子方副教授；第六章，辽宁大学杨爱兵教授；第七章，江西财经大学李冀恺老师；第八章，山西财经大学王瑞娟老师；第九章，安徽财经大学廖信林教授；第十章，四川大学黄勤教授。全书最后由第一主编赵丽芬总纂定稿。

本书既可以作为大学本科生专业课教材，也可作为考研参考资料，以及跨学科学习者、非相关专业学生拓宽知识视野、了解国民经济宏观布局的参考书目。在本书编写过程中，我们参考了大量国内外有关研究成果，在此，对所涉及的专家作者一并表示衷心感谢，同时也对科学出版社编辑方小丽女士和相关工作人员为出版本书付出的辛勤劳动和大力支持，表示最诚挚的谢意。

由于编者水平有限，书中不妥之处，恳请广大读者不吝赐教。

编　者

2025 年 4 月

目　录

理论篇　国民经济发展战略与规划基本理论

实践篇　国民经济发展战略与规划的制定和实施

理论篇

国民经济发展战略与规划基本理论

第一章

国民经济发展战略概述

国民经济发展战略是国家对国民经济和社会发展的全局性重大问题的部署和安排，是指导国家经济发展的重要依据。本章在简要介绍国民经济发展战略的内涵、特征与影响因素的基础上，系统分析国民经济发展战略的基本要素、类型及功能，以及国民经济发展战略管理流程。

第一节　国民经济发展战略的内涵、特征与影响因素

一、战略的定义与国民经济发展战略的内涵

（一）战略的定义

在中国，“战略”一词历史久远，最早是军事方面的术语。“战”指战争，“略”指“谋略”，战略是指军事将领指挥军队作战的谋略。春秋时期，孙武的《孙子兵法》被认为是中国最早对战略进行全局谋划的著作。在现代，“战略”一词被引申至政治、经济管理领域，其含义演化为泛指统领性的、全局性的、关乎胜败的谋略、方案和对策。管理学大师迈克尔·波特认为，战略的本质是选择、权衡和各适其位。在管理学领域，通常将战略定义为组织为适应外部环境的变化，谋求长期的生存和进展，对组织全局性的目标、方针进行运筹规划。

（二）国民经济发展战略的内涵

在经济学领域，经济发展战略的概念是在第二次世界大战以后运用起来的。由于一系列新独立的发展中国家出现，经济发展问题日益突出，逐渐形成以发展中国家的经济发展为研究对象的发展经济学，随之产生经济发展战略概念。美国发展经济学家阿尔伯特·赫希曼较早使用这一概念，并于 1958 年出版了《经济发展战略》一书。20 世纪

60 年代，不少国家总结工业化的经验，提出“进口替代发展战略”“出口替代发展战略”等经济发展战略的不同模式。在此阶段，联合国先后制定了 20 世纪 60 年代、70 年代、80 年代三个十年的国际发展战略，使发展战略概念在国际上更为流行。20 世纪 70 年代末，中国一些学者开始引用“发展战略”概念，并进行了专门研究。

国民经济发展战略的内涵，可以从广义和狭义两个角度来理解。广义来看，根据不同的决策主体，国民经济发展战略可以分为企业发展战略、地区发展战略、行业发展战略以及国家发展战略。狭义来看，国民经济发展战略是指从国民经济全局出发，包括经济、社会、科学、教育、文化、生态环境、居民生活福利等在内的综合性战略，是带动国民经济全局发展的战略。根据我国国民经济学学科发展历程和定位，本书将国民经济发展战略定义为国家对较长时期（如 10 年、20 年或更长）国民经济和社会发展的全局性重大问题的部署和安排，它关系到一国经济和社会发展的前景，是指导国家发展的重要依据。

二、国民经济发展战略的主要特征

国民经济发展战略具有以下三个主要特征。

1. 全局性

国民经济发展战略的对象是一国范围内经济社会活动的整体，不是某一部门或某一区域的局部经济社会活动。因而，国民经济发展战略要从宏观的角度，统揽全局，体现国家整体利益和长远利益，从全局的高度去寻求发展思路，并且善于抓住能影响全局的关键性、根本性问题，以推动整个国民经济向前发展。

2. 稳定性

国民经济发展战略所涉及的是关系一国发展的根本性的重大问题，是对这些问题的长远预见和判断，并需要较长时期才能实现，所以，它涉及的战略期限比较长，是制定发展规划、宏观经济政策的重要依据。也正因为如此，国民经济发展战略的指导思想和目标要保持一定的稳定性。另外，国民经济发展战略是国家发展观的具体体现，其基本指导思想必须与国家发展观保持高度一致性，这也决定了国民经济发展战略具有一定程度的稳定性。当然，这种稳定性是相对的。随着经济社会发展实践的推进和国家发展观的转变，国民经济发展战略也要不断补充、完善、调整甚至改变。

3. 纲要性

国民经济发展战略是对经济社会发展总方向、总目标、总体步骤和重大方针的描述和谋划，是提纲挈领的。在具体实施过程中，国民经济发展战略需要通过中短期经济发展规划和宏观经济政策加以具体落实。因此，国民经济发展战略具有纲要性特征。

三、国民经济发展战略的影响因素

由于国民经济发展战略关系到一国的命运和前途，所以制定科学合理的发展战略是国家的头等大事。制定国民经济发展战略，可以运用 SWOT 分析法提供的基本思路①，对一个国家面临的内外环境，即国民经济发展战略的关键影响因素进行全面系统的分析。在此基础上，结合一个国家所处的特定发展阶段的特点，通过全面系统的判断和规范的程序组织，对发展战略作出分析抉择。

SWOT 分析法又称态势分析法。最初，SWOT 分析法作为企业战略研究中的一种常用的分析工具，被广泛运用在企业战略管理层面上。目前，该方法已逐渐在多个层次上推广运用，如区域发展战略、行业发展战略乃至国家发展战略。

运用 SWOT 分析法制定国民经济发展战略，主要考虑以下两个方面：①分析国家发展的内部条件，包括优势和劣势；②分析国家发展面临的外部条件，包括机遇和挑战。制定科学的国民经济发展战略要求决策者站在全局的高度，高屋建瓴地把握一个国家发展的宏观态势，准确判断影响国家发展的各种内外因素，扬长避短，利用机遇，化解威胁，为国家长期稳定健康发展提供基本思路。

（一）国家发展的内部条件因素

对一国发展的内部条件，包括优势和劣势的全面认识，是寻求一国正确发展战略的重要前提。把握一个国家的优势和劣势，应该考虑哪些因素呢？在阐述这些具体因素之前，我们有必要了解两个理论，即国家内在能力理论和国际竞争理论。

1. 国家内在能力理论

美国战略学家科特勒在分析国家繁荣或衰退的原因时，提出了国家内在能力的基本框架。他认为，国家的繁荣与衰退并不完全取决于自然资源，而是取决于国家的内在能力。影响一个国家内在能力的因素是多方面的，战略决策者不仅要了解这些因素的范围和强度，而且要知道这些因素随时间推进而出现的替代和协同作用。

科特勒认为，影响国家内在能力的因素主要有以下几个。

（1）文化态度与价值观。不同的国家存在文化背景差异，这种差异的影响会渗透到方方面面，大到国家发展战略、政治经济制度的选择，小到企业家精神、居民储蓄态度、家庭观念等，从而对一国发展产生不可忽视的影响。

（2）社会融合性。财富分配、权利分配、文化同种性等都会影响一国的社会融合性。如果所有集团和群体都对国家政策全力以赴，尽心尽责，无疑会促进国家繁荣和发展。

（3）要素禀赋。一个国家的要素禀赋包括自然资源、人口规模、人力资本、物质资本、技术及基础设施，这些要素对增强一国的竞争力都是至关重要的。尤其是人力资本、物质资本、技术等先进要素，决定着一个国家拥有达到最高境界的竞争优势的可能性与成功率。

（4）产业组织形式。产业竞争的激烈程度、竞争与垄断关系的处理、企业组织形

---

① SWOT 分析法，是一种综合考虑组织内外部条件的各种因素，进行系统评价，从而选择最佳战略的方法。其中，S（strength）是指组织内部的优势、W（weakness）是指内部的劣势、O（opportunity）是指外部环境的机会、T（threat）指的是外部环境的威胁。可见，SWOT 分析法就是将组织内外部条件的各方面内容进行综合和概括，进而分析组织的优劣势、面临的机会和威胁，从而为制定科学发展战略服务的一种方法。

式的选择，都会影响产业竞争力。找到适合本国的产业组织形式，是提高一国国际竞争力的关键。

（5）政府的领导。一个国家政治领袖的远见卓识、政府的战略扶持、行政效率、政策连贯性、政局稳定性，都对一国的发展起着重要的推动作用。反之，政府缺乏远见、腐败、军费开支过大、资源配置不合理、政局不稳，都会破坏国家发展的内在能力。

2. 国际竞争理论

20 世纪后期开始的全球化浪潮推动了人们对各国国际竞争力的关注。国际竞争力是指一个国家在世界经济体系中，在国家层面上创造增加值、促进国民财富的可持续增长的综合能力。国际竞争力评价是全新的系统量化概念，为考察一国的综合发展能力提供了有益思路，也是国家发展条件的一个综合评价体系。1989 年，世界经济论坛与洛桑国际管理发展学院（International Institute for Management Development，IMD）合作发布的《世界竞争力年鉴》采用八个维度衡量国家的国际竞争力。这八个维度包括：国内经济实力、国际化程度、政府管理、金融体系、基础设施、企业管理、科学技术和国民素质。2001 年以来，IMD 将上述指标进一步整合，采用经济绩效、政府效率、商业效率和基础设施四大要素体系评价国际竞争力，具体指标如表 1-1 所示。IMD 国际竞争力评价指标体系中的四个维度是国家评价分析发展的内部条件参考，是评估发展优势和劣势的重要方面。

表 1-1　IMD 国际竞争力评价指标体系

经济绩效	国内经济（规模、增长速度、财富、宏观经济指标预测）、国际贸易、国际投资、就业、价格
政府效率	公共开支、财政政策、制度框架（中央银行、政府、司法）、商业环境（市场开放和被管制的程度、对竞争秩序的维护、资本市场的监管）、教育
商业效率	生产率、劳动力市场（成本、劳工与资本关系、劳动技能）、金融市场、管理效率、全球化的影响
基础设施	基本基础设施、技术基础设施、科研基础设施、卫生与环境、价值系统

借鉴国家内在能力理论和国际竞争理论，各国在具体实践中，通常从本国经济社会的基本情况出发制定国民经济发展战略，使战略目标的确定和发展途径的选择符合客观条件并立足本国实际。总体来看，通常需要考虑以下五方面内容。

（1）自然资源条件。自然资源条件主要有土地、水资源、生物资源、矿物资源、可再生能源资源，以及地理位置、气候等。

（2）人口状况。人口状况包括人口数量、素质、构成、就业等。人既是生产者，又是消费者，在具体制定经济发展战略时，要充分考虑人口价值具有的两重性，把人口现状与国家经济社会发展等状况结合起来统筹考虑。

（3）经济条件。经济条件主要有生产力发展水平、产业结构、基础设施、居民收入及消费水平、科技教育等。这是一个国家经济实力的重要表现，也是制定国民经济发展战略的基础。

（4）经济社会结构。经济社会结构主要包含社会经济成分、管理体制、政治制度等内容。这些因素中，有的影响经济发展的状况和方向，有的影响经济发展的动力和途径，有的起制约作用等。因此，在制定国民经济发展战略时应当综合考虑。

（5）科技发展水平。当代科技发展水平对经济社会各个方面的影响日益突出。因此，在制定国民经济发展战略时，需要充分考虑到科技发展给未来带来的潜在影响。

此外，经济规律是经济社会现象及其运动过程内在的、本质的、必然的联系。因此，制定国民经济发展战略必须符合客观规律，要善于学习和总结实践经验，从经济实践中找出经济发展的规律，作出科学的决策。

（二）国家发展的外部条件因素

全球化背景下，国际经济关系日趋密切，一国的发展与世界环境息息相关。国际政治经济的形势及条件对一个国家的经济社会发展有着重大影响。因此，制定国民经济发展战略，必须要分析国家发展面临的外部条件，把握未来的世界发展格局，从中找出世界发展趋势给本国发展带来的机遇与威胁，从而趋利避害，扬长避短。

科特勒在分析国家发展的外部条件时，提出了识别一国的机遇和威胁的基本思路。他认为，机遇可以被定义为抓住机遇，一国在某个领域可以获得更多的财富，而威胁是由政治、经济、社会发展的不利趋势产生的挑战。他列举了全球发展的动因与趋势，以及可能产生的重要意义，见表 1-2。

表 1-2 全球发展的动因、趋势与重要意义

全球发展的动因与趋势	重要意义
全球相互依存	从别国的威胁中寻找机遇 从别国的行动中寻找机遇 容易受外部发展的伤害 奉行进口自由化政策
贸易保护主义和不断增多的经济集团	通过经济联合加强国家的竞争性 地区经济的崛起
跨国公司和跨国经营	增加了国际劳动分工 发展了一国的跨国合作
政治冲突与部落文化	为国家的统一做准备 改变国家的同盟
科技的快速发展	通过合作创造技术实力 找出世界市场上的技术补遗领域 解决比较优势的转换
对环境的日益关注	出口有利于环境并改善环境的产品

资料来源：科特勒. 国家营销：创建国家财富的战略方法[M]. 余利军，江春，译. 北京：华夏出版社，2001.

第二节　国民经济发展战略的基本要素、类型及功能

一、国民经济发展战略的基本要素

对古今中外各国发展战略实践进行考察，可以发现完整的国民经济发展战略应包括以下要素：战略理念、战略目标、战略重点、战略布局、战略步骤、战略措施。制定发展战略就是要对这些战略要素进行具体表述，最终形成完整的战略。

（一）战略理念

制定发展战略首先要明确发展战略理念。战略理念是发展战略的指导思想，它决定着发展的基本出发点和基本准则，是对整个发展战略基本取向的高度概括，在整个发展战略中起灵魂作用。习近平总书记指出："古人说：'理者，物之固然，事之所以然也。'发展理念是发展行动的先导，是管全局、管根本、管方向、管长远的东西，是发展思路、发展方向、发展着力点的集中体现。发展理念搞对了，目标任务就好定了，政策举措也就跟着好定了。"①2003 年 10 月 11 日至 14 日，党的十六届三中全会在北京召开。全会审议通过了《中共中央关于完善社会主义市场经济体制若干问题的决定》，指出要"坚持统筹兼顾，协调好改革进程中的各种利益关系。坚持以人为本，树立全面、协调、可持续的发展观，促进经济社会和人的全面发展"②，从而第一次正式提出了"科学发展观"的命题。科学发展观是中国共产党的重大战略思想，此后，科学发展观成为我国制定发展战略的重要指导思想。2015 年党的十八届五中全会进一步深化和发展了科学发展观理念，提出了创新、协调、绿色、开放、共享的新发展理念，这是指导我国新时期发展战略的新理念。

（二）战略目标

战略目标是指在较长时期内所要实现的基本任务和预期要达到的总体要求，通常要通过一系列定性和定量的指标来体现，在整个发展战略中起核心作用。它既是战略理念的具体体现，又决定着战略重点、战略步骤和战略措施。由于国家发展战略目标一般涉及经济、社会、科技、文化发展各个方面的内容，因此战略目标是由多个目标构成的一个目标体系，需要有多个目标分别显示战略发展的各个方向，但又不能面面俱到，否则目标过多、过细，将导致战略意图模糊，战略不易操作。

（三）战略重点

战略重点是指对实现战略目标的全局具有决定性影响的环节和因素，在整个国家

---

① 本书中引用的习近平讲话均出自人民网"习近平系列重要讲话数据库"，参见 http://jhsjk.people.cn/.

② 科学发展观是怎样提出的[EB/OL].（2021-07-01）. https://epaper.gmw.cn/wzb/html/2021-07/01/nw.D110000wzb_20210701_6-06.htm.

发展战略中起着关键作用。由于发展本身的不平衡性，在一定时期必然会出现相对发达和相对薄弱的环节，有相对优势部门和相对劣势部门。选择战略重点，一般有两种情况：一种是根据发展战略目标的要求，抓住一定时期对实现发展目标具有明显先导作用或“起搏”作用的部门或环节，抓住这样的重点，可以推动一大批相关部门的发展，起到“纲举目张”的作用；另一种是抓住对发展目标的实现起制约作用的薄弱环节，解决发展中的瓶颈问题，顺利推进战略的实现。

（四）战略布局

战略布局是发展战略在空间上的考虑，是根据发展目标的要求，促进生产要素在区域空间上的合理配置，解决发展过程中出现的区域不平衡问题。像中国这样一个地域广阔、区域差异明显的国家，在发展战略上更应该重视区域布局，促进区域发展的协调。基本小康社会战略布局集中于沿海地区和 14 个开放城市，提出让一部分地区和一部分人群先富起来。全面小康社会战略布局集中于西部大开发、中部地区崛起、东北老工业基地振兴，以及京津冀协同发展、长江经济带建设、“一带一路”倡议。

（五）战略步骤

战略步骤是发展战略在时间上的考虑。由于战略涉及比较长的时期，从战略期的起点到终点要经过若干个相互衔接的发展阶段，不同的发展阶段呈现不同的特点，有不同的要求和任务。因此，要明确发展战略实施和推进的各个阶段，以及每个阶段的目标和具体措施。发展战略一般需要经历准备阶段、发展阶段和完善阶段，战略步骤的安排也要符合这个阶序。我国“三步走”战略构想体现了战略步骤，小康社会战略之后分成基本小康和全面小康两个战略阶段，以及连续用几个五年规划来推进战略落实，都体现出战略步骤的安排，使发展战略的实施能够持续、有序推进。

（六）战略措施

战略措施是指为实现发展战略理念、战略目标和战略重点而需要采取的政策和手段，在整个国民经济发展战略的实施中起到关键作用。战略措施要针对战略目标的要求而设计，同时也需要结合实际情况的变化表现出相当的灵活性。国家发展战略的措施不是单一的，而是多样措施的搭配和组合，如制度创新、产业政策、投资政策、人口政策、资源政策、科技政策、收入分配政策、贸易政策等组成的政策体系。战略措施与战略重点在战略制定中具有同等重要的地位，但是重要性各有侧重。没有战略重点，战略自然就无从下手，就没有政策；但没有战略对策，就没有了抓手，战略就无法实施。因此，制定发展战略时，重点和措施二者不可偏废。

二、国民经济发展战略的类型

虽然古今中外大大小小的经济发展战略产生的时代背景以及运用效果有很大差异，但就其战略的基本理念和构成要素而言，还是可以做适当的科学归类与抽象的。本书借助两个基本范畴对这些战略进行归类和抽象：其一，借用经济学的基本范畴——

均衡与非均衡；其二，借用科学哲学的范式一词。凡在战略构想中强调各个战略要素方面的彼此兼顾和相互协调，强调各个经济相关要素之间应当保持适当比例关系的战略，归入均衡发展战略范式；凡在战略构想中强调某个战略要素方面的重要性，并不强调经济相关要素保持适当比例的战略，归入非均衡发展战略范式。由于各流派的战略思想内涵丰富，上述分类并非泾渭分明，甚至个别发展战略同时体现了均衡和非均衡的双重特点。[①]在此，简要介绍具有代表性的均衡发展战略和非均衡发展战略。

（一）均衡发展战略

均衡发展战略强调发展过程的协调性，即通过产业、区域、经济社会和人口资源环境齐头并进的发展，实现国家全面发展的目标。其中比较有代表性的包括综合平衡发展战略、比较优势发展战略，以及第三章将阐述的可持续发展战略。

1. 综合平衡发展战略

综合平衡发展战略来自陈云等的构想，产生于中华人民共和国成立前到成立初期物质极度匮乏的特定历史条件下，并在此后的经济建设中不断得到丰富与发展，对指导我国经济发展起到了举足轻重的作用。综合平衡发展战略思想的重要理论来源是马克思主义社会再生产理论。社会再生产理论在社会总供求的平衡方面提出了社会总产值与购买力的平衡、物耗价值与补偿基金的平衡，以及消费基金与积累基金的平衡，在结构平衡方面提出了社会总产品在实现过程中的三大交换关系，即两大部类之间的交换、第一部类内部各部门之间的交换和第二部类内部各部门之间的交换。作为马克思主义中国化的重要理论成果，陈云等以马克思主义社会再生产理论为基础，在详细分析国民经济客观存在的各种比例关系的基础上，提出了更具实践意义的综合平衡发展战略。该战略认为社会主义国家在经济发展中应保持总量平衡和结构平衡，尤其应注重财政（基础）、信贷、物资和外汇四个方面的平衡，并指出要使国民经济发展中的各种比例关系协调，秉承建设规模与综合国力相适应的原则，实施略有结余的财政政策，在消费、投资等领域的增长方面要考虑综合国力。综合平衡发展战略中的一些主张以及其中寻求经济社会协调发展的思想精髓，在今天依然具有重要指导意义。

2. 比较优势发展战略

比较优势发展战略源于古典比较优势贸易理论，是均衡发展战略又一流派（尽管其政策主张中包含了非均衡发展的成分），其在我国的代表人物为林毅夫。根据该战略，任何国家的发展战略都应该基于其比较优势，否则将会产生极为严重的负面影响。该流派认为，实行赶超式发展战略的国家之所以取得成就，并非因为赶超式发展战略的成功运用，因为赶超式发展战略在促使一国某些产业迅速发展的同时，也扭曲了该国国内的市场价格和汇率水平。而真正促使后发国家经济腾飞的关键在于能够在经济发展的特定阶段不失时机地恰当利用本国的要素禀赋。该流派同时认为，由于赶超式发展战略将不可避免地造成资源的极大浪费，因此不可能维持长期的发展，对于人口规模较小、资源蕴藏量并不大的国家来说更是如此。发展中国家应在逐步调整资源禀赋结构的基础

① 刘瑞. 中国经济发展战略与规划的演变和创新[M]. 北京：中国人民大学出版社，2016：46-66.

上，进行技术创新和产业结构的调整与优化升级，在较短时间内实现国民经济稳定、快速、持续增长，从而在总体发展水平上赶上发达国家。

（二）非均衡发展战略

非均衡发展战略是指根据本国自身的实际情况，选择优先发展的产业和地域，集中有限的资金、技术和资源进行重点发展，通过重点产业、核心地区以及核心竞争要素的发展带动其他产业、地区乃至整个国民经济的发展。具体而言，非均衡发展战略包括核心-边缘发展战略、赶超式发展战略、竞争优势发展战略等。

1. 核心-边缘发展战略

该战略的代表人物是发展经济学家赫希曼。他强调通过核心区的非均衡发展带动整个经济体的发展。由于各地区的资源禀赋和发展水平存在差异，将有限的资源首先投向效益较高的区域和产业，再进一步带动其他区域和产业的发展，要比齐头并进的发展战略更加具有现实性。核心区的迅速发展能够通过"涓滴效应"带动其他地区的发展。在提出区域非均衡发展的同时，赫希曼认为产业发展亦应采用非均衡发展战略，即某一产业的经济活动能够通过产业之间的关联效应影响其他产业的经济活动。关联效应较强的产业能够对其他产业和部门产生很强的前向关联、后向关联和旁侧关联，并依次通过扩散影响和梯度转移形成的"波及效应"来促进区域经济的发展。区域内的主导产业只有与其他产业建立广泛密切的技术经济联系，才有可能通过聚集经济与乘数效应的作用带动区域内相关产业的发展，进而带动整个区域经济的发展。该战略的倡导者同时认为，把投资分散在各个部门的均衡发展战略不能解决投资决策机制问题。一个经济发展战略必须首先解决投资决策机制问题，才有可能使有限的资源得到有效配置，推动经济增长和发展。国民经济中那些产业关联效应较强的产业在得到足够的发展后，就会带动其他产业同时发展，最终实现一国经济的均衡发展。我国改革开放之初所采用的优先发展沿海地区经济的出口导向型经济发展战略即可归为该战略。沿海地区交通便利、资源丰富，通过特殊的政策安排和扶持不仅可以使沿海地区迅速取得经济发展优势，形成产业集群和技术人才优势，而且可以通过示范效应和产业链效应带动内陆地区一系列相关产业的发展。经过四十余年的改革开放，我国沿海地区的经济结构、产业结构变化显著，资金密集型和技术密集型企业占比不断提高，以高科技产业园区为核心的产业集群基本形成；与此同时，承接发达地区资金、科技、产业优势的内陆产业也获得了巨大的发展机遇，在与发达地区进行内外资源、生产要素以及产品市场的对接整合过程中形成了自身完整的产业体系，实现了与发达地区经济的良性互动发展。

2. 赶超式发展战略

赶超式发展战略又称倾斜式发展战略。该战略是在受计划调控的市场经济体制下实施的，以经济高速增长为目的，以各时期赶超型产业政策和经济计划为手段，通过国家干预弥补市场机制不完善等因素造成的市场失灵，从而实现资源的优化配置。在这一过程中，政府强有力的干预和引导起着不容忽视的作用。作为第二次世界大战的战败国，日本果断采取赶超式发展战略，优先重点发展钢铁、煤炭等进口替代产业，保证重要生产资料的供给，实现恢复生产的目的，以需求弹性较大的重化学工业为龙头，拉动其他产业部门迅速发展，进而以知识密集型产业为主导产业，提高本国国际竞争能力，进一步增强经济实力，并一跃成为世界经济强国。

3. 竞争优势发展战略

竞争优势发展战略以迈克尔·波特等为代表，该战略通过钻石模型诠释了国家竞争优势的真正源泉。钻石模型由生产要素、需求条件、相关产业与支持性产业、企业战略结构和同业竞争四个核心要素构成，机会和政府作为两个变量与这四个核心要素构成菱形关系。该战略的核心理念在于把实现经济均衡的功能留给市场，而政府和企业要做的事情是全力打造和培育产业的核心竞争力。一旦获得核心竞争优势，围绕着核心竞争优势形成的整体均衡就会自动实现。波特认为，国家竞争优势的重要来源为产业链集群，即在地理上互相靠近、在技术上和人才上互相支持并具有国际竞争力的相关产业和支持产业所形成的产业链。地理上的相对集中不仅可以加强同业之间的竞争，而且可以缩短相互之间沟通的渠道，加速相互学习，这有利于观念创新与交流，不断扩大其专业人才队伍和专业研究力量，从而形成产业群内部的一种自加强机制。这种由本地企业组成的上下游配套齐全的产业发展链条所形成的国际竞争优势是很难被其他国家的企业超越的。克林顿政府时期的美国经济无疑是成功应用这一战略的最好诠释。克林顿上任伊始便在科技创新的心脏——硅谷地区，发布了代表美国未来经济发展方向的纲领性文件《技术为美国经济增长服务：增强经济实力的新方针》，确立了以硅谷为核心建立科技产业集群来打造国家竞争优势的经济发展战略。基于该战略思想，克林顿政府成立了内阁级的国家科技委员会作为技术政策的决策机构，将先进技术计划、制造业发展合作计划正式确定为国家计划，制定了促进军转民和“两用”技术开发的技术再投资计划。在克林顿政府的强力推动下，美国以产业技术为重点的国家技术政策体系和产业链条逐步形成。

三、国民经济发展战略的基本功能

国民经济发展战略是统领全局的，是国民经济整体运行的设计图，是关系国家发展前途和命运的经纶大计，其应当具有的基本功能如下。

（一）目标导向功能

国民经济发展战略决定着国民经济发展的方向、目标和发展路径，关系到把整个经济引向何处，意义巨大。我国多年经济发展的实践充分证明，方向正确、路线合理、目标科学而又切实可行的正确战略，是推动经济又好又快发展的关键引领和持久动力。一旦战略决策失误，就会导致极其严重的后果，甚至带来一场灾难。

（二）系统协调功能

国民经济是一个极其复杂的系统，它既包括相互依赖的许许多多的部门和行业，又可分为若干不同的层次。各地各部门的工作不是彼此孤立的，而是国民经济系统中的组成部分，存在着极其复杂的联系，而且其发展同时受到社会、政治、科学技术、自然、心理等多方面因素的影响。面对这一复杂的系统，任何孤立的解决问题的方法都无能为力。因此，客观上要求我们必须从战略全局出发，统筹协调诸多方面相互制约、相互依存的关系，以促进整个国民经济全面协调可持续发展。这是一项复杂的任务，也是国民经济发展战略应有的功能。加强统筹协调，坚持系统观念，是我国经济工作各领域、各地区谋划发展的工作方法和基本思想。当前强调运用这一科学的方法论，不仅是基于唯物辩证法所昭示的事物的联系性、发展性，更是基于我国当前发展中的不平衡、不充分问题较为突出，以及包括要素市场化改革在内的全国统一大市场建设亟待加快统筹推进的现实需要。

（三）凝聚合力功能

国民经济发展战略通过确定科学有效的发展思想、明确的方向和鼓舞人心的发展目标，既为各行各业指明了发展任务和要求，也为全国人民指明了美好的前景和奋斗目标。符合未来发展趋势和人民愿望的发展战略，会产生一种强大的凝聚力。积力所举，无所不胜。国民经济发展战略能够把各行业和亿万人民群众动员组织起来，积极推进国家发展建设。

（四）整体优化功能

国民经济发展战略的本质要求，应是面向未来、面向全球、面向现代化，不断把国民经济发展的质量、效益、现代化水平推向新的发展阶段和新的高度，达到全面优化和提升。主要表现如下。一是优化资源配置。在社会主义市场经济条件下，应发挥市场机制配置资源的决定性作用，但国家从宏观上配置资源也是一个重要方面，如利用公共资源推进科学技术、教育、文化、卫生保健、社会保障和社会福利等，同时通过国家战略、规划、方针政策，引导和影响市场主体行为。二是优化产业结构和区域经济结构。利用国家的财力和各项政策，支持战略性新兴产业发展，推进关键性高新技术创新，支持和扶持欠发达地区的发展，促进区域经济的协调发展。三是优化发展环境。创造良好的发展环境，是政府的主要职能，也是战略和规划应有的题中之义。既要通过基础设施建设，提供公共产品不断改善的硬环境，也要通过提升政府的效率和服务水平，推进社会文化，提高全民素质等，大力改善软环境，促进社会经济协调发展。四是提高宏观效益。通过战略和规划，周密运筹，精打细算，把人力、物力、财力和自然资源用于最迫切需要的领域，以产生宏观经济的最大效益。

第三节　国民经济发展战略管理流程

从动态角度来看，国民经济发展战略管理是从战略制定到实施、控制、评价的一个持续运行的动态过程。其主要环节如下。

一、战略分析

战略分析是战略决策的起点，是正确制定战略的前提条件和重要基础。任何一项战略的提出，必须在全面掌握、认真分析充分可靠的信息的基础上进行。陈云同志说："我们做工作，要用百分之九十以上的时间研究情况，用不到百分之十的时间决定政策。"[①]战略分析正是要全面分析研究与某一战略决策有关的方方面面的信息和情况，为抉择提供科学依据。一般而言，制定发展战略首先要对三个层面的发展环境进行分析：一是全球、社会、科技发展动向和态势分析；二是国内政治与法律环境、经济环境、社会人文环境、科技环境分析；三是在上述环境分析下自身的优势、劣势、机遇和挑战分析。

二、战略决策

战略决策的核心问题是如何实现战略决策的科学化、民主化，提高战略决策的科学水平。具体包括：一是优化战略决策体制，根据信息化原则和影响力原则，合理划分决策权限，各级政府进行决策都应建立领导集体决策体制，在战略决策和战略实施过程中，避免"一把手"一个人说了算；二是战略决策过程中应广泛听取专家学者和广大人民群众的意见和建议，听取不同的声音，通过分析比较选出最佳或最令人满意的战略方案；三是建立有效的决策制度体系，如决策责任制、决策审批制度、谋断结合的决策制度、广纳民意的制度等；四是运用各种科学方法对战略决策方案可能产生的效益和影响、阻力和风险等进行科学论证和周密调整，使战略方案更加完善。

现代战略决策的模拟大多采用研讨方式。随着数字技术的加速迭代演进，以数字决策为代表的大战略决策越来越受到广泛关注。比如，面向战略决策模拟的研讨环境，数字技术在提供充分协作手段的同时，还能够为决策研讨提供数据、信息、模型、知识等辅助。未来的战略制定将对正确理解信息和快速决策提出更高的要求，以数字决策为代表的人工智能技术将会受到广泛关注，实现信息采集、数据存储、数据挖掘、数据融合等全链路、全流程的智慧研判，完成数据驱动决策的创新转型。

三、战略实施

习近平总书记反复强调"一分部署，九分落实"。战略的关键在于实施，必须坚持党对战略规划工作的集中统一领导，充分调动各方面的积极性、主动性和创造性，形成推动战略和规划实施的强大合力，将美好蓝图切实转化为发展实效。一是提出发展战略的同时，必须制定一整套强有力的实施措施，逐级分解落实，并通过考核机制、报告机制等强化执行者完成战略任务的激励。二是国家战略实施中加强审计监督。对国家战略实施相关情况的审计对于识别战略风险因素、评价政策绩效、调整战略布局以及推进战略目标实现具有重要意义。三是由于各部门、各地区具体条件不同，所要解决的问题不同，还应根据国家战略的精神和本地具体情况，有针对性地确定本部门、本地区的战略

---

① 曹应旺. 陈云的"百分之九十"与"百分之十"[EB/OL].（2023-08-25）. https://www.qinfeng.gov.cn/info/1064/217437.htm.

重点，制定切实可行的战略措施。

四、战略控制

制定了发展战略，并不是可以高枕无忧了，恰恰相反，在战略实施过程中，经常会出现各种各样的偏差和问题，需要去纠正和调控。首先，应认真分析产生偏差的原因。有主观原因也有客观原因，客观原因如自然灾害、国际环境恶化的影响。主观原因包括：一是思想认识的偏差。比如，不能深刻领会国家战略思想的精神实质，仍然延续传统的发展思路，热衷于追求国内生产总值（Gross Domestic Product，GDP）而忽视改善民生和环保。二是出于局部利益和政绩的考虑，大搞形象工程，引起广大群众的强烈不满，或是部分干部缺乏应有的责任心导致一些事故的发生。三是部分干部中存在消极腐败，造成极不正常的政商关系。为此，不仅需要强有力的调控手段，还应强化法律手段，以法律规范经济行为，强化法律惩治力度。同时，必须大力推进思想品德教育，变革思想观念，确保思想上的统一和行动上的一致。

五、战略评价

战略评价是保证发展战略有效实施的重要抓手，旨在对战略实施的进展和效果进行评价，尽可能缩小不确定环境中实际发展与预期战略目标之间的差距，实现发展战略。我国先后提出多项发展战略，有成功的经验，也有失败的教训，但缺乏定期的总结和评价。对重大发展战略，应定期对其实施情况、取得的成就和存在的问题进行战略绩效评价，以推动我国经济发展战略更加完善，发挥更大的效能。比如，县域发展战略评价是县域发展战略管理的重要环节，是推进战略实施与公共价值创造的关键。当前，县域发展战略评价尚未得到实务层面重视，相关理论研究也比较缺乏。应适应县域高质量发展需要，以新发展理念为价值导向，使战略实施过程评价与战略实施效果评价相结合，界定县域发展战略评价的内涵，溯源相关研究，构建凸显县域特色的发展战略评价指标体系，为中国式现代化县域实践的战略管理提供理论支持。

本章小结

国民经济发展战略是指导国家发展的重要依据。本章界定了国民经济发展战略的内涵，明确了国民经济发展战略具备全局性、稳定性和纲要性三个基本特征以及国内外影响因素。国民经济发展战略由六个基本要素组成，即战略理念、战略目标、战略重点、战略布局、战略步骤、战略措施。从发展战略均衡与非均衡范式入手，可将国民经济发展战略划分为不同的类型。国民经济发展战略具有四项基本功能，国民经济发展战略从制定到实施、控制、评价是一个动态过程。

复习思考题

1. 什么是国民经济发展战略?
2. 什么是综合平衡发展战略?
3. 什么是比较优势发展战略?
4. 国民经济发展战略的基本要素有哪些?
5. 国民经济发展战略的基本功能是什么?
6. 国民经济发展战略的管理流程是怎样的?

第二章

国民经济发展规划概述

科学的规划是推进国家治理体系和治理能力现代化的重要手段，是促进经济社会持续健康发展的重要保障。中华人民共和国成立以来，我国已编制实施了十四个五年规划（计划），以及众多重要的专项规划和区域规划。这些规划涵盖了国家发展的各个方面，从经济增长到社会进步，从产业升级到科技创新，形成了一个全面、多层次、互相协调的规划体系。国民经济发展规划以其神奇的力量，为中国经济的发展带来了巨大的成就。国民经济发展规划既能充分发挥市场在资源配置中的决定性作用，又能更好地发挥政府作用，体现有效市场和有为政府的结合，具有促进发展战略目标实现、弥补市场失灵、有效配置公共资源、推动全面协调可持续发展等巨大功能。编制实施国民经济发展规划，已成为中国特色社会主义发展模式的一个鲜明特点，体现了通过科学规划引导和协调经济社会发展，实现人民群众整体福祉和国家长远利益的原则。

第一节　国民经济发展规划的内涵与特征

一、规划的定义和国民经济发展规划的内涵

（一）规划的定义

1. 规划概念的提出

“规划”是按照一定的原则和方法，对事物进行分析、预测、选择和组织的活动，是一种科学的、系统的、有目的的安排或设计。在我国历史上，最早的规划概念可追溯到先秦时期。在西方，“规划”的概念可以追溯到古希腊和古罗马时期的城市规划，在那个时期，人们开始对城市的布局和设计进行思考，可以看作是规划概念的早期形式。

现代意义上的“规划”概念，特别是在经济和社会发展中的应用，起源于 19 世纪

工业革命时期。这个时期，为适应工业生产的发展和城市化进程，人们开始对经济和城市发展进行更全面和长远的规划。恩格斯深入分析了资本主义生产方式的内在规律和矛盾，揭示了资本主义经济的运动规律和发展趋势，他在《反杜林论》中指出："当人们按照今天的生产力终于被认识了的本性来对待这种生产力的时候，社会的生产无政府状态就让位于按照全社会和每个成员的需要对生产进行的社会的有计划的调节。"[①]在《1857—1858 年经济学手稿》中，马克思提出："社会必须合乎目的地分配自己的时间，才能实现符合社会全部需要的生产。因此，时间的节约，以及劳动时间在不同的生产部门之间有计划的分配，在共同生产的基础上仍然是首要的经济规律。"[②]这种计划调节生产的思想正是社会主义规划思想的发端。

不同领域的研究人员都努力从各自学科的角度来理解和定义规划，例如，拉比诺维茨、谢弗、利维等从过程论的角度对规划的内涵进行过讨论；丘奇曼、弗里德曼、梅耶等从方案的角度对规划进行过定义。总的来说，"规划"是一种以实现特定目标为目的，对规划对象今后的发展变化情况提出的较为全面、长期的发展计划，它是一种对未来整体性、长期性、基本性问题进行思考和考虑，并对未来一系列行动进行设计的方案，是一个跨学科的广泛领域。

2. 与规划相近的概念——计划

规划是人类认识和改变自身状况以及外部环境的重要手段，涵盖从设定目标到寻找实现目标的方法和手段的整个过程。[③]在我国社会主义建设事业的探索阶段，曾一度混用"计划"和"规划"的概念，没有对"规划"和"计划"之间的区分给予重视。"规划"与"计划"虽然都有谋划未来的意思，用法却不尽相同。具体说来，"计划"一词起源于计算，其中时间和数量色彩更重一些，且时间相对较短；而"规划"起源于绘制圆形的"规"，其空间和图形色彩更重一些，它侧重于空间布局，时间相对较长。"规划"作为动词指确定行动方案，即制定行动纲领；作为名词指人们合理制定的行动方案，以及人们遵循但尚未实施的行动计划。就同一领域的计划和规划来说，计划应当以规划为依据，如年度国民经济和社会发展计划以国民经济和社会发展规划为依据和基础。[④]

2005 年 10 月，中共中央十六届五中全会通过了《中共中央关于制定国民经济和社会发展第十一个五年规划的建议》，2006 年 3 月在十届全国人大四次会议上批准了《国民经济和社会发展第十一个五年规划纲要》。"十一五"规划第一次将我国 1953 年以来编制的"五年计划"改为了"五年规划"。国民经济发展计划向国民经济发展规划的转变，反映了党和政府在发展观念、目标以及方法上所经历的深刻变革。

---

① 马克思，恩格斯. 马克思恩格斯全集 第 20 卷[M]. 中共中央马克思恩格斯列宁斯大林著作编译局译. 北京：人民出版社，1971：304.

② 马克思，恩格斯. 马克思恩格斯全集 第 30 卷[M]. 中共中央马克思恩格斯列宁斯大林著作编译局译. 北京：人民出版社，1971：123.

③ 杨永恒，陈升. 现代治理视角下的发展规划：理论、实践和前瞻[M]. 北京：清华大学出版社，2019.

④ 杨伟民. 发展规划的理论和实践[M]. 北京：清华大学出版社，2010：4.

（二）国民经济发展规划的内涵

在我国，国民经济发展规划是由中央政府编制的，针对经济社会总体或特定领域未来发展的主要目标、发展方向、重点任务、政策措施等内容进行系统安排和部署的纲领性文件，包括总体规划（也称国民经济和社会发展规划）、专项规划和区域规划等类型。国民经济发展规划是一个复杂的综合性的概念，内含“国民经济”“经济发展”“发展规划”等多个概念，涉及公共管理、宏观经济等多个领域。因此，要正确理解其内涵，就必须对它进行具体分析。国民经济是指在现代国家范围内，由所有经济部门或社会再生产全过程相互联系构成的统一整体。经济发展是指一个国家或地区在一定时期内，其生产力水平、人均收入、生活质量等方面的提高，往往伴随着经济结构、产业结构、技术结构等方面的变化。规划从经济发展的角度来说，是指政府、公共组织和社会团体为完成未来特定的任务，在资料收集和分析的基础上，识别最佳行动方案，拟订执行程序，并针对未来可能出现的意外状况提出预防和应对策略。因此，我们可将国民经济发展规划定义为，政府为了实现国家经济和社会发展目标，依据国家发展战略，对未来一段时间内国民经济和社会发展的主要目标、发展方向、重点任务、政策措施等进行系统规划和部署的重要文件，是市场主体的行为指南、政府履行职责的重要依据，它反映了国家的战略意图，指明了政府工作的优先次序，并起到引导和规范经济社会发展方向的作用。例如，在《中华人民共和国国民经济和社会发展第十四个五年规划和 2035 年远景目标纲要》（简称“十四五”规划纲要）中，就提出了中国未来五年的发展目标，如新的经济发展指标、新的改革开放步伐、新的社会文明水平以及新的生态文明和民生福祉进展等。

因此，我们可以从以下四个方面把握国民经济发展规划的内涵。

（1）国民经济发展规划是国民经济和社会发展的行动纲领和宏伟蓝图，本质上是特定的主权国家基于国家发展的特定环境对国家未来发展所作的谋划，“是选择最佳方案以达到特定目标的一种有组织的、有意识的、持续的努力”①。规划通过科学分析国家的资源禀赋、发展阶段、外部环境和未来趋势，确定国家的长期发展目标和战略方向。目标不仅关注经济增长的速度和规模，更注重增长的质量、效率和可持续性，以及经济发展与社会进步、环境保护之间的协调。通过明确的目标和策略，国民经济发展规划引导各方资源聚焦于共同的发展愿景，促进经济社会全面协调发展。

（2）国民经济发展规划是引导国家发展资源配置的有效工具。在社会主义市场经济条件下，市场是资源配置的决定性力量，但这并不意味着政府在资源配置中是可以缺位的。实际上，发展规划体现了中国领导层并不是完全放任由市场驱动，而是保留了对市场进行宏观调控的诉求。②规划通过引导资源的合理有效配置来保障国家发展特定目标的达成，体现了有效市场和有为政府的结合，具有促进发展目标实现、弥补市场失灵、有效配置公共资源、推动全面协调可持续发展的巨大功能，是党和国家卓越治理能力的综合体现。

---

① 杨永恒，陈升. 现代治理视角下的发展规划：理论、实践和前瞻[M]. 北京：清华大学出版社，2019：4.

② 韩博天. 红天鹅：中国独特的治理和制度创新[M]. 石磊，译. 北京：中信出版集团股份有限公司，2018：8，129.

（3）国民经济发展规划是政府履行职能的重要依据。在社会主义市场经济条件下，政府的主要职能是宏观调控、市场监管、公共服务、社会管理和环境保护。随着国家治理环境的变化，作为政府履职手段的公共政策既有连续性，也有变动性。为了更加有效地履行其职能，政府需要不断调整公共政策，处理好它与市场、企业、社会之间的关系，用有限的资源为人民提供更加满意的公共服务。国民经济发展规划为政府政策的调整提供了重要依据，引领政府化解国家发展进程中的主要矛盾，解决国家发展进程中的重要问题，协调国家发展进程中的各种关系。在规划指导下，政府形成了具体的政策议程，明晰了要完成哪些重点任务、推进哪些重要工作、处理好哪些重要关系。[①]

（4）国民经济发展规划是约束政府和市场行为的重要力量。规划是一种引领性的力量，也是一种约束性的力量。“规划确定的约束性指标和公共服务领域的任务，是政府对人民群众的承诺。”[②]国家五年规划将国家发展的方向和目标指标化，将国家发展的构想和蓝图具体化。人民群众可运用国家发展的具体指标和政策效果来评价政府治理的质量，衡量国家兑现承诺的程度。

从历史上看，对于中国共产党来说，制定和实施国民经济和社会发展五年规划是一种重要的执政方式，也是中国特色社会主义发展模式的重要体现。自 1953 年起，中国已经编制并执行了 14 个五年规划，这些规划对促进国家经济社会发展起到了不可或缺的作用。

二、国民经济发展规划的主要特征

在现代经济社会中，对国家或区域未来发展趋势进行准确而科学的判断，已成为政府制定决策的重要依据。国民经济发展规划是关系着国民经济整体运行的总设计图，是把整个经济引向何处的经纶大计，具有纲领性、综合性、长期性、科学性、民主性、规范性等特征，这些特征决定了规划的性质、功能和作用，也反映了规划的编制和实施的基本原则和方法。

1. 纲领性

国民经济发展规划明确了国家经济发展的战略方向和总体目标，提出了国家经济政策的基本原则和基本方针，指导了各级政府和企业的决策行动。[③]它也确定国家经济发展中的重点领域和关键任务，明确政府与市场的职责分工，推动各领域的协调发展，为完善国家和地方经济法律法规提供指导，为各级政府和企业制定决策提供基础数据和预测结果。

① 殷冬水，周光辉. 国家规划引领国家发展：基于国家五年规划的政治学分析[J]. 政治学研究，2022（5）：99-122，155.

② 中华人民共和国国民经济和社会发展第十二个五年规划纲要. 北京：人民出版社，2011：148.

③ 胡鞍钢，唐啸，鄢一龙. 中国发展规划体系：发展现状与改革创新[J]. 新疆师范大学学报（哲学社会科学版），2017（3）：7-14.

2. 综合性

国民经济发展规划涉及各个领域和部门，包括经济、社会、环境等多个方面。整体综合性规划为科学治理提供方法支撑。整体性治理思维的运用，使规划能够较好处理国际与国内、整体和局部、统一与多元、当前与长远、历史与现实、继承与创新、政府和市场、发展和安全等多方面既对立又统一的复杂关系。[①]它不仅关注经济增长和产出水平，还考虑到社会公平、环境保护、就业、教育、科技创新等多个维度，推动协调发展。

3. 长期性

国民经济发展规划通常涵盖较长的时间跨度，涵盖五年、十年或更长时间段。[②]长期发展规划对于实现可持续发展、稳定经济增长和提高人民生活水平至关重要。当然，长期性可以为经济发展提供战略指导，以便更好地应对经济环境和社会变革的挑战。

4. 科学性

国民经济发展规划的制定必须遵循市场规律、工业化规律、城镇化规律等经济发展规律，以及社会发展规律和自然规律，客观认识经济发展的阶段和条件，科学把握发展大势，做到顺势而为，才能确保规划任务目标如期实现。[③]规划的编制基于详尽的实证研究，包括历史数据分析、现状评估和未来趋势预测。这些研究必须建立在可靠的数据和科学方法之上，而不是假设或猜测。

5. 民主性

国民经济发展规划的制定需要广泛听取各方面的意见和建议，充分反映人民群众的愿望和需求，民主性不仅提升了规划的透明度和公众的认可度，还增强了政策的实施效果，体现了人民主体地位，增强规划的公信力和执行力。民主性不仅是政策制定的道德要求，也是确保经济发展规划成功和有效性的关键因素。

6. 规范性

国民经济发展规划的制定，必须遵循国家宪法和法律，符合国家发展战略，体现国家意志，具有法律效力和约束力。2005 年，我国提出建立三级三类规划管理体系。国民经济和社会发展规划按行政层级分为国家级规划、省（区、市）级规划、市县级规划；按对象和功能类别分为总体规划、专项规划、区域规划。[④]近年来，又在“三类”规划的基础上增加了“空间规划”，进而“三类”规划体系扩展为“四类”规划体系。[⑤]

① 丁忠毅. 编制和实施五年规划：中国共产党治国理政的重要方式[J]. 思想理论教育导刊，2021（4）：71-77.

② 鄢一龙. 五年规划：一种国家目标治理体制[J]. 文化纵横，2019（3）：76-86，143.

③ 国家发展和改革委员会. 国民经济和社会发展五年规划（计划）制定和实施的主要历程、重要作用、宝贵经验与建议[EB/OL].（2020-10-21）. https://www.ndrc.gov.cn/xxgk/jd/wsdwhfz/202010/t20201021_1248571_ext.html.

④ 国务院关于加强国民经济和社会发展规划编制工作的若干意见[EB/OL].（2005-10-22）. https://www.gov.cn/zhengce/content/2008-03/28/content_2039.htm.

⑤ 中共中央 国务院关于统一规划体系更好发挥国家发展规划战略导向作用的意见[EB/OL].（2018-11-19）. https://zrzyt.xinjiang.gov.cn/xjgtzy/gjzzq/202401/0e464ace829a415db2d3e74e3fbf6557.shtml.

第二节　国民经济发展规划的性质与功能

一、国民经济发展规划的性质和任务

（一）国民经济发展规划的性质

1. 战略性

国民经济发展规划根据国家发展目标和战略意图制定，是国家战略在规划期内的阶段性部署和安排，本质上是一种集中体现国家意志和发展战略的工具。规划明确了政府工作的重点，引导并规范了市场主体的活动方向，将国家战略的宏大愿景细化为可操作、可度量的计划，同时也为战略的调整和更新提供反馈和数据支持。

2. 指导性

国民经济发展规划为经济发展提供了一个清晰、可预测的框架。通过综合分析资源配置、产业结构、技术发展趋势和社会需求等因素，为国家战略制定详细的实施步骤、资源分配方案和具体目标，给政府提供决策的基础和方向，也为私人部门和公众提供了明确和稳定的预期，从而确保国家的经济社会发展按照发展战略的导向前进。

3. 宏观性

国民经济发展规划主要就国民经济和社会发展长远性、战略性、全局性的重大问题作出判断，围绕国民经济和社会发展方向和远景目标，提出主要目标、基本任务和重大方针政策，维护国家利益和全局稳定。通过对国民经济的各种总量进行分析和预测，确保国家宏观经济总量的综合平衡，对国家重大建设项目、生产力布局、国民经济重要比例关系、社会事业等作出部署安排。

4. 前瞻性

国民经济发展规划的制定，要求能够根据国内外形势的变化和发展规律，把握经济社会发展趋势，提出符合国家战略意图和发展要求的政策导向和行动纲领，为国家和社会各界提供发展的方向和路径，规定发展的目标和任务，指明发展的重点和措施，为未来发展提供指引和保障。

5. 计划性

国民经济发展规划通常包括具体的目标和任务，制定一系列的政策和措施，以促进经济发展和改善国民生活水平。这些目标和任务涉及经济增长速度、产业结构调整、科技创新、就业率、财政收入、消费水平、环境保护等方面。

总之，国民经济发展规划在引领国家经济发展方向和促进社会进步方面起着重要作用。需要注意的是，因发展规划会根据各自的国情、发展阶段和优先事项而进行制定，所以不同国家和地区的国民经济发展规划可能会有所不同。①

---

① 江涛. 中泰两国国家发展规划对比与合作前景分析[J]. 法制与经济，2021（4）：86-91.

（二）国民经济发展规划的任务

国民经济发展规划通常有多个任务和目标，旨在推动国家经济稳健发展和社会进步。这些任务可能因国家、时期和具体情况而有所不同，但通常包括以下几个方面。

1. 促进经济增长

经济增长是衡量国家经济发展成功的关键指标，反映了国家生产能力和资源利用效率的提升。持续的经济增长能够带来更高的就业率、更强的财政能力和更广泛的社会福利，从而提高居民生活水平和国家的国际竞争力。确保经济持续稳定增长是国民经济发展规划的首要任务，其重要性在于为国家的长期繁荣和社会的全面发展奠定坚实基础。发展规划通常设定了明确的经济增长目标，例如年均 GDP 增长率、收入增长目标等。

2. 调整经济结构

经济结构的优化调整显著地影响着经济的长期稳定性、效率和质量，涉及调整产业比重、促进资源在各部门间的有效配置以及提升整体经济的技术和服务水平。这种调整有助于经济摆脱对传统低效率产业的依赖，转向更为动态和创新的领域，对于提升国家的竞争力和实现经济多元化至关重要。通过国民经济发展规划的科学制定和实施，可以有策略地推动经济结构的优化调整，确保资源配置的高效性和产业升级的方向性，从而为国家经济的高质量发展奠定坚实基础。

3. 稳定就业和提高收入

稳定就业和提高收入目标直接关系到经济增长的可持续性和社会福祉。首先，稳定的就业环境是经济健康运行的基础，它不仅保证了居民的收入来源，而且通过消费和投资促进了经济的循环和增长。同时，提高收入水平是实现社会公平、提升居民生活质量的关键。收入增长不仅反映了经济增长的成果，更是推动经济进一步发展的重要动力。因此，“稳定就业和提高收入”作为国民经济发展规划的重要任务，不仅反映了对经济效率和增长的追求，也体现了对社会公平和福祉的关注。

4. 资源利用和环境保护

注重合理使用资源，保护环境，制定相关政策以平衡经济增长和生态环境保护之间的关系。推动经济绿色低碳发展，支持绿色低碳产业发展，推进环境污染防治，加强生态系统治理和保护。

5. 科技创新

新时代的发展规划将创新驱动作为首要任务，强调要把科技自立自强作为国家发展的战略支撑[①]，通过加快构建科技强国框架、增强国家在关键技术领域的战略能力，提升企业技术创新能力，激发人才创新潜力。国民经济发展规划为科技创新制度的完善和发展优势的形成提供了明确方向和策略。

---

① 杨近平. 中国共产党领导制定五年计划和规划的历史启示[J]. 广西社会科学，2011（8）：93-96.

6. 扩大对外开放

国民经济发展规划通过改善投资环境、放宽市场准入等措施，吸引更多外国投资者来投资国内的产业项目，促进经济发展；通过加强国际贸易合作，拓展贸易伙伴，降低贸易壁垒，推动出口增长，提高国际贸易竞争力，推动国际贸易和投资，促进国家经济融入全球化。

总而言之，这些任务和目标相互交织，共同构成国民经济发展规划的整体框架，旨在实现经济的可持续增长、提高人民生活水平和促进国家整体发展。在我国，从根本上说，规划必须体现建设有中国特色的社会主义的本质要求，必须促进社会主义现代化建设目标的实现，必须有利于发展社会主义的生产力，有利于增强社会主义国家综合实力，有利于提高人民的生活水平。

二、国民经济发展规划的功能

国民经济发展规划主要是为国民经济发展远景规定目标和方向，对国家重大建设项目、生产力布局、国民经济重要比例关系和社会事业等作出安排，具有重要的宏观经济和社会管理功能。通过科学制定、有效实施国民经济发展规划，以确保国家经济的稳定增长、结构优化、社会和谐以及创新发展。

1. 指导功能

“凡事预则立，不预则废”。规划的主要作用之一，正在于通过对未来的预见和自觉安排，明确发展目标，减少经济活动的盲目性和可能出现的风险，增强对内外环境变化的适应性。[①]发展规划为国家经济制定明确的发展方向和目标，指导国家在经济、社会、环境等方面的整体发展策略。规划的指导功能确保了经济决策的连贯性和前瞻性，为实现国家经济稳定增长和长期繁荣提供战略基础。

2. 资源配置和优化功能

国家通过规划对资源进行合理配置，推动产业结构优化升级，提高资源利用率。计划与市场同为经济调控工具，两者都有配置资源的作用。由于市场经济自身存在的种种弊端，客观上要求对其进行宏观调控与规划调控。政府也可以借此更好地决策和引导资源的使用，改善资源使用效益。规划能够对资源进行合理的分配，包括财政资源、人力资源、物资资源等。

3. 协调功能

国民经济发展规划通过协调不同产业、地区和社会群体的发展，确保经济的整体和谐与平衡。在市场多元化的背景下，各种经济活动之间的相互影响和依赖日益加深，协调功能成为确保国家经济健康运行的关键。通过规划，政府能够合理分配资源，优化产业结构，平衡区域发展，调节收入分配，从而避免经济过热或过冷，减少社会不公和冲突，实现经济持续协调发展。

---

① 张今声，王希文，张虹. 国民经济规划学[M]. 北京：经济科学出版社，2005.

4. 稳定功能

国民经济发展规划通过预测经济波动和潜在风险，设定相应的政策和措施，起到稳定经济的作用。稳定功能在经济面临下行压力或外部冲击时显得尤为重要。规划中的稳定政策包括宏观经济政策调整、金融市场监管、就业保障等，都是为了减少经济波动带来的负面影响，维持经济的正常运行。稳定功能不仅有助于保护经济免受短期冲击，也为经济长期健康发展提供保障。

5. 创新功能

国民经济发展规划鼓励和支持创新，这是推动经济转型升级的重要动力。通过规划，政府可以识别关键的技术和产业发展领域，提供必要的政策支持和资源投入，促进科技创新和产业创新，提高产业的竞争力和创新能力。创新功能不仅涉及高科技领域的研发，也包括对传统产业的技术改造和管理创新。通过持续的创新，可以提高经济的生产效率和国际竞争力，为经济可持续发展注入新的动力。

综上所述，国民经济发展规划可以提供一个整体性的框架和指导，帮助国家实现经济增长、资源优化配置和提升国际竞争力等目标，推动经济健康稳定可持续发展。这也说明国民经济发展规划在经济、社会、环境等多个方面具有重要的功能，对于引领国家发展方向，实现经济持续增长和社会进步具有关键作用。

三、社会主义市场经济下国民经济发展规划的作用

改革开放以来，在经济体制的全面改革过程中，我国政府经济职能实现了从“全能型”到“效能型”的转变，市场对资源配置的功能实现了从计划经济时期忽视或否定市场经济规律，到强调市场在资源配置中的决定性作用的转变，体现了我党对宏观经济管理认识的深化。充分发挥市场对资源配置的决定性作用，更好地发挥政府经济职能，是未来党领导制定和实施国民经济发展规划的根本遵循，也是党治国理政的重大任务，是符合中国国情的发展之道。[①]国民经济发展规划对于引导和促进国民经济持续健康稳定发展具有重要作用，是社会主义市场经济下不可或缺的一环。

国民经济发展规划对经济社会发展的引领作用主要体现在以下四个方面。

（1）为社会主义市场经济建设提供长期的发展方向和战略框架。国民经济发展规划通过设定明确的发展目标和任务，体现国家的战略意图和发展愿景，指导市场活动和资源配置，引导资源向重点领域和关键任务流动，确保经济发展与国家整体战略相一致。同时，规划还提供了实现这些目标的政策工具和行动路径，包括宏观经济政策、区域发展战略等。这一框架不仅确保了经济社会发展的连贯性和稳定性，而且增强了政策的预见性和指导性，为社会主义市场经济长期健康有序发展奠定坚实基础。

（2）更好地发挥政府作用，推动有效市场和有为政府更好结合。“十四五”规划纲要提出：“坚持和完善社会主义基本经济制度，充分发挥市场在资源配置中的决定性作

① 郭旭红，武力. 从五年规划看中国共产党治国理政的基本经验[J]. 华中师范大学学报（人文社会科学版），2021（4）：15-24.

用，更好发挥政府作用，推动有效市场和有为政府更好结合。”[①]在有效市场层面，规划通过发挥综合协调、信息导向、政策指导、引导资源配置等功能有效引导经济运行，促进社会主义市场经济体制的不断完善。在有为政府层面，规划作为调控工具，为政府提供了执行宏观调控的具体框架和行动指南。政府通过规划设定明确的发展目标和政策方向，有针对性地优化资源配置，协调各项经济政策，并制定具体的实施计划和监督机制，确保政府部门的行为与规划保持一致，及时调整偏离目标的行动。同时，规划编制的法治化、科学化和民主化，增强了政策制定的透明度，有助于促进政府职能的优化和转变，避免过度干预市场，同时有效地制衡政府失灵。因此，规划在推动有效市场和有为政府更好结合方面发挥着关键的治理功能，为社会主义市场经济体制的建设和完善提供了重要支持。

（3）保障国民共同利益的实现。在市场经济体制下，发展规划通过明确制定国民经济和社会发展的长期目标和战略方向，采取既有强制性又具引导性的政策措施，引导各经济主体的行为朝向国家和社会共同利益的方向发展。这不仅调整和矫正了可能偏离共同利益目标的个体行为，也在一定程度上平衡了不同经济主体间的利益关系，促进了社会整体的和谐发展。具体说来，规划在公共物品和准公共物品供给中发挥关键作用，解决了市场机制在这些领域可能出现的效率低下问题。通过优化资源配置，规划确保了基础设施、环境保护、基本公共服务等领域的投资优先级，满足了社会的基本需求，同时也考虑了长期的经济效益和社会效益，推动了社会的整体进步。此外，发展规划还促进了社会力量的整合和共识的形成。通过公众参与和专家咨询机制，规划收集和反映了不同社会群体的意见和需求，基于广泛的社会共识制定了发展目标和政策措施，从而保障了整个社会的共同利益。因此，发展规划深层次地影响着社会发展的方向和质量，为国家和国民的共同利益提供了有力的保障。

（4）促进经济与社会共同发展。规划在推动经济与社会共同发展进程中发挥着至关重要的作用。通过优化资源配置，规划不仅支持了经济增长的关键领域，如基础设施、教育、医疗和科技创新，同时也提升了社会福祉和公众生活质量，展现了经济增长与社会进步的协同效应。此外，规划引导产业升级和技术革新，不仅增强了经济的竞争力，也促进了就业机会的创造和劳动力技能的提升，进一步推动了社会的全面发展。通过促进区域均衡发展，规划有助于缩小地区发展差距，实现经济的稳定增长与社会的和谐。在提供公共服务和公共物品方面，规划确保了基本需求的满足，不仅促进了经济效率的提升，也强化了社会的公平与正义。通过推动经济与社会的可持续发展，规划体现了经济增长与环境保护、社会进步之间的平衡，确保了长期的社会福祉。此外，科学合理的规划能够确保政策的连续性和稳定性，为经济和社会发展提供清晰的预期，增强企业和公众的信心，促进经济发展与社会发展之间的良性互动和相互促进，实现社会的整体进步和人民生活水平的持续提升。

---

① 中华人民共和国中央人民政府. 中华人民共和国国民经济和社会发展第十四个五年规划和 2035 年远景目标纲要[EB/OL].（2021-03-13）. https://www.gov.cn/xinwen/2021-03/13/content_5592681.htm.

第三节 国民经济发展规划体系

一、国民经济发展规划体系的内涵及特征

（一）国民经济发展规划体系的内涵

1. 规划体系

规划体系是从不同领域谋划、不同角度表述，内容相互衔接、相互补充、相互影响的各级各类规划的有机结合体，定义了一个国家的规划制度、功能和结构。通常，这一体系受到国家政治体制、法律法规的显著影响，并与国家治理能力紧密相连。同时，它需要针对性地考虑国内经济发展阶段的实际需求、面临的关键问题，以及国际经济环境和合作的需求。因此，不同国家的规划体系之间存在显著差异。例如，德国的规划体系被称为空间规划，它通过法律形式确立，根据每个区域的特色进行编制，注重城镇的功能定位及其辐射带动作用，以及基础设施网络的布局和对空间的管制；日本的规划体系，即全国国土综合开发计划，侧重于规划资源利用、城乡规模和布局、产业布局，以及公共基础设施的配置和自然灾害的防治；法国的规划体系，重视领土整治，针对区域经济发展的不平衡，特别强调“均衡化”策略，旨在控制大城市的扩张，鼓励地方中小城市的发展和欠发达农村地区的开发，同时保护山区和海滨，支持老工业区的振兴。可见，各国的规划体系重点不同，分类不同，风格也不同。

2. 国民经济发展规划体系

国民经济发展规划体系是指国家对国民经济和社会发展进行规划、调控和管理的一套制度和方法，是国家对经济社会发展的战略部署和规划。自 20 世纪 50 年代初开始编制第一个五年计划至今，在 70 多年的历程中，随着我国经济体制的不断改革和完善，我国的规划种类逐渐增多、规划层级日益清晰、规划关系渐次理顺，国民经济规划已经从单一的经济计划，扩展到编制总体规划、专项规划、区域经济规划、空间发展主体功能区规划等复杂的规划体系。[①]建立和完善国民经济规划体系，对于统筹规划国民经济发展、优化经济结构、提升经济效益发挥了至关重要的作用。

（二）国民经济发展规划体系的特征

国民经济发展规划体系的特征包括全面性、战略性、协调性。

1. 全面性

国民经济发展规划体系的内容覆盖经济发展的各个方面，包括产业发展、资源配置、技术进步、市场调节、社会福利等，这种全面覆盖确保了经济政策和措施能够协调一致，共同促进经济的均衡和持续发展。此外，全面性还体现在规划的制定和实施过程

---

① 中国社会科学院经济研究所课题组. “五年规划”的历史经验与“十四五”规划的指导思想研究[J]. 经济学动态，2020（4）：3-14.

中，国民经济发展规划体系通常包括长期规划、中期规划和短期规划，这些规划相互衔接，形成一个连贯的发展框架。国民经济发展规划体系的全面性能够有效确保经济政策的协调性和连贯性，增强规划的适应性和有效性。

2. 战略性

国民经济发展规划体系的战略性特征体现在它从多角度和多层面为经济发展和社会进步确立了一幅全方位的宏伟蓝图。规划体系综合国家的长期目标与当前发展需求，通过各类具体规划，精心设计经济社会发展阶段，明确发展战略重点，制定切实可行的政策措施，引导经济社会向着既定的未来发展目标稳步前进。规划体系跨越宏观与微观、国家与地方、经济与社会等多个维度，通过协调产业布局优化、创新体系建设、区域发展平衡、环境保护与可持续发展等各个方面，确保国家发展战略的全面性和连贯性。因此，科学的国民经济发展规划体系不仅是国家治理的重要工具，更是国家发展战略思维和国家治理能力现代化的体现，在引领国家实现长期稳定发展上发挥关键作用。

3. 协调性

各类规划之间相互支撑，构成支持经济社会发展的有机整体，促使国民经济协调可持续发展。目前，我国正在不断加强各层级各类别规划之间的协调机制，具体而言，就是要坚持下位规划服从上位规划、下级规划服务上级规划、等位规划相互协调，建立以国家发展规划为统领，以空间规划为基础，以专项规划、区域规划为支撑，由国家、省、市县各级规划共同组成，定位准确、边界清晰、功能互补、统一衔接的国家规划体系。立足新形势新任务新要求，明确各类规划功能定位，理顺国家发展规划和国家级专项规划、区域规划、空间规划的相互关系，避免交叉重复和矛盾冲突。①

我国的国民经济发展规划体系根据行政层级、功能类别、规划对象和规划期限的不同，形成了全面的多层级规划管理结构。国家级规划制定宏观经济发展的总体目标和战略方向，为全国经济社会发展提供顶层设计，确保国家发展的统一性和连贯性。地方级规划根据国家级规划的指导原则，结合各自的地域特点和发展条件，制定具体的实施策略和计划，体现规划体系的灵活性和适应性。行业和专项规划进一步细化了特定领域的发展目标和路径，如产业发展、技术创新、资源利用等，既服务于国家和地方的总体发展目标，又针对性地解决行业和领域内的具体问题。这种由上而下、环环相扣的层次结构，不仅增强了规划的系统性和针对性，还提高了执行的效率和效果，展现了深刻的层次性特征。

二、国民经济发展规划体系的构成

国民经济发展规划体系按照不同的考察视角有着多种分类方式。本书根据《中共中央 国务院关于统一规划体系更好发挥国家发展规划战略导向作用的意见》，沿用国民经济和社会发展规划建立的三级四类规划管理体系，即按行政层级分为国家级规划、省

① 中共中央 国务院关于统一规划体系更好发挥国家发展规划战略导向作用的意见[EB/OL].（2018-11-19）. https://zrzyt.xinjiang.gov.cn/xjgtzy/gjzzq/202401/0e464ace829a415db2d3e74e3fbf6557.shtml.

（自治区、直辖市）级规划、市县级规划；按对象和功能类别分为总体规划、专项规划、区域规划、空间规划；按规划期限分为长期规划、中期规划和短期规划。

（一）按行政层级分类：三级规划

中国国民经济和社会发展规划的三级规划体系是指按照国家、省（自治区、直辖市）、市县三个层级编制总体规划、专项规划、区域规划和空间规划的体系，是国家对经济社会发展的总体安排和指导，是全国各地区各部门共同的行动纲领。

1. 国家级规划

国家级规划在国家的经济管理体系中占据核心地位，是对全国经济社会发展的总体目标、重点任务、主要政策和约束性指标的制定，是国家战略意图的体现，是省（自治区、直辖市）、市县层级规划的依据。国家级规划由国务院组织编制，经全国人民代表大会常务委员会（简称全国人大常委会）审议通过后实施，主要包括国民经济和社会发展五年规划和远景目标纲要、国家重大专项规划、国家重大区域规划等。

国家级规划的最显著特征是宏观性。作为国家经济发展的顶层设计，它涵盖了全国的经济和社会发展的各个方面。规划基于全国范围内的经济数据、资源状况、社会需求等进行分析和预测，设定国家整体发展方向和目标。国家级规划通常具有长远的视野。它不仅涉及即时的经济管理和调控，更重要的是对未来数年乃至几十年的经济社会发展进行规划和预测。这种长远性要求规划能够超越短期经济波动，聚焦于实现长期的发展目标和战略愿景。国家级规划在内容上具有全面性。它不仅关注经济增长和产业发展，还涵盖社会发展、环境保护、科技进步、文化教育、国际合作等多个领域。这种全面性确保了经济社会发展的各个方面都能得到均衡考虑和协调推进。

国家级规划具有以下主要功能。

（1）设定国家发展目标和方向。国家级规划的首要功能是为国家的经济和社会发展设定明确的目标和方向。这些目标和方向不仅是经济增长的量化指标，如 GDP 增长率、就业率、人均收入等，还包括质量和效率的提升、社会福利的改善、环境可持续性保障等。通过这些目标和方向，引导和激励全国的经济社会活动朝着既定的愿景和路径前进。

（2）制定和实施宏观政策。国家级规划的另一项核心功能是制定和实施宏观经济政策，包括财政政策、货币政策、产业政策、贸易政策等。通过这些政策，规划对经济进行宏观调控，促进经济稳定增长，调整和优化经济结构，提升国家的国际竞争力。

（3）全面协调经济社会发展。国家级规划在协调经济社会发展上发挥着重要作用。它通过规划和政策的手段，协调产业发展和区域发展，平衡经济增长和社会进步、发展的关系，以及平衡中央和地方的关系，确保国家发展的整体性和协调性。

（4）引导资源配置。国家级规划通过设定发展目标和政策，引导国家资源包括资金投入、人才培养、技术研发等向关键领域和优先事项流动。通过合理有效的资源配置，提高国家发展的整体效率和效益。

中国的国家级规划以其宏观性、长远性和全面性的性质，发挥着设定发展目标、制定宏观政策、协调发展各方面、引导资源配置和反映公共利益等多重功能。这些性质和功能共同确保国家级规划在引导和管理国家经济社会发展过程中的核心地位和关键作用。

2. 省（自治区、直辖市）级规划

省（自治区、直辖市）级规划（以下统称为省级规划）是对国家级规划的落实和细化，是对本省经济社会发展的总体安排和指导，是实现区域经济协调发展和地方特色发展的重要工具，是市县级规划的依据。省级规划由省级政府组织编制，经同级人大常委会审议后报国务院审批。省级规划主要包括省级经济社会发展五年规划和远景目标纲要、省级重大专项规划、省级重大区域规划等。

省级规划的一个显著特征是区域性。每个省（自治区、直辖市）的经济、资源、文化、环境等条件都有所不同，省级规划需要基于本地实际情况进行制定。这种区域性要求规划既要符合国家的总体发展战略，又要体现地方特色和优势。省级规划在国家级和市县级规划之间起到中介作用。它既是国家规划在地方的传导和实施，也是地方需求和问题向国家反馈的渠道。这种中介性要求省级规划能够平衡好上下级关系，协调好中央和地方的利益。与国家级规划相比，省级规划更注重实施性。规划不仅要明确发展目标和方向，还要提供详细的实施计划、具体政策措施和资源配置方案。这种实施性确保规划能够转化为实际的经济社会发展行动。

省级规划具有以下主要功能。

（1）落实国家政策。省级规划的首要功能是落实国家级规划的政策和目标。根据国家规划的要求，结合本地实际，制定符合地方特点的发展策略和措施，包括经济发展、社会进步、环境保护等多个方面，确保国家政策在省级得到有效实施。

（2）引导地方发展。省级规划对于引导本地经济社会发展具有重要作用。通过规划，可以确定本地的优先发展领域和重点项目，引导资源和资金向这些领域和项目集中，促进经济结构的优化和产业升级，提升地区的竞争力和可持续发展能力。

（3）协调区域关系。在多个地级市和县的统筹协调中，省级规划起到平衡和协调不同地区发展的作用，包括平衡城乡发展、协调区域间的经济交流、处理跨区域的经济社会问题等。通过这种协调，确保省（自治区、直辖市）内各地区的协调发展，避免发展不平衡带来的社会问题。

（4）促进创新和改革。省级规划还具有推动地方创新和改革的功能。地方政府可以根据本地的实际情况和需求，探索适合本地的发展模式和管理方式，推动经济社会创新。同时，省级规划可以作为国家政策改革的试点和实验场，为全国的政策制定和改革提供经验。

省级规划在中国的三级规划体系中具有独特的区域性、实施性和中介性等性质，发挥着落实国家政策、引导地方发展、协调区域关系和促进创新改革等多重功能。这些性质和功能共同确保省级规划在实现区域经济协调发展和地方特色发展中的关键作用。

3. 市县级规划

市县级规划是对上级规划要求的细化落实和具体安排，是对本市县经济社会发展的总体安排和指导，是经济社会发展活动的基本依据。市县级规划由市县级政府组织编制，经同级人大常委会审议后报上级政府审批。市县级规划包括市县级经济社会发展五年规划和远景目标纲要、市县级重大专项规划、市县级重大区域规划等。

市县级规划具有明显的微观性和具体性。规划内容更贴近地方的具体情况，包括具体的经济结构、产业布局、资源禀赋和社会需求。规划的目标和措施相对具体，可操作性强，直接关联到市县层面的经济社会活动。市县级规划具有较强的灵活性和适应性，能够快速响应本地经济社会发展中的新变化、新问题和新需求。这种灵活性和适应性体现在规划制定和调整的过程中，可以根据本地实际情况和上级政策导向灵活调整发展战略和政策措施。市县级规划在制定和实施过程中，往往需要更广泛的社会参与和公众意见。这种参与性和开放性有助于确保规划更加符合本地居民的需求和期望，同时增强规划的透明度和公众的接受度。

市县级规划在中国的三级规划体系中具有独特的微观性、灵活性、参与性等性质，发挥着实施上级政策、推动本地发展、协调区域关系、解决地方问题和创新实践等多重功能。

（1）实施国家和省级政策。市县级规划的核心功能是将国家和省级的宏观政策和战略转化为具体的地方行动，即根据上级规划的指导，结合本地实际情况，制定和实施具体的经济社会发展计划，确保上级政策在基层得到有效执行。

（2）促进本地经济社会发展。市县级规划致力于推动本地的经济增长和社会进步，涉及优化本地产业结构、推动科技创新和人才发展、改善基础设施和公共服务、提高居民生活质量等多个方面。通过各种措施有效提升本地的经济实力和社会福祉。

（3）反映和解决地方问题。市县级规划具有捕捉和反映地方特殊问题和需求的功能。地方政府通过规划能够识别和解决本地经济社会发展中的具体问题，如就业、教育、医疗、住房、环境保护等，确保发展成果惠及每一个社区和居民。

（4）创新和试点。市县级规划还是创新政策和实践的试验田。许多地方性的创新政策和发展模式都是从市县层级开始试验和推广的。通过规划，地方政府可以探索适合本地特点的发展路径，积累可供其他地区借鉴的经验。

（二）按对象和功能类别：四类规划

1. 总体规划

总体规划是对国家或地区国民经济和社会发展进行综合性部署和安排的规划，具有战略性、纲领性、综合性。①总体规划也可以按照行政层级分类为国家级、省级、市县级规划，由各级政府组织编制，同级人民代表大会批准。它在国民经济规划中战略地位突出，在各级规划中具有统领地位，其他同级专项规划、区域规划以及相关政策措施应符合总体规划的原则，下级总体规划也要接受上级总体规划的指导。国家级和省级总体规划为中长期规划，规划期基本都为 5 年以上，市县级总体规划则从实际出发确定具体的规划期长。

国家总体规划的主要目标是确定关乎全局的重大项目建设任务，根据发展目标和

① 张今生，王希文，张虹. 国民经济规划学[M]. 北京：经济科学出版社，2005：251.

任务提出相应的方针、政策和措施，以及预期性和约束性指标，是总纲。地区总体规划则在空间上保证国家重大建设任务和调控指标的落实，认真贯彻国家的发展方针和政策，研究区域的经济社会发展问题，充分发挥自身的比较优势，并制定地区发展目标和任务，提出具体的措施办法。

总体规划引导和调控经济社会发展，通过公布各级政府的发展战略，明确未来发展目标和重点，让社会各界了解政府提出的发展方向和目标，激发人民群众的积极性、主动性和创造性，凝聚人心、振奋精神。当前，总体规划是解决发展不平衡不充分问题的有效方式，能够加强统筹规划、协调组织实施，实现资源合理配置、产业合理布局，促使区域经济协调发展。总的来说，总体规划对中国经济社会的发展起到了重要推动作用。

2. 专项规划

专项规划主要是指以国务院相关部门、地方人民政府及其相关部门为主导，针对产业及特定领域编制和发布，为总体规划具体落实提供发展保障的发展规划。[①]国家级专项规划由国务院有关部门编制，省级专项规划由省级人民政府有关部门编制。特定领域类型多，范围广，对象多元，在编制规划之前要根据具体领域的特点来研究确定是否需要编制。原则上，只有关系国民经济和社会发展全局重大项目和工程以及固定资产投资远超个人能力而需要政府承担的领域需要进行专项规划，比如总体规划已安排的重大基础设施建设、重要资源的开发保护、公共事业和公共服务等。专项规划引导相应领域的建设与发展，在时空上具有特殊性，针对特定议题，目标明确，任务具体，往往通过单独确立行政法规来保证推行。专项规划的期长根据实际确定，一般与五年规划一致，对一些重大问题和特殊领域可以延长，部分基础设施建设甚至至少 10 年。

专项规划具有针对性、支撑性、协同性和传导性的特征。专项规划专注于特定的领域、行业或问题，如环境保护、能源发展、交通建设、科技创新等。这种针对性确保了专项规划能够深入分析和解决特定领域的具体问题。专项规划的支撑性体现在其对总体规划目标实现的支持作用。专项规划通过对特定领域的深入规划，为总体规划的宏观目标提供了具体的实施方案和支撑条件，是总体规划成功实施的重要基础。协同性则是指专项规划在总体规划框架下的统一和协调。专项规划需要与总体规划中确定的发展方向和目标相一致，确保各个专项规划之间相互协调，共同服务于国家的整体发展战略。这种协同性保证了规划体系的整体性和统一性，避免资源浪费和政策冲突。传导性是指专项规划如何将总体规划的宏观目标细化并传导至更具体的实施层面，将宏观目标分解为具体的行动计划和政策措施，确保总体规划目标能够在各个具体领域和项目中得到有效实施。

专项规划的具体功能如下。

（1）解决特定问题。专项规划的核心功能是解决特定领域或问题的发展需求。通过针对性的分析和策略制定，专项规划能够有效应对如资源短缺、环境污染、技术落后等具体问题，推动相关领域的发展和改善。

---

① 李善同，周南．“十三五”时期中国发展规划实施评估的理论方法与对策研究[M]．北京：科学出版社，2019：4.

（2）引导资源配置。专项规划通过设定明确的行业目标和发展方向，引导资金、技术、人才等多种资源向重点领域和关键项目集中，确保资源的优化配置和有效利用。

（3）促进行业协调。在多个相关领域和行业之间，专项规划起到促进协调和整合的作用。它通过制定行业标准、协调行业发展策略、处理跨行业问题等方式，促进不同行业的协调发展和相互支持。

（4）推动创新和改革。专项规划是推动行业创新和改革的重要工具。它通过鼓励科技创新、优化管理体制、引入市场机制等措施，推动行业的技术进步和管理创新，提高行业的竞争力和可持续发展能力。

专项规划在中国的四类规划体系中发挥着解决特定问题、引导资源配置、促进行业协调、推动创新改革等多重功能。这些性质和功能共同确保专项规划在促进特定领域发展和解决具体问题中发挥关键作用。

3. 区域规划

区域规划对特定地域范围内的经济发展问题进行全方位规划和统筹安排。它对空间、人口、资源和环境等要素进行统筹规划，明确规划区域的战略地位和区域经济发展的方向，制定规划区域经济发展的目标，确定规划区域重点发展的部门、地域和重大建设项目[①]，致力于形成合理的空间结构，实现区域经济协调发展、促进可持续发展，其核心内容包括经济发展战略、产业布局、基础设施建设、环境保护和社会发展等。区域规划的编制一般由国务院发展改革部门组织国务院有关部门和地方人民政府有关部门承担，规划期一般为 5 年，可以展望到 10 年以上。知名的区域规划有《长江三角洲区域一体化发展规划纲要》《京津冀协同发展规划纲要》《粤港澳大湾区发展规划纲要》等。

区域规划的首要特性是其明显的区域性，它针对特定的地理区域，如经济特区、城市群、发展带、特定的省份或城市等，基于该区域特有的经济条件、资源禀赋、历史背景和社会需求等因素的深入分析后制定。区域规划还体现出较强的协调性特征，它不仅需要协调区域内部的各种经济社会活动，还需与国家层面的政策和其他区域的规划相互协调，确保区域发展战略的整体性和连贯性。此外，区域规划还具有一定的动态性和适应性，随着经济社会条件的变化和新的发展趋势的出现，区域规划可以进行调整和优化，以适应新的发展环境和挑战。

区域规划的主要功能如下。

（1）引导区域发展。区域规划的核心功能是引导和促进特定区域内的经济社会发展。它通过确定区域发展的战略目标、优先领域和关键项目，引导资源和投资向这些领域集中，推动区域经济的结构优化和增长方式转变。

（2）平衡区域发展。区域规划在平衡不同区域发展水平和促进区域间合作中发挥重要作用。通过对欠发达区域的重点支持和对发达区域的合理引导，努力缩小区域之间的发展差距，促进区域间经济互补和社会协调。

（3）优化空间布局。区域规划包括城乡规划、产业布局、基础设施建设等方面的规划，通过优化经济活动的空间布局，提高区域发展的整体效率，促进资源的有效利用

---

① 孙久文. 区域经济规划[M]. 北京：商务印书馆，2004.

和环境的可持续发展。

（4）应对地方挑战。区域规划针对特定区域面临的挑战制定策略和措施，这些挑战可能包括自然资源短缺、环境污染、城市拥堵、社会不安定等问题。通过有针对性的规划，可以有效应对这些挑战，促进区域稳定和可持续发展。

区域规划在中国的四类规划体系中具有区域性、整合性、动态性等性质，发挥着引导区域发展、平衡区域发展、优化空间布局和应对地方挑战等多重功能。这些性质和功能共同确保区域规划在促进特定区域经济社会发展中的关键作用，同时为国家整体发展战略的实施提供支持和补充。

4. 空间规划

空间规划以空间治理和空间结构优化为主要内容，是政府为了促进空间资源的合理利用和有效保护，在国家主权及主权权利管辖范围内实施的一种对多维度、多要素的空间治理进行超前性的调配和安排的规范性制度体系总称。具体来说，是政府对一定区域国土空间开发保护在空间和时间上作出的安排，是国家空间发展的指南、可持续发展的空间蓝图，是各类开发保护建设活动的基本依据。国土空间规划从宏观、综合和战略的角度，统筹考虑资源、环境、产业、人口等多要素，完善相互协调、交叉融合、共同支撑的国土空间，强化不同类型区域的特色优势和功能定位，推动形成优势互补高质量发展的区域经济布局，促进经济社会可持续发展。

国土空间规划的具体功能如下。

（1）明确国土资源开发利用和整治保护目标及基本方针；

（2）明确地区经济发展战略和空间开发战略，确定人口、生产、城镇的合理布局；

（3）明确主要城镇的性质、规模及其相互关系；合理安排交通、通信、动力和水源等区域性重大基础设施；

（4）重大国土开发利用和整治保护项目以及建设活动的空间布局；

（5）制定实施规划的政策和措施。

（三）按规划期限分类

我国的国民经济规划体系通过长期、中期、短期规划的层次分明的结构，全面引导国家经济和社会发展。这一体系根据不同的时间跨度和焦点，确立了旨在规划未来发展战略、实现阶段性目标以及解决当前需求的多层次规划，展现了深刻的科学性和前瞻性。

1. 长期规划

长期规划通常覆盖 10 年以上的时间跨度，主要聚焦于国家发展的战略布局和长远目标。它基于对未来经济、社会、技术趋势的深入分析，旨在描绘国家发展的蓝图，确保国家在全球化背景下的竞争力和可持续发展。长期规划强调经济结构调整、产业升级、技术创新及社会福祉提升，为中国的未来奠定坚实基础。长期规划制定的过程中，有时会根据经济社会发展规律，列出阶段性发展目标，形成中长期规划的期限形式，如“十四五”规划纲要、《长江三角洲区域一体化发展规划纲要》、《氢能产业发展中长期规划（2021—2035 年）》等。

2. 中期规划

中期规划一般指五年规划。中期规划起着承上启下的作用，将长期规划的战略目标细化为具体可执行的政策措施和阶段性目标，集中于经济结构的优化、关键领域的发展以及社会问题的解决，通过具体的行动计划和资源配置，确保国家发展目标的连续性和可实现性。它既是长期规划战略目标的实施手段，也为短期规划的制定提供了框架。如《"十四五"生物经济发展规划》《"十四五"现代流通体系建设规划》《海水淡化利用发展行动计划（2021—2025年）》等。

3. 短期规划

短期规划涵盖 1～3 年的时间范围，着眼于解决当前经济和社会发展中的具体问题，如经济稳定、就业、教育和医疗等。短期规划通过宏观调控和政策调整，快速响应经济波动和社会需求变化，保障经济平稳运行和社会和谐稳定。它是规划体系中最为灵活、反应最快的一环，确保中长期规划目标的顺利进行。政府的短期规划往往以年度计划或实施方案等形式制定，如《北京市加快新型基础设施建设行动方案（2020—2022年）》《安徽省通用人工智能创新发展三年行动计划（2023—2025 年）》《粤港澳大湾区国际一流营商环境建设三年行动计划》等。

国民经济规划体系通过长期规划的战略布局、中期规划的目标实现和短期规划的快速应对，形成了一个既注重未来发展又兼顾当前需求的全面规划体系。这种层次化、系统化的规划方法，体现了规划的科学性和实用性，有助于平衡长远规划与即时应对之间的关系，能够有效保证经济社会发展的连贯性和稳定性，为中国经济持续健康发展和社会全面进步提供积极的指导和坚实的保障。

三、不同规划之间的关系

（一）三级规划之间的关系

1. 上下衔接关系

国家级规划、省级规划和市县级规划之间存在着上下衔接的关系。国家级规划是总体部署和顶层设计，省级规划是区域性部署和中观设计，市县级规划是具体性部署和微观设计。各级规划在制定过程中，都要遵循国家总体规划的要求，确保各级规划之间的衔接和协调。同时，各级规划在实施过程中，也要相互支持、相互配合，形成合力，确保国家发展总体目标的实现。

2. 指导与被指导关系

国家级规划对省级规划和市县级规划具有指导作用，省级规划对市县级规划也具有指导作用。各级规划在制定过程中，都要充分借鉴和参考上一级规划的经验和做法，确保规划的科学性和可行性。同时，各级规划在实施过程中，也要根据上一级规划的要求，调整和完善本级规划，确保规划的实施效果。

3. 分工与合作关系

国家级规划、省级规划和市县级规划之间存在着分工与合作的关系。各级规划在制定过程中，都要明确本级政府的职责和任务，确保各级政府在经济社会发展中合理分工。

4. 动态调整与优化关系

国家级规划、省级规划和市县级规划之间存在着动态调整与优化的关系。随着经济社会的发展和变化，各级规划需要不断进行调整和完善。在调整过程中，各级规划要相互借鉴和参考，确保规划的科学性和可行性。同时，各级政府要加强沟通和协调，形成合力，确保各级规划的实施效果。

（二）四类规划之间的关系

总体规划、专项规划、区域规划和空间规划之间也存在着紧密的相互关系。它们各自扮演着重要的角色，同时也相互依赖、相互影响，共同推动我国的社会经济发展。

总体规划和专项规划在一定程度上是上下层次的关系。总体规划分析规划背景，明确指导思想和原则、主要目标、重点任务、重大项目、政策方向、组织实施要求等；专项规划在总体规划基础上，明确针对性强的具体方针、目标、建设任务和措施，包括重大项目的建设布局和重大任务的安排。其中，国家总体规划由国务院组织编制，经全国人民代表大会（简称全国人大）审查批准，居于规划体系最上位，是其他各级各类规划的总遵循，具有统领全局的作用；各级专项规划、区域规划和空间规划，均依据国家发展总体规划编制。但这种关系并不是机械的，而是相对灵活的。在规划研究编制的过程中，需要进行上下互动、左右互动，使各规划之间互相衔接印证，包括目标、重大的布局安排等内容。

专项规划和区域规划是国家发展总体规划对特定领域、特定区域提出的战略任务的细化和落实，对总体规划具有支撑作用。国家级专项规划要围绕国家总体规划在特定领域提出的重点任务，制定细化落实的时间表和路线图，提高针对性和可操作性。国家级区域规划依据国家总体规划，主要以贯彻实施重大区域战略、协调解决跨行政区重大问题为重点，突出区域特色，指导特定区域协调协同发展。省级规划、市县级规划依据国家发展规划制定，既要加强与国家级专项规划、区域规划的衔接，形成全国“一盘棋”，又要因地制宜，符合地方实际，突出地方特色。

空间规划在规划体系中发挥基础作用，为国家发展规划确定的重大战略任务落地实施提供空间保障，对其他规划提出的基础设施、城镇建设、资源能源、生态环保等开发保护活动提供指导和约束。

总之，各类规划之间遵循专项规划和区域规划服从本级和上级总体规划，下级规划服务上级规划，专项规划之间不得相互矛盾的原则，来保证总体规划、专项规划、区域规划和空间规划四者之间的有效衔接。①

四、建立健全国民经济规划体系的重要意义

以规划引领经济社会发展，是中国共产党治国理政的重要方式，是中国特色社会

① 中共中央 国务院关于统一规划体系更好发挥国家发展规划战略导向作用的意见 [EB/OL].（2018-11-19）. https://zrzyt.xinjiang.gov.cn/xjgtzy/gjzzq/202401/0e464ace829a415db2d3e74e3fbf6557.shtml.

主义发展模式的重要体现。改革开放以来特别是党的十八大以来，国家发展规划对创新和完善宏观调控的作用明显增强，对推进国家治理体系和治理能力现代化的作用日益显现。建立健全国民经济规划体系，对于科学编制并有效实施国家发展规划，阐明全面建成社会主义现代化强国奋斗目标在规划期内的战略部署和具体安排，引导公共资源配置方向，规范市场主体行为等方面具有重大实践意义。

（1）国民经济发展规划体系是国家治理体系和治理能力现代化的重要组成部分，其科学性和合理性反映了国家的治理理念和能力。政府通过科学的规划体系有效制定和实施经济和社会政策，引导国家经济社会向预定的目标发展，这一过程涉及资源配置、政策制定、法律法规的执行等多个方面，是国家治理活动的重要组成部分。此外，现代国家治理面临发展的多元性和复杂性挑战。国民经济规划体系通过协调不同领域、不同层级和不同利益主体的关系，确保政策的一致性和连贯性，有效应对发展的多元性和复杂性。因此，健全的国民经济规划体系能够通过提高治理的科学性、系统性、适应性，增强协调发展的多元性和对复杂性的应对能力，全面提升国家治理水平和治理效果，推动经济社会持续健康发展。

（2）国民经济发展规划体系是引导公共资源配置方向、规范市场主体行为的重要手段，是平衡各方面关系、避免宏观失衡、引导和稳定预期的重要工具，是推动高质量发展的重要保障。首先，国民经济发展规划体系通过明确的目标和战略，确保发展的目标导向和战略性。高质量发展不仅关注经济增长的速度，更注重增长的质量、效率和可持续性。规划体系通过设定涉及经济、社会、环境等多方面的发展目标，引导经济活动朝着全面、协调、可持续的方向发展，这种目标导向和战略性是实现高质量发展的重要保障。其次，国民经济发展规划体系在引导资源合理配置方面发挥着关键作用。高质量发展要求资源在优势产业、关键领域和重大项目上得到有效配置，以提高资源使用的效率和产出。规划体系通过明确发展优先领域、制定产业政策和投资计划等，引导资金、技术、人才等资源向高质量发展的领域集中，优化资源配置，提高经济的整体效率和质量。最后，国民经济发展规划体系在协调区域发展方面具有重要作用。规划体系通过区域发展规划、对外开放政策等，促进地区间经济互补和合作，推动参与国际分工和合作，提升国家在全球经济中的地位和作用。因此，健全的国民经济规划体系为经济的高质量、全面、协调和可持续发展提供了有力支撑，是实现高质量发展的重要保障。

（3）国民经济发展规划体系是满足人民日益增长的美好生活需要的重要依据，是发展为了人民、发展依靠人民、发展成果由人民共享的重要体现。随着经济社会的发展，人民对经济增长、社会公正、环境保护、文化繁荣等方面的需求日益增长。规划体系通过综合考虑这些需求，统筹安排经济发展、社会进步、环境保护等，在促进经济发展的同时，不断满足人民的就业、教育、医疗、养老等需求，提升人民生活质量。建立健全国民经济规划体系，有利于坚持以人民为中心的发展思想，统筹经济发展和社会进步，加强公共服务和社会保障，促进社会公平正义，提高人民生活水平和幸福感。

本章小结

国民经济发展规划不仅是经济学、管理学和政策科学交叉融合的产物，也是现代政府治理体系不可或缺的组成部分。规划通过提供长期的发展战略、明确的发展目标和科学的政策措施，帮助政府提高决策的科学性和前瞻性，增强对经济社会发展的综合协调能力，从而有效提升国家治理的整体效能和水平。本章深入探讨了国民经济发展规划的基本内涵、特征、功能、体系及其在推进国家治理体系和治理能力现代化中的关键作用，通过对国民经济发展规划的深入研究，可以为未来经济社会发展提供科学指导，为政策制定者和实践者提供理论支撑和实践参考，从而有效促进国家长期稳定发展和社会全面进步。

复习思考题

1. 如何定义国民经济发展规划？为什么说在社会主义市场经济体制下，国民经济发展规划能够实现有效市场和有为政府的结合？
2. 列举并解释国民经济发展规划的三个主要特征，讨论这些特征如何影响规划的制定和实施过程。
3. 国民经济发展规划的性质是什么？它在当前经济社会发展中承担着哪些关键任务？
4. 分析国民经济发展规划在社会主义市场经济体制下的功能，探讨它如何协调市场力量与政府干预，促进经济社会发展。
5. 描述国民经济发展规划体系的内涵及构成，并讨论不同层级规划（如国家级、地方级、行业级）之间的相互关系及其协调机制。
6. 探讨建立健全国民经济发展规划体系的重要性，尤其是在实现长期发展目标和应对复杂经济挑战的背景下，规划体系如何发挥其关键作用。

第三章

国民经济发展战略与规划的关系及其理论基础

通过前两章的学习我们发现，国民经济发展战略与国民经济发展规划虽然是具有不同内涵的两个概念，但二者之间存在着不可分割的内在联系。理论研究和实践经验证明，一个国家无论是谋划长期发展蓝图（战略），还是为实现战略目标而进行具体安排（规划），都可能受到不同的发展观以及相关理论的影响。本章主要阐释国民经济发展战略与规划的关系，并从人类发展观与经济发展理论、政府与市场关系理论，以及客观规律等视角，探讨国民经济发展战略与规划的理论基础。

第一节　国民经济发展战略与国民经济发展规划的关系

无论是国民经济发展战略，还是国民经济发展规划，都可以依据不同标准划分为不同的层次。本节主要探讨国家层面的总体发展战略（简称为国家发展战略）与国家层面的总体发展规划（简称为国家发展规划）之间的关系。

一、国家发展战略与国家发展规划的区别

国家发展战略与国家发展规划的区别主要体现在它们各有不同的侧重点和着力点，在高度、层次、时间跨度以及灵活性等方面具有一定差异。

1. 高度的差异

国家发展战略是国家的战略意图，是从战略高度对国家未来经济社会整体发展方向和长期目标的总体谋划，具有全局性和统领性特征；而国家发展规划则是国家战略意图的具体体现，是为了实现国家发展战略目标而作出的具体步骤安排和实施方式的部署。

2. 层次的差异

从决策主体来看，国家发展战略通常由一个国家的最高领导层进行选择和确定，而制定国家发展规划则是政府行政工作的重要组成部分，通过制定和组织实施发展规划，将社会资源配置导向国家战略意图方向。改革开放以来，我国始终把确定国家发展战略作为最高决策的头等大事，并为此制定和推出了一系列战略①，以及国民经济发展规划。在此期间，中共中央是国家发展战略的决策主体，并基于实现长远战略目标的考虑，提出一定时期国家发展规划建议（如《中共中央关于制定国民经济和社会发展第十四个五年规划和二〇三五年远景目标的建议》）。其后，由国务院主持制定该时期的发展规划。规划草案经全国人大审议批准后，即成为具体的行动计划，并付诸实施。

3. 时间跨度的差异

国家发展战略具有长期性特征，战略目标的实现往往需要经过多年乃至几十年的持续努力，而国家发展规划则是中长期的，其时间跨度通常为五年或十年。因此，一个重大发展战略目标往往需要通过接续制定和实施若干个中长期发展规划才能最终实现。

4. 灵活性的差异

这一差异主要体现在国家发展战略与国家发展规划灵活性的差异上。“战略问题是一个政党、一个国家的根本性问题”，②国家发展战略一经确立，在相当长的时期内要保持相对稳定，除非面临环境的巨大变动，一般不会轻易进行调整。相对而言，国家发展规划则具有一定灵活性，可以根据国内外环境变化和经济社会发展的实际需要进行适当调整和变动。

二、国家发展战略与国家发展规划的联系

国家发展战略与国家发展规划之间的内在联系主要体现在以下三个方面。

1. 目标导向方面

从一定意义上讲，国家发展战略与国家发展规划都是对国家未来经济社会发展的谋划。国家发展战略确定国家长远发展目标，属于宏观筹划，而国家发展规划则是为实现国家发展战略目标而制定的具体行动计划和行动步骤安排。发展战略是发展规划的核心与灵魂，发展规划中内含的发展方向、目标和主要任务均遵循既定的国家发展战略来确定，从这个角度讲，可以说制定国民经济发展战略同时就是在制定国民经济发展中长期计划或远景规划，③发展规划是发展战略的具体落实和细化，甚至可以说是发展战略实施过程中的关键环节。可见，为实现国家发展战略目标，发挥好国家发展规划的战略导向作用至关重要。党的二十大对把我国全面建成社会主义现代化强国作出“两步走”的战略安排，明确了时间表、路线图，并强调要发挥国家发展规划的战略引导作用，体现了国家发展战略与国家发展规划之间的内在关系。“科学编制并有效实施国

---

① 刘瑞. 中国经济发展战略与规划的演变和创新[M]. 北京：中国人民大学出版社，2016：1.

② 周人杰. 健全宏观经济治理体系 形成共促高质量发展合力[N]. 学习时报，2023-01-12（02）.

③ 林木西，黄泰岩. 国民经济学辞典[M]. 北京：经济科学出版社，2014：191.

家发展规划，有利于保持国家战略连续性和稳定性，集中力量办大事，确保一张蓝图绘到底。”[①]

2. 逻辑关系方面

国家发展战略与国家发展规划之间具有清晰的逻辑关系，先有战略，后有规划。国家发展战略首先确定了国家长远目标和发展方向，其后才能据此制定实现该战略目标将实施的具体行动计划，即国家发展规划。可见，发展战略是发展规划的基础，发展规划使发展战略变为可以进行工作部署和监督检查的具体行动方案。从这个意义上讲，发展规划又是发展战略的延续和细化。这种关系类似“战略与战术的关系”，战略涉及全局，战术涉及局部。战略是对拟达成目标的总体谋划，而战术则是为达成战略目标要采取的具体行动方案，战术服从并服务于战略。可见，发展战略属于战略性质，而发展规划则带有战术的性质。[②]

3. 协同性方面

无论是国家发展战略，还是国家发展规划，其制定和实施都需要来自一个国家各个层次、各个方面的协同配合。不仅发展战略需要得到社会各界的高度认同和有力执行，发展规划也需要各部门、各地区之间的相互协调与密切合作。在高度认可和有效协同的基础上，各时期发展规划的顺利有效实施，是最终实现国家发展战略目标的重要保证。

第二节　全球视角的发展观与经济发展理论

从全球视角考察，人类在不同时期形成的发展观以及基于一定经济社会背景产生的经济发展理论，都在不同程度上影响了一些国家乃至全球发展战略与规划决策。

一、传统发展观与传统经济发展理论

（一）传统发展观

传统发展观是指工业革命以来的无限增长观以及西方经济学家曾经倡导的单纯经济增长观。[③]18 世纪下半叶发生的工业革命使人类的生产活动摆脱四季循环的天时控制，在一个人类直接控制的时空中，生产活动表现为在科技创新推动下的不断增长过程。在这一历史背景下产生了长期支配工业社会发展的无限增长观。这种发展观以物质财富增长为核心，追求的唯一目标是经济增长，认为经济增长必然带来社会财富增加和人类文明。当 20 世纪 30 年代把国民生产总值（Gross National Product，GNP）作为国民经济核算体系核心的凯恩斯主义经济学产生以后，由于国民生产总值这一指标成为国民生活水准的象征和评价经济福利的综合指标，所以，无限增长观追求的目标就具体化

① 周人杰. 健全宏观经济治理体系 形成共促高质量发展合力[N]. 学习时报，2023-01-12（02）.

② 林木西，黄泰岩. 国民经济学（第三版）[M]. 北京：经济科学出版社，2018：270.

③ 赵丽芬，江勇. 可持续发展战略学[M]. 北京：高等教育出版社，2001：8-9.

为国民生产总值和经济的高速增长。[①]20 世纪四五十年代发生的第三次科技革命，以原子能、电子计算机、空间技术和生物工程的发明和应用为主要标志，涉及信息技术、新能源技术、新材料技术、生物技术、空间技术和海洋技术等诸多领域，极大地改变了人们的思维方式、工作方式和生活方式，推动了人类社会、经济、政治、文化领域的深刻变革。在第三次科技革命的推动下，工业化浪潮席卷全球，短时间内就形成了巨大的生产力，促进人类攫取自然资源的能力空前提高，消费欲望高度膨胀，它在将人类征服自然的能力推向一个前所未有的高度的同时，也将无限增长观推到了高峰。此时，无限增长观对现实经济生活的支配作用进一步体现为对国民生产总值和经济高速增长的狂热追逐。[②]特别是第二次世界大战结束后陆续摆脱殖民主义统治的一大批亚非拉国家，在尽快摆脱贫穷落后、赶超发达国家的迫切愿望驱动下，掀起了追求经济快速增长的热潮，全球出现了空前的“增长热”。

（二）传统经济发展理论

在第二次世界大战后新独立的国家强烈要求国际社会关注其发展问题的背景下，以发展中国家经济发展问题为研究对象的发展经济学应运而生。发展经济学以西方主流经济学为理论基础，基于西方发达国家工业化和现代化发展的经验，试图把发达国家的发展模式提炼成理论和政策，用以指导发展中国家的经济发展。虽然这些理论和经验都是在西方制度背景、经济条件和文化环境下形成的，却在很大程度上对一些发展中国家甚至全球性经济发展战略规划的制定产生了重要影响。最有代表性的发展经济学理论主要有刘易斯的二元经济模型、罗丹的大推进理论，以及马斯格雷夫和罗斯托的经济成长阶段理论。

1. 刘易斯的二元经济模型

1954 年，经济学家威廉·阿瑟·刘易斯在《劳动无限供给下的经济发展》一文中提出了用以解释发展中国家经济问题的二元经济模型。刘易斯认为，发展中国家的经济是由两个不同经济部门组成的“二元经济”，其中，一个经济部门是传统部门，包括自给自足的农业，以及简单、零星的商业和服务业。该部门的基本特征是：劳动生产率很低，边际劳动生产率接近于零甚至小于零；非熟练劳动的工资极低；容纳着发展中国家的绝大部分劳动力，存在大量隐性失业；其生产方式属于“维持生计”的产业。另一个经济部门是现代部门，包括技术比较先进的工矿业、建筑业，以及近代商业和服务业。该部门的基本特征是：劳动生产率较高；工资水平较高（高于传统部门）；容纳的就业劳动力较少；其生产方式是使用再生产性资本谋取利润，具有典型的资本主义特征。

二元经济模型的假设条件是：劳动力供给具有无限性，即存在大量剩余劳动的传统部门的人均收入水平决定了现代部门工资的下限，现代部门从传统部门大量吸收劳动力，而其工资水平基本保持不变，这是该模型的理论核心。现代部门的利润来自劳动产

---

① 赵丽芬，江勇. 可持续发展战略学[M]. 北京：高等教育出版社，2001：9.

② 赵丽芬，江勇. 可持续发展战略学[M]. 北京：高等教育出版社，2001：9.

出大于工资总量的部分，并不断把利润转化为资本扩大再生产，直至传统部门的剩余劳动被全部吸收。于是，现代部门大幅扩张，传统部门只有在剩余劳动被吸收完毕后劳动生产率才能提高，传统部门就业者的收入才能改善。

二元经济模型的研究结论是：经济发展的实质是现代部门不断扩张，传统部门不断萎缩；工业化过程中，传统部门为现代部门输送剩余劳动，这些廉价劳动力为现代部门创造利润，累积扩大再生产的资本；直到剩余劳动输送完毕之前，传统部门的劳动生产率都处于停滞状态；传统部门是次要的，具有从属性和消极被动性，而现代部门则是积极能动的。

2. 罗丹的大推进理论

1943 年，奥地利学派著名经济学家罗森斯坦·罗丹在《东欧和东南欧国家工业化的若干问题》一文中提出了大推进理论。该理论是均衡发展理论中具有代表性的理论，其核心观点是：在发展中国家或地区对国民经济的各个部门同时进行大规模投资，以促进这些部门平均增长，进而推动整个国民经济高速增长和全面发展。大推进理论的立论基础是三个不可分性，即生产函数的不可分性、需求的不可分性和储蓄供给的不可分性。该理论主要包括以下四方面内容。

（1）大推进的外部经济效果。罗丹认为，为克服需求和供给对经济发展的限制，必须以最小临界投资规模对几个相互补充的产业部门同时进行投资，只有这样才能产生"外部经济效果"。在这里，外部经济效果具有两层含义：一是对相互补充的工业部门进行投资，能够创造出互为需求的市场，这样就可以克服发展中国家国内市场狭小，在需求方面阻碍经济发展的问题；二是对相互补充的产业部门同时进行投资，可以降低生产成本，增加利润，为增加储蓄、提供再投资的资本创造条件，有助于克服发展中国家在供给方面阻碍经济发展的障碍。因此，对几个相互补充的产业部门同时进行投资所产生的外部经济效果，不仅可以增加单个企业的利润，而且可以增加社会净产品。

（2）大推进的资本来源。罗丹认为，对几个相互补充的产业部门同时进行投资，所需资本巨大，因此，要特别强调最小临界投资规模，即小于此规模，地区经济就不能实现腾飞启动。罗丹提出，在人均收入很低的发展中国家或落后地区，实施大推进的资本主要有两个来源：一是国内，在不降低国内原有消费水平的基础上，利用一切可能利用的资本增加投资；二是国际，发展中国家或地区的工业化绝不能仅依靠国内资本，还要依赖大量国际投资和资本引进。

（3）大推进的重点投资领域。大推进的投资方向并不是整个国民经济的所有部门，而是几个相互补充的产业部门。在工业化初期，发展中国家或地区应把资本主要投向经济社会基本设施，以及具有相互联系的轻工业部门，而不是重工业部门。

（4）政府计划。发展中国家或地区的大推动过程，必须通过政府计划而非市场调节来组织实施，必须由政府来承担。其主要原因在于：投资目标是取得外部经济效果而非利润；投资数额巨大，而且基础设施投资周期长。

大推进理论提出后，得到很多发展经济学家的认可，并在区域经济发展实践中得以印证，为发展中国家或地区的工业化提供了一把解决问题的钥匙。然而，相关实践也表明该理论具有一定局限性，难以成功。这主要体现在三个方面：一是大推进理论的立论基础是“三个不可分性”，但在实际中却出现了某种程度的可分趋势，而且它忽略了专业化分工和比较优势的客观存在；二是在实践中难以找到大推进所需的巨额资本，发展中国家收入水平低，自身无法筹集，而国外支持也无法得到保证；三是大推进理论过于重视和强调政府计划的作用，而忽视了发挥市场经济的自组织作用。

3. 马斯格雷夫和罗斯托的经济成长阶段理论

美国经济学家马斯格雷夫和罗斯托从经济发展阶段的角度解释了公共支出增长的原因。他们认为，在经济发展的早期阶段，政府须为经济发展提供社会基础设施，如公路、铁路、桥梁、电力、环境卫生、法律和秩序等，所以公共投资在社会总投资中占比较高，这些公共投资会促使公共支出增长。当经济发展进入中期阶段之后，公共投资会减少，但由于市场缺陷日益暴露，政府对经济的干预会加强，而政府干预活动的重要前提恰恰是公共支出的增加。随着经济发展由中期阶段进入成熟阶段，公共支出结构会发生相应变化，教育、保健、社会福利等支出逐渐增加，从而进一步推动公共支出增长。鉴于此，人们认为，马斯格雷夫和罗斯托的经济成长阶段理论实际上是关于公共支出结构长期变化的理论。

综上所述，这一时期的各种经济发展理论虽然在发展路径上关注到了发展中国家与发达国家发展背景的差异，但在发展目标选择上仍然把经济增长作为衡量发展水平的唯一标志。据此，我们将之统称为传统发展理论。在实践中，在传统发展观和传统发展理论影响下，很多发展中国家选择实施单纯以追求经济快速增长为目标的单一发展战略。其主要特征是：以经济上赶超发达国家为宗旨，以经济增长为中心，以工业化为突破口，并通过政府发展计划和贸易保护等为工业化创造基本条件。不仅如此，联合国为发展中国家制定的第一个十年发展战略（1960—1970 年），也充分体现了传统发展观及其对经济增长的单纯追求。在对经济快速增长的持续追求中，产生了人口加速增长、资源加速耗竭、环境恶化、污染加速蔓延、地区差距进一步拉大、社会不平等日益加剧等意想不到的严重问题，以至于一些国家陷入“中等收入陷阱”难以自拔，这表明单纯经济增长观和单纯追求物质增长的发展战略是不可持续的。

二、变通发展观与经济社会协调发展理论

（一）变通发展观

20 世纪 60 年代末，针对传统发展战略实施中暴露出来的一系列问题，一些经济学家对“发展经济学向何处去”产生了质疑，同时对以经济增长为中心的发展观进行反思，认识到“增长”与“发展”应该是两个不同的概念，增长虽然是发展的前提，但仅仅依靠经济增长不能解决所有发展问题。于是产生了一种新的发展观——变通发展观。它从经济和社会协调的角度探讨发展的内涵，强调“发展目的的社会化”，把满足人的最基本需要作为发展的目标，丰富了发展的内容，进而把“增长”与“发展”区分为具有不同内涵的两个概念。

（二）经济社会协调发展理论

随着变通发展观的产生，人们也开始对传统发展理论进行反思，新古典主义发展理论开始盛行。以迪帕克·拉尔、哈拉·名特为代表的发展经济学家提出了经济社会协调发展理论，主张发展中国家从计划体制中解脱出来，实行自由开放的市场经济，从片面强调工业化转向重视农业进步，从片面强调保护性的内向发展转向实行开放性的外向发展。

在实践中，进入 20 世纪 70 年代以后，在变通发展观和经济社会协调发展理论影响下，一些发展中国家的发展战略开始从单纯追求经济增长转向经济社会协调发展。该战略的主要特征是：把经济与社会协调发展放在重要位置；注重满足公众的“基本需求”；突出农业的基础地位，并把科技、教育、人力资源开放作为发展的主导力量。在此期间制定的联合国第二个十年发展战略（1970—1980 年），也凸显了发展的社会性，相应提出了一系列社会发展指标。

三、可持续发展观与发展理论的新进展

（一）可持续发展观

与传统无限增长观相比较，变通发展观显然是人类发展观的一大进步。然而，这一发展观也具有一定局限性，集中体现在它所关注的主要是人类自身的经济社会活动，并未触及工业化进程中人类发展面临的经济发展与自然环境的关系等新挑战。1972 年罗马俱乐部发表的研究报告——《增长的极限》（*The Limits to Growth*），揭示了对人类命运具有决定意义的五个参数——世界人口、工业化、污染、粮食生产和资源消耗，正在以“指数增长”的模式增长，并据此得出研究结论：如果这五个参数按照这样的“指数增长”模式增长下去，则 100 年后将达到增长的极限。鉴于此，罗马俱乐部提出了“零增长”的政策主张。《增长的极限》表明人类已开始从全球的角度并站在一个新的高度来认识人、社会和自然之间的关系，蕴含着人类对可持续发展的思考，它唤起公众对世界危机的关注，增强了人们的未来意识，促使各国政府制定政策时更多从全球视角考虑问题。1980 年，在联合国环境计划委员会等制定的《世界自然资源保护大纲》中，“可持续发展”概念第一次被纳入国际文件。

1987 年，挪威首相布伦特兰夫人在世界环境与发展委员会上发表《我们共同的未来》的报告，系统阐述了可持续发展的概念和模式，提出“健康的经济发展应建立在生态可持续能力、社会公正和人民积极参与自身发展决策的基础上，它所追求的目标是既要使人类的各种需要得到满足，个人得到充分发展，又要保护资源和生态环境，不对后代人的生存和发展构成威胁”，这是可持续发展观正式形成的重要标志，对可持续发展理论体系的建立产生了关键作用。

随着可持续发展观在世界范围内逐步得到普遍认同，可持续发展逐渐跻身于战略层面。1992 年联合国环境与发展大会通过的《21 世纪议程》，是世界范围内首先形成的全球可持续发展行动计划，旨在鼓励发展的同时保护环境，朝着可持续发展方向转变。《21 世纪议程》阐明了人类在环境保护与可持续发展之间应作出的选择和行动方案，是

21 世纪全球范围内各国政府、联合国组织、发展机构、非政府组织和独立团体在人类活动对环境产生影响的各个方面的综合行动蓝图，为采取措施保障我们共同的未来提供了一个全球性框架。它作为“世界范围内可持续发展行动计划”的公布，意味着可持续发展从理论探索阶段转化为可持续发展战略下的全球行动，成为世界各国解决人口、资源、环境问题，提高生活质量，寻求经济、社会、资源、环境全面协调发展的指导原则，以及制定全球和国家发展战略规划的基本理论依据。迄今，全球已有 160 多个国家制定了可持续发展战略。

2012 年，在《21 世纪议程》出台二十年之际，在里约热内卢召开的联合国可持续发展大会提出，绿色经济可以作为可持续发展整合发展与环境矛盾的重要抓手；通过全球合作治理整合经济、社会、环境三者之间的冲突，协调多元利益相关者。

2015 年 9 月，联合国可持续发展峰会通过了《改变我们的世界——2030 年可持续发展议程》，旨在从 2015 年到 2030 年，以综合方式彻底解决经济、社会和环境三个维度的发展问题，转向可持续发展道路。会议呼吁各国现在就采取行动，为今后 15 年实现 17 项相互促进相互制约的可持续发展目标而努力（17 项目标详见后文）。时任联合国秘书长潘基文称，这 17 项可持续发展目标是“人类的共同愿景，也是世界各国领导人与各国人民之间达成的社会契约。它们既是一份造福人类和地球的行动清单，也是谋求取得成功的一幅蓝图”。

（二）发展理论的新进展

可持续发展观正式形成以来，学术界、政界及一些社会组织对可持续发展问题的研究与探讨持续推进，可持续发展思想和理论不断丰富深化，关于发展问题的经济学研究也不断取得新进展，产生了一大批新的理论，包括：把制度作为经济活动重要内生变量、用新古典主义供求分析方法探讨发展中国家经济发展中面临的制度障碍问题的新制度主义发展理论；把研究视野重新扩大到政治、法律、文化制度等非经济领域，重新关注发展的各个方面的新古典政治经济学发展理论；把整个世界看成一个统一整体、分析其总体发展规律，并从总体发展过程中把握部分国家发展的全球化发展理论。当然，在诸多新的发展理论中，特别值得关注的是可持续发展理论和可持续发展战略理论。

1. 可持续发展理论

20 世纪 90 年代以来形成的可持续发展理论是发展理论的重要组成部分。其主要思想和观点体现在：一是强调全面协调发展。可持续发展中的发展，涵盖经济可持续发展、生态可持续发展和社会可持续发展，三者密不可分。其中，经济可持续是条件，自然资源永续利用和生态可持续是基础，社会可持续是目的。二是鼓励经济发展。没有经济的可持续发展，就无法消除贫困，也不可能实现持续发展，但这里的经济发展是适度的、高质量的发展，人类的经济活动和社会发展要保持在资源与环境可承受的能力范围之内。三是强调发展的公平性。这里的公平既包括同代人之间的公平、代际公平，也包括物种之间的公平、发展权利的公平以及利用有限资源的公平。四是从系统的观点认识可持续发展。把可持续发展看成是人类管理调控“自然-社会-经济”这一复合系统的过程。[①]

2. 可持续发展战略理论[②]

关于可持续发展战略的研究主要侧重于以下几个方面。

第一，可持续发展战略的内涵。大多数研究者认为，可持续发展战略是指促进发展并保证其具有可持续性的战略，是改善和保护人类美好生活及其生态系统的计划与行为的过程，是多个领域发展战略的总称。可持续发展战略的制定与实施，是实现可持续发展的重要手段，其目的在于使经济、社会、资源、环境等各种发展目标相协调。可持续发展战略依据其覆盖范围可以划分为全球可持续发展战略、区域可持续发展战略、国家可持续发展战略，以及某个部门、行业或领域的可持续发展战略。

一个国家的可持续发展战略，应当是从可持续发展的基本概念出发，为达到经济、社会、资源和环境目标而制定的国家政策、计划或行动方案，它必须符合以下要求：一是能够表达一个国家的“发展度”，以便于人们据此判断该国家的发展是否真实、健康，是否在保证生活质量和生存空间的前提下不断发展。“发展度”侧重于强调发展的量的方面，即财富规模的扩大。二是能够衡量一个国家的“协调度”，以便于人们据此定量诊断该国家能否实现四个平衡，即环境与发展、效率与公正、市场发育与政府调控、当代人与后代人之间的平衡，“协调度”侧重于强调内在的效率和发展的质的方面。三是能够体现一个国家的“持续度”，以便于人们据此判断该国家发展的长期合理性。强调可持续发展战略要体现一个国家的“持续度”，意味着对“发展度”和“协调度”的把握不能局限于一定时段内的发展速度和发展质量，它们必须建立在充分长时间内的调控协调机理之中。

第二，可持续发展战略的特征。具体说来，可持续发展战略具有以下基本特征：①可持续发展战略是一个着眼于长远未来的全局性战略，是一个涉及当代人、下一代甚至整个人类未来的战略，它的实现需要一代人、几代人甚至整个人类连续不断的努力；②可持续发展战略是一个“立体交叉”的整体发展战略，经济增长与资源永续利用和环境保护是相互联系、不可分割的整体，要实现可持续发展战略，涉及经济社会生活的各个层面；③可持续发展战略是以人为本的战略，以人为出发点，把满足人的需要放在首位，力求在不损害后代人满足其需要的能力的前提下，最大限度地满足当代人的需要，促进其全面发展；④可持续发展战略是相对稳定性和灵活性相统一的战略。一方面，可持续发展战略是一个行动过程，它应建立在前瞻性研究和科学预测的基础上，并与当下经济、社会、资源、环境政策和计划相协调，具有相对稳定性。另一方面，可持续发展战略在指导社会实践中，其相关政策、行动计划、监督检查等，也要适应经济社会活动的变化、能力建设程度和各阶层参与度的提高，进行适当调整和补充。

第三，可持续发展战略目标体系。根据全球《21 世纪议程》，可持续发展战略目标体系由七个具体目标构成，包括：保持经济增长；提高经济增长质量；满足人的基本生存需要；控制人口的数量增长，不断提高人口素质；维持、扩大和保护地球的资源基

① 中国科学院可持续发展研究组. 1999 中国可持续发展战略报告[M]. 北京：科学出版社，1999.

② 赵丽芬，江勇. 可持续发展战略学[M]. 北京：高等教育出版社，2001：20-25.

础；依靠科技进步突破发展瓶颈；促进环境与发展之间的平衡。以上七个方面是可持续发展战略的目标函数，它们之间相互制约、相互促进、相互关联，共同构成一个有机的目标体系，缺一不可。只有七个目标均被平行地和全面地实现，可持续发展的战略目标才可能真正实现。

可持续发展战略目标体系不是一成不变的，随着可持续发展理论研究的深入和可持续发展实践的经验积累，人们也在不断丰富和完善这个目标体系。2015 年 10 月联合国大会第 70 届会议通过的《2030 年可持续发展议程》，提出了在 2015—2030 年全球要实现的 17 个可持续发展目标，这 17 个目标相互促进、相互制约，构成了一个新的可持续发展战略目标体系，包括：在世界各地消除一切形式的贫困；消除饥饿，实现粮食安全，改善营养，促进可持续农业；确保健康的生活方式，促进各年龄段所有人的福祉；确保包容性和公平的优质教育，为全民提供终身学习机会；实现性别平等，增强所有妇女和女童的权能；确保为所有人提供并以可持续方式管理水和卫生系统；确保人人获得负担得起、可靠和可持续的现代能源；促进持久、包容和可持续的经济增长，促进实现充分和生产性就业及人人享有体面的工作；建设有复原力的基础设施，促进包容与可持续的产业化，推动创新；减少国家内部和国家之间的不平等；建设包容、安全、有抵御灾害能力和可持续的城市和人类住区；确保可持续的消费和生产模式；采取紧急行动应对气候变化及其影响；保护和可持续利用海洋和海洋资源，促进可持续发展；保护、恢复和促进可持续利用陆地生态系统，可持续管理森林，防治荒漠化，制止和扭转土地退化现象，遏制生物多样性的丧失；促进有利于可持续发展的和平和包容性社会，为所有人提供诉诸司法的机会，在各级建立有效、问责和包容的制度；加强实施手段，重振可持续发展全球伙伴关系。

综上所述，可持续发展是一种思想、一种文化，也是一种政策、一种战略，与之相适应的是人类社会的价值观、财富观、发展观乃至科学观的转变。贯彻落实可持续发展战略，意味着人类社会生产方式、生活方式和组织方式的深刻转变，意味着人类文明阶段的转折与跨越。

第三节　政府与市场关系理论

一、政府与市场关系是一个世界性难题

市场经济体制下，政府和市场的关系是一对非常重要的关系。如何认识和处理好二者关系，是各国经济社会发展实践中的一个难点问题，也是一个跨时空的世界性理论课题。从各国经济社会发展演进历程考察发现，在不同时代，不同国家，都存在政府与市场的关系，而且各有不同的特点，但关于市场经济体制下政府应该做什么、做多少的问题，迄今仍未破题。从理论研究的视角考察发现，对政府与市场关系的研究，由来已久，其实质是探讨市场经济体制下的政府职能问题，即市场经济下政府应该扮演什么角色，发挥什么作用，政府要不要干预经济，如何干预经济等。1955 年，刘易斯曾根据

其对世界经济史的观察提出了著名的“刘易斯悖论”，揭示了“政府的失败既可能是由于它们做得太少，也可能是由于它们做得太多”这样一个矛盾现象。其后，经济学领域的学者们结合自身所处的政治、经济、社会文化环境，就市场经济体制下政府应该做什么、做多少的相关研究不断深入，产生了许多不同的见解、主张、思想和理论，然而，直到今天，理论上始终莫衷一是，成为一道“经济学上的世界性难题”。总体上看，在国际上，关于政府与市场关系的理论探讨中，具有代表性的观点是市场自由论和政府干预论。在实践中，这两大对立的观点在不同历史时期交替占上风，成为政府宏观经济决策的重要理论依据。

二、市场自由论和政府干预论的演变历程及其政策主张

（一）市场自由论及其政策主张

20 世纪 30 年代以前，在自由竞争的资本主义阶段，古典学派的市场自由论占据主导地位。古典经济学创始人亚当·斯密基于“理性经济人”的假设，认为效率产生于给人们的经济活动以完全自由，据此，他极力推崇市场经济运行中的市场机制即“看不见的手”的作用，提出政府只作为“守夜人”，不要干预经济的理想模式与自由放任的政策主张。其后，英国经济学家大卫·李嘉图、约翰·穆勒、阿尔弗雷德·马歇尔、弗里德里希·奥古斯特·冯·哈耶克等，从广度和深度上继承和发展了亚当·斯密的经济理论，其自由放任主张在理论和实践上取得主流地位，在一个相当长的历史时期内，自由竞争的市场经济在自由放任的原则下自发地运行。

（二）政府干预论及其政策主张

20 世纪 30 年代，资本主义世界发生空前严重的经济危机，主张政府干预的“凯恩斯理论”应运而生。英国经济学家凯恩斯基于边际消费倾向递减、资本边际收益递减和流动性偏好等三大定律，揭示了有效需求不足的客观存在，认为市场经济存在其自身无法解决的机制性失灵，而唯一能够解决这些失灵现象的只能是一个国家的政府。据此，凯恩斯提出政府应当通过实施赤字财政政策等干预经济的政策主张，反对自由放任主义。这次大危机之后特别是第二次世界大战结束后直到 70 年代初，凯恩斯主义成为西方各国政府制定宏观经济政策的基本依据，很多发达国家政府遵从凯恩斯理论主动干预经济，迅速实现了战后恢复的战略目标。

（三）后凯恩斯时代的经济理论“丛林”及其市场自由论政策主张

20 世纪 70 年代初，西方发达国家出现高失业与物价剧烈上涨同时并存的“滞胀”现象。凯恩斯主义因无法对此作出解释，更难以提出应对这一困境的对策而陷入危机，面临经济理论“丛林”的挑战。这些挑战主要来自三个方面：一是货币主义学派，该学派反对国家干预经济，提出政府应采取“单一规则”货币政策的主张，即公开宣布一个长期内固定不变的货币供应量年增长率，该增长率应与实际国民收入预计在长期内会有的增长率大体一致，保持物价水平基本稳定。二是理性预期学派，该学派主张自由放任，认为预期对物价和产量会产生决定性影响，任何具有稳定作用的经济政策前途都是

黯淡的，短期内只有未被预料到的政策行动才会对真实产量产生影响。这是因为，企业和居民是理性的，他们会根据对经济形势及其变化趋势的判断，完全预料到政府行为，并在事前采取行动以抵消政府的政策措施对自身的影响。三是供给学派，该学派基于逆向思维，主张政府保持适当税率，促进供给增加。其代表人物拉弗用“拉弗曲线”阐释自己的代表性观点，即税收并不会随着税率的提高持续增长，当税率提高到一定点之后，税收总额不仅不会增加，反而会下降。这是因为税率过高会挫伤经济主体开展经济活动的积极性，于是，企业缩减生产，收入降低，税源萎缩，导致税收总额减少。当税收达到 100%时，则不会有人愿意投资和工作，政府税收将降为零。

总之，20 世纪 70～90 年代，面对“滞胀”，西方国家尝试重建市场机制，主要依据货币主义学派“单一规则”的“货币政策”和供给学派的供给管理理论，调整宏观经济政策，激发市场活力。在此期间，货币主义学派、理性预期学派、供给学派虽然不主张政府积极干预经济，但事实上也未否定国家干预经济，他们不过是尝试对政府在现代市场经济中的作用方式提出更有效的思路和政策建议。

（四）凯恩斯主义复活和政府干预论强势回归

进入 21 世纪以来，国际环境激烈变化，竞争日益加剧，矛盾不断深化。一些发达国家由于前期过度依靠市场的作用，在高失业率、银行倒闭、经济衰退背景下，陆续出现“网络泡沫”“次贷危机”等金融危机与债务危机。新的危机随着日益增强的经济全球化加速向全球蔓延，爆发了全球新一轮金融危机和经济危机。面对新一轮危机，人们开始质疑发达国家的现行宏观经济政策与机制，包括美国的量化宽松货币政策、放松管制等，同时发达国家政府也不得不重新审视和思考市场经济下政府的职能和作用，相应地，凯恩斯主义复活和再生，政府干预论再次成为西方国家政府宏观决策的重要理论依据，政府干预经济力度明显加强。

三、“市场失灵”和“政府失灵”

以上分析表明，政府干预经济是现代市场经济的基本特征。任何一种经济理论或思潮的兴起，都与特定时代的背景和经济主题相呼应。古典学派及其自由放任的主张，反映了自由竞争资本主义时期繁荣和以增加国民财富为唯一宗旨的时代主题；凯恩斯学派及其政府干预经济的主张，开政府干预经济的先河，盛极一时并再次复活，适应了西方国家摆脱经济危机困扰的现实需要；货币主义学派、理性预期学派、供给经济学派虽然不主张政府干预经济，但也都没能恢复自由放任，他们不过是对不同情形下的政府政策选择提供不同的对策建议，显示了现代市场经济下政府干预经济的客观必然性。

政府与市场的关系是现代市场经济下要解决的中心问题。政府在市场经济运行中发挥宏观调控作用，已呈不可逆转之势，是现代市场经济发展所不可或缺的，成为当今世界一种普遍现象。在这里，我们要清醒地认识到，政府干预经济并不是基于“政府优越”，而是基于“市场失灵”。但政府也不是万能的，在发挥政府作用的同时，也必须防止“政府失灵”。因此，我们有必要明晰“市场失灵”和“政府失灵”的内涵及其成因，这对我们正确认识和处理政府与市场的关系非常重要。

（一）市场失灵

市场失灵是指市场机制不能充分发挥作用，导致资源配置缺乏效率或配置失当，不能实现资源的最优配置。市场为什么会失灵？从理论上讲，完全竞争的市场是最有效率的。通过完全竞争，企业可以实现利润最大化，消费者也能从市场中获得最大利益。然而，在现实生活中，市场不仅很难处于完全竞争状态，而且常常会偏离甚至严重偏离有效竞争市场，此时市场机制的作用就受到很大限制，出现“市场失灵”。具体说来，导致市场失灵的主要因素包括信息不对称、垄断、外部效应、公共产品、收入分配不公、经济周期。这给我们带来的启示是，市场经济发展中，我们既要肯定市场经济效率和市场机制的作用，但也必须看到市场机制这只“看不见的手”固有的局限性或缺陷。任何情况下，市场都不可能成为经济运行的全能调节者，政府这只“看得见的手”不可或缺。

（二）政府失灵

政府失灵是指政府未能有效克服市场失灵，甚至阻碍和限制了市场功能的正常发挥，引起经济关系扭曲，加剧市场缺陷和市场混乱，难以实现资源的优化配置。换言之，就是指政府干预经济的成本高，效率低，政府克服市场失灵所导致的效率损失甚至超过市场失灵所导致的损失。政府为什么会失灵？究其原因主要有：政府对公共产品的供给独家垄断；中央政府与地方政府之间存在利益差异；政府不同职能部门之间存在利益差异甚至对立；政府在信息不充分的情况下进行决策以及决策具有滞后性；政府机构人员的“经济人”行为违背政府行为制度规定；缺乏提高效率的内部动力；外部监督不力或约束松弛。

总之，现代市场经济是政府干预下的市场经济，既要防止市场失灵，同时也要防止政府失灵，要努力实现市场与政府二元机制的有效组合。

第四节　客 观 规 律

人类的经济活动是创造物质财富的过程，在此期间，既要消耗大量自然资源，也会影响生态环境。当今社会，一个国家无论是确定长远发展蓝图（战略），还是对实现战略目标进行具体安排（规划），都需要秉持可持续发展理念，促进经济、社会、资源、环境协调发展。因此必须自觉遵循经济规律、社会发展规律和自然与生态规律。按照客观规律办事，是研究、制定和实施国家发展战略与规划的基本原则。唯有如此，所确定的战略目标和选择的发展路径才可能符合客观条件，也才可能顺利实现。

一、经济规律

经济规律即社会经济现象之间普遍的、本质的、必然的联系。发展社会主义市场经济，必须尊重经济规律，坚持按经济规律办事。

（一）市场经济的一般规律

市场经济的一般规律就是市场决定资源配置的规律，这是人类经过长期实践形成的普遍规律。从内涵上讲，市场经济体制是一种把市场机制作为配置社会资源基本手段的经济体制。市场经济体制是“一般”，一旦市场经济体制的一般性质、一般规则与不同国家特有的政治、经济、社会文化等因素有机结合，就会形成不同国家特殊的市场经济体制，即市场经济的各种具体特殊形态。也就是说，市场经济体制模式可以多种多样，但不管在什么样的市场经济体制下，市场决定资源配置的规律都会作为市场经济的一般规律发挥作用。我国经过改革开放 40 多年的探索，越来越清晰地认识到“市场决定资源配置是市场经济的一般规律，市场经济本质上就是市场决定资源配置的经济。健全社会主义市场经济体制必须遵循这条规律”①。

（二）竞争规律

市场经济讲求市场规则下的公平竞争。竞争规律是指市场上不同利益主体之间，竞相争取有利的产销条件，以获取最佳经济效益的客观必然性。在现代市场经济中，竞争无处不在，无时不有，而且多种多样，既有买方竞争，也有卖方竞争；既有价格竞争，也有质量竞争、服务竞争；既有行业内竞争，也有跨行业竞争；既有国内市场竞争，也有国际市场竞争。这些五花八门的竞争实质上就是各市场主体之间效率的较量。在激烈的角逐中，常常是那些效率高、成本低、赢利多的优胜者打败效率低、成本高、赢利少的失败者。市场经济正是在优胜劣汰机制的作用下，保持着旺盛的生机与活力，它一方面不断提高资源配置效率和经济社会整体效率，另一方面不断增进消费者福祉。

（三）供求规律

供求规律就是供给与需求均衡的规律。供求关系是市场经济中最基本的关系，是市场进行资源配置的起点和终点，而供求关系又与价格机制密切相关。在市场经济运行中，供求变动常常引起价格变动，价格变动又反过来引起供求关系变化，促进实现动态平衡。当商品供不应求时，价格上涨，利润随之增加，激发厂商积极增加商品供给；反之，当商品供过于求时，价格下降，利润随之减少，厂商因此会减少商品供给。这种供求关系变化与价格变动相互作用以及供给与需求相互适应，最后形成均衡价格的规律性，就是市场的供求规律。价格信号是引导市场经济运行的基本要素，供给与需求处于市场运行的两端，供求关系的动态均衡正是在激烈的市场竞争中通过价格机制的作用实现的。

二、社会发展规律

经济发展是人类繁衍生息的基础，但人类社会也有其自身发展规律。市场经济下政府进行宏观决策选择，除了要遵守经济规律，也要充分考虑相关社会因素，遵循社会

---

① 习近平. 关于《中共中央关于全面深化改革若干重大问题的决定》的说明[EB/OL].（2013-11-15）. https://www.gov.cn/ ldhd/2013-11/15/content_2528186.htm.

发展规律。

（一）人口规律

人口规律指人口发展中的总量、结构变化的内在关联。人口规模、人口结构以及人力资源的素质与经济发展的规模、速度、质量密切相关。合理的人口规模、人口结构和优质的人力资源，是支撑经济高质量发展的重要基础，而经济的高质量发展，显然有利于进一步提高人们的健康水平，改善其生活质量，创造美好的生活环境。

（二）社会稳定规律

经济发展是社会发展的物质基础，而社会的和谐稳定也有利于促进经济高质量发展。一个社会的和谐稳定，主要取决于两方面因素。

1. 公平正义

这是人类社会发展的内在要求和孜孜以求的目标，其内涵包括：①权利公平。在法治社会中，人与人之间处于平等地位，均有接受教育、享受医疗等公共资源的权利；在市场经济活动中，各市场主体都处于平等地位，拥有公平交易的权利。②机会公平。所有社会成员均有平等行使自身权利的机会，以及平等参与国家发展和国家治理的机会。③规则公平。法律面前人人平等，国家的法律法规以及规则制度等，是对所有社会成员的相同行为都发挥作用的一把尺子。

2. 中等收入群体规模

中等收入群体是指一定时期内，收入稳定、家庭生活殷实、消费水平和生活方式与经济社会发展水平相适应的群体。中等收入群体不断成长和扩大，会对经济社会产生积极的正面影响，是社会进步的重要标志，也是社会稳定的坚实基础。因此，在市场经济发展中，应建立健全公平的收入分配制度，逐步缩小乃至消除收入差距，让更多的人共享经济社会发展的成果，达到中等收入水平，形成“橄榄型”收入分配格局。

（三）公共服务规律

在市场经济发展中，政府要在市场难以有效提供的公共服务领域，包括义务教育、基本医疗、公共卫生、社会保障、社会救助、公共安全、防灾减灾和环境治理等发挥主导作用，提供均等化的公共服务供给，同时按市场规律提供有效率的优质供给。

三、自然与生态规律

人类生活在自然界，其生存与发展水平虽然与经济发展程度密切相关，但从根本上离不开自然生态环境的供养和支撑。自有人类社会以来，在上下几千年的历史长河中，人类从原始社会依靠采集果实和渔猎维持生存，逐步发展到使用自己的体力和智力特别是科学技术作用于客观世界，物质生活越来越丰富，并在实践经验教训的积累中，逐渐领会了按经济规律发展经济的重要意义。同样，人们也在总结和反思历史经验教训的基础上，越来越深刻地认识到，按照经济规律开展经济活动，制定经济社会发展战略决策，也必须尊重和适应自然与生态规律，否则将会受到大自然的无情惩罚。

（一）自然规律

自然规律指存在于自然界的物质运动固有的、本质的、稳定的联系。自然规律具有不以人的意志为转移的客观性，不能被人改变、创造或消灭，但人类可以利用自然规律，发挥主观能动性，使用自己的体力、智力并借助工具作用于客观世界，引起自然界的某些变化。还可以有目的地引发、调节和控制自然界中的实物、能量和信息过程，使各种客观规律共同作用的结果发生有利于人的变化或保持有利于人的稳定性。马克思曾指出："自然规律是根本不能取消的。在不同的历史条件下能够发生变化的，只是这些规律借以实现的形式。"①

（二）生态规律

生态规律指自然界中各种生物与其所处的环境之间固有的相互关系和相互作用。具体的生态规律如下。

（1）物种多样性规律。在自然生态系统中，存在着广泛的物种多样性，包括动植物、微生物等各类生物。不同物种之间相互依存、相互作用，形成复杂的生态网络。

（2）能量流动和物质循环规律。在自然生态系统中，能量通过食物链的传递而流动，物质也在生物体内与环境之间进行循环。正是基于这种能量流动和物质循环，生态系统的稳定性和持续性才得以维持。

（3）自调节和自愈规律。自然生态系统具有自我调节和自我修复能力，能够对外部干扰作出反应，并恢复和保持自身的动态平衡。

（4）适应性演化规律。在长期进化过程中，生物通过对环境的适应性选择和适应性变异来提高自身生存能力，这是生物多样性和生态系统稳定性的基础。

第五节　中国国民经济发展战略与规划的理论基础

中华人民共和国成立至今，我国坚持以国民经济发展战略与规划推进经济社会发展。按照历史发展的逻辑，可将新中国成立以来的发展历程划分为前后密切相关的四个时期：一是计划经济时期（1949—1978 年）；二是经济体制转型初期（1978—1992 年）；三是市场经济体制确立初期（1992—2012 年）；四是中国特色社会主义进入新时代（2012 年至今）。不同历史时期我国国民经济发展战略与规划的制定和实施，都受到相关发展观和经济发展思想及理论的影响，后者成为前者的重要理论基础。

一、计划经济时期的发展观与经济发展理论

（一）以经济增长为中心的传统发展观

中华人民共和国成立至改革开放前，我国长期实行计划经济体制。经过 1949—1952 年的国民经济恢复和 1953—1956 年对农业、手工业、资本主义工商业的社会主义

① 中共中央马克思恩格斯列宁斯大林著作编译局. 马克思恩格斯选集（第四卷）[M]. 北京：人民出版社，1972：368.

改造，我国开始进入社会主义建设时期。在我国社会主义建设初期，虽然没有明确提出国民经济发展战略，但顶层设计的总路线、总方针、总任务等均体现了经济社会发展的长期战略目标；虽然没有现在意义的发展规划，但从 1953 年起已经开始制定和实施发展国民经济的第一个五年计划。整体上看，这一时期，主导我国经济发展的是以经济增长为中心的传统发展观，旨在用不太长的时间把我国建设成为具有现代农业、现代工业、现代国防和现代科学技术的社会主义强国，使中国经济发展走在世界前列。

然而，在我国社会主义建设初期的探索实践中，以经济增长为核心的发展观未能在较长时间内得到充分有效的贯彻，国民经济并未如人所愿地实现持续快速增长。究其原因，一方面，当时的计划经济体制在一定程度上限制了市场机制发挥作用，使得经济发展的内生动力与活力受到严重制约；另一方面，一段特殊历史时期的经历，对国民经济的正常运行和社会秩序造成了极大的冲击与破坏，导致我国经济在后续发展中面临严峻挑战，经济社会发展陷入困境。

这也表明，在一个贫穷落后的经济基础上和动荡的环境下，要建设一个全新的社会主义国家，会面临前所未有的严峻挑战和困难。没有强有力的经济基础支撑和良好环境的支持，即使描绘了美好发展蓝图（如“四个现代化”目标）、制定了行动方案（如国民经济发展“五年计划”），也难以顺利推进实施。

（二）计划经济时期的经济发展理论

1. 马克思主义关于经济社会发展的基本学说①

社会主义制度建立以后，选择什么样的经济体制，是一个重大理论和实践问题。从理论上讲，有关社会主义经济社会发展的基本学说是由马克思主义创始人创建的，马克思主义政治经济学理论内核是生产力决定生产关系、经济基础决定上层建筑，并随着国民经济的发展，不断调整生产力和生产关系、经济基础与上层建筑以相互适应。计划经济是社会主义制度的本质特征，也是社会主义经济理论的一个基本原理，但这一理论的基本逻辑是必须把国民经济各部门联结成为一个有机整体，必须按照社会生产各个部门一定的比例关系来组织社会化大生产。按此逻辑，马克思提出，社会主义革命胜利后，要实行全民所有制，国家（政府）代表全体人民通过计划手段实施经济管理。可以说，马克思主义政治经济学特别是关于社会主义实行计划经济的理论，是我国选择计划经济体制的理论来源，也是指导中国社会主义初步实践的经济理论。这一时期，我国以苏联政治经济学教科书为蓝本，构建了计划经济体系。在这种体系下，整个国家的物质生产、资源分配、产品流通乃至社会消费，均由中央政府通过指令性计划进行安排，基本经济制度表现为工业企业采取生产资料所有制形式的公有制，在农村实行集体所有制；社会分配采取按劳分配的高度福利制度，流通环节基本不存在商品属性的自在物质交换。

2. 毛泽东的《论十大关系》

“1956 年社会主义三大改造基本完成以后，新中国面临一系列新的问题：社会主义

---

① 本部分主要参阅：胡敏．70 年来经济理论发展的中国特色[EB/OL].（2019-10-24） http://www.rmlt.com.cn/2019/1024/ 559888.shtml.

社会的主要矛盾和主要任务是什么，应当走一条什么样的建设道路？此前，社会主义阵营普遍照搬苏联模式和经验，中国共产党也提出了‘学习苏联’的口号。但是，在实践中发现苏联模式和经验与中国国情有较大差异。为了寻找一条中国自己的社会主义建设道路，以毛泽东为代表的中国共产党人进行了积极的探索。"①经过深入调查研究和深刻反思，提出了一系列关于中国经济社会健康发展的重要思想和理论，如毛泽东的《论十大关系》和陈云的综合平衡思想等。这些思想和理论一方面以马克思主义创始人的经典论述为基础，另一方面，把马克思主义政治经济学的基本原理同中国实际紧密结合。

1956 年 4 月和 5 月，毛泽东分别在中央政治局扩大会议和最高国务会议上，作了《论十大关系》的报告。该报告基于对苏联经验的鉴戒和对我国社会主义建设中带有全局性问题的提炼，系统阐述了十大关系，包括：重工业和轻工业、农业的关系；沿海工业和内地工业的关系；经济建设和国防建设的关系；国家、生产单位和生产者个人的关系；中央和地方的关系；汉族和少数民族的关系；党和非党的关系；革命和反革命的关系；是非关系；中国和外国的关系。

《论十大关系》是以毛泽东为代表的中国共产党人把马克思主义同中国国情相结合的典范，标志着马克思主义中国化发展到了一个新阶段，其中，关于"重工业是我国建设的重点，必须优先发展生产资料的生产"，但同时要"适当地调整重工业和农业、轻工业的投资比例，更多地发展农业、轻工业"的综合平衡思想，关于"一定要努力把党内党外、国内国外的一切积极的因素，直接的、间接的积极因素，全部调动起来，把我国建设成为一个强大的社会主义国家"的基本方针，关于中国工业化道路和经济体制改革的若干设想等，明确提出了探索适合中国国情的社会主义建设道路的重要任务，"是对 1956 年之前发展观的总结和反思，按此脉络发展，中国的经济与社会发展观虽然在较长时间内还不会偏离以经济增长为核心的道路，但发展的路径或许会有比较大的改变。然而由于各种原因，……这种可能没有变成现实"②。尽管如此，我们也不能否认《论十大关系》对这一时期乃至后来我国经济社会发展特别是制定国家经济发展战略与规划的重要指导意义。

3. "三五"计划体现的人本理念和均衡发展思想

1965 年，国家计划委员会根据 1964 年提出的"四个现代化"和赶超战略，在拟定的《第三个五年计划（1966—1970）的初步设想（汇报提纲）》中提出如下基本任务：大力发展农业，基本上解决人民的吃穿用问题；适当加强国防建设；加强基础工业，继续提高产品质量、增加产品品种，增加产量；相应发展交通运输业、商业、文化、教育、科学研究事业，有重点、按比例发展国民经济。与以上基本任务相适应，计划工作要转到以农业为基础的轨道上来。可见，这个"初步设想"修正了以经济增长为核心的发展观，呈现了以人的发展为核心的发展观特点，强调首先要满足人民的基本需要。同时，在产业发展方面，不再过度强调工业发展，而是注意到发展农业的重要性，关注国

① 当代中国研究所. 新中国 70 年[M]. 北京：当代中国出版社，2019：74-75.

② 刘瑞. 中国经济发展战略与规划的演变和创新[M]. 北京：中国人民大学出版社，2016：51.

民经济发展中农业与工业、商业等均衡发展，工业发展中质量与数量和速度的关系等。虽然这个初步设想由于 1966 年开始的“文化大革命”而最终没有实施，但它也反映了决策者的发展观开始转变。[①]

二、经济体制转型初期的发展观与经济发展理论

（一）以经济建设为中心的发展观

1978 年党的十一届三中全会作出全党的工作重点转移到社会主义现代化建设上来的重大决策，拉开了改革开放的大幕。在经济体制转型初期，主导我国宏观决策的是以经济建设为中心的发展观（20 世纪 80 年代初又提出以提高经济效益为中心的发展理念），力图在解决我国长期经济发展中遗留问题的同时，推动经济更好更快发展。

坚持以经济建设为中心的发展，具有一定客观必然性。第一，“文化大革命”使我国遭遇巨大挫折，推动经济快速发展是当务之急；第二，中国与发达国家以及新兴工业国家的差距拉大，“落后就要挨打”的教训成为激发我们积极推动经济建设的强劲动力；第三，“和平与发展”的世界发展趋势，为我国集中精力大力发展经济创造了稳定的外部环境，经济发展收益远大于环境和资源成本；第四，是实现改革初衷的必然选择。改革开放基于改善我国人民生活状况，提高人民生活水平的站位确定目标，让广大人民在积极参与改革实践的同时，分享经济增长成果，是改革的题中之义，这也有利于使改革更加深入人心，进一步推进改革。以上分析表明，我国的发展理念已经由过去片面追求经济增长、忽视社会发展，转向强调经济社会协调发展，关注经济建设中人民生活水平的提高，具有以人的发展为核心的发展观内涵。此外，在此期间，我国也强调一切经济工作都要以提高经济效益为中心，走出“一条速度比较实在，经济效益比较好，人民可以得到更多实惠的新路子”，表明该时期我国的发展理念已经由过去片面追求产值总量增长速度、忽视经济效益，转变为强调一切经济工作都要以提高经济效益为中心，体现了经济工作从重视数量向关注效益的转变。

遗憾的是，这一时期我国在实际工作中还是贯穿了以经济增长为中心的发展观，把经济增长等同于发展，试图用经济增长来解决社会矛盾，本来讲求“效率优先，兼顾公平”的原则实际上走向了“效率优先，不顾公平”，带来经济发展快于社会发展、经济结构不合理等诸多问题。由此可见，以人为本的思想在中国共产党领导的中国社会主义建设事业实践中一直存在，而这些思想只有在一定经济社会基础上才可能发展成为主流，在改革开放早期阶段，经济社会发展的主要矛盾决定了以经济增长为核心的发展观的现实合理性。[②]

（二）经济体制转型初期的经济发展理论

1. 对计划经济体制的反思：基于经济发展与经济体制关系的视角

怎样进行体制改革？关于这个问题的探讨是从反思计划经济体制开始的。经过深

① 刘瑞. 中国经济发展战略与规划的演变和创新[M]. 北京：中国人民大学出版社，2016：51.

② 刘瑞. 中国经济发展战略与规划的演变和创新[M]. 北京：中国人民大学出版社，2016：54.

入讨论，人们对我国在社会主义建设初期之所以选择计划经济体制有了比较客观的认识。从经济发展与经济体制关系看，计划经济体制是在当时政治经济社会发展多重约束条件下的一个现实选择，适应了当时的经济社会的历史条件和客观需要。一是迅速恢复国民经济，实现对生产资料私有制的社会主义改造，有计划地建设社会主义的需要；二是尽快改变国家贫穷落后的面貌，集中全国力量建立独立的工业体系和国民经济体系，真正实现中华民族“站起来”的需要；三是对苏联成功经验的借鉴。中华人民共和国成立伊始，政府缺乏经济管理经验，于是选择向苏联学习借鉴其成功经验，在较短时间内形成了计划经济体制，其典型特征是：追求国民经济数量增长，政府采用行政手段对经济实施直接管理，用计划配置社会资源。以上分析表明，对中国计划经济体制的分析，要放在一定的历史背景下，这样才能发现其历史必然性和合理性。同样，对计划经济体制的评价也应客观，讲求实事求是。正如 1979 年邓小平在《坚持四项基本原则》中指出的，前 30 年在中华人民共和国历史上占有极其重要的地位。在此期间，“我们尽管犯过一些错误，但我们还是在三十年间取得了旧中国几百年、几千年所没有取得过的进步[①]”。

首先要肯定计划经济体制的历史贡献。实行了 30 年的计划经济体制，不仅保证了中华人民共和国成立初期迅速恢复国民经济，顺利实现对生产资料私有制的社会主义改造，以及从新民主主义向社会主义制度的过渡，更为重要的是在这种高度集中统一的经济体制下，我国建立起独立的比较完整的现代国民经济体系，为中国特色社会主义奠定了物质基础，包括现代工业基础、现代农业基础、现代科学技术产业基础，这些重要历史贡献不可磨灭。

其次要看到计划经济体制的弊端。传统的计划经济体制排斥市场机制，忽视商品生产和价值规律的作用，给国民经济运行和发展带来一系列消极后果，包括：决策权力过于集中，政府作为主导经济发展与运行的主体，依靠行政手段实施直接的宏观经济管理，挫伤了企业和地方的积极性、主动性和创造力；以指令性计划为调控手段，导致国民经济管理僵化，经济运行效率低下，国民经济发展滞后；行政组织按条块划分，割裂了国民经济活动的内在联系；所有制形式的单一保护，抑制了国民经济发展的内在动力和活力。

最后，要明确经济体制改革的必要性和紧迫性。我国之所以长期坚持计划经济体制，在很大程度上与我们对社会主义经济管理基本理论的认识过于僵化甚至陷入认识误区有关，比如：在制度基础上，把生产资料公有制与非公有制对立起来；在管理方式上，把计划调节与市场调节对立起来；在经济体制上，把计划经济与市场经济对立起来；在经济管理主体与客体的关系上，国家（政府）既是经济管理主体，同时也是经济发展的内在主体和组织者。正是对社会主义经济管理基本理论认识上的僵化加上计划经济体制本身固有的缺陷，导致我国到 20 世纪 70 年代末，经济社会发展陷入困境。种种迹象表明传统的计划经济体制和政府直接管理模式已不能满足我国国民经济高效运行和进一步发展的需要，改革势在必行，迫在眉睫，变革的时代呼唤理论创新。

---

① 邓小平. 邓小平文选 第二卷[M]. 2 版. 北京：人民出版社，1994：167.

2. 有计划的商品经济理论和计划与市场关系理论

党的十一届三中全会的召开，标志着中国进入改革开放和社会主义现代化建设的历史新时期，我党从此开始了建设中国特色社会主义的新探索。本次会议的重大意义之一是确立了解放思想、实事求是的思想路线。于是，我国经济理论界摆脱种种教条主义束缚，大胆探讨社会主义条件下计划与市场的关系这一有关经济全局的问题。党的十一届三中全会后直到 1992 年党的十四大召开，我党开始探索把计划和市场有机结合起来的体制机制，经历了对市场作用的若干个认识阶段，从排斥市场机制到把市场作为计划经济的辅助手段，进而强调计划与市场相结合①，先后经历了计划经济为主、市场调节为辅，到社会主义有计划的商品经济，再到计划与市场内在统一的体制改革过程。

1979 年 11 月 26 日，邓小平在会见美国不列颠百科全书出版公司编委会副主席吉布尼时就指出："说市场经济只存在于资本主义社会，只有资本主义的市场经济，这肯定是不正确的。社会主义为什么不可以搞市场经济，这个不能说是资本主义。""我们是计划经济为主，也结合市场经济，但这是社会主义的市场经济。……市场经济不能说只是资本主义的。市场经济，在封建社会时期就有了萌芽。社会主义也可以搞市场经济。"②邓小平这一思想为探索计划和市场结合问题开启了一扇门，是破除计划与市场互相排斥、不能相容的传统观念的重要标志。1982 年党的十二大报告明确提出，我国经济体制改革坚持计划经济为主、市场调节为辅的原则，强调正确贯彻这一原则是经济体制改革中一个根本性问题。1984 年十二届三中全会通过的《中共中央关于经济体制改革的决定》，第一次明确提出，社会主义计划经济"是在公有制基础上的有计划的商品经济"③，突破了把计划经济同商品经济对立起来的传统观念，将计划经济与商品经济统一起来，尤其强调商品经济的重要性，这是理论上的又一重大突破，是对马克思主义政治经济学的新发展，为全面经济体制改革提供了新的理论指导。1987 年，党的十三大报告明确提出："社会主义有计划商品经济的体制应该是计划与市场内在统一的体制"；"国家调节市场，市场引导企业"，把国家、市场、企业三者关系的重点放在市场方面；"国家对企业的管理应逐步转向以间接管理为主"。④可见，关于计划与市场的关系，党的十三大把计划与市场并重，比党的十二大报告提出的以计划经济为主、市场调节为辅的原则又向前推进一步，而且重点从商品经济向市场经济倾斜，调控手段由直接调控转向间接调控。在这里，也体现了政府与市场关系的变化，即由计划经济体制下排斥市场，政府直接调控主导经济发展，转变为政府间接调控下发挥市场的作用。

3. 社会主义经济中价值规律的作用

党的十一届三中全会公报明确提出，"应该坚决实行按经济规律办事，重视价值规

---

① 刘凤义. 论社会主义市场经济中政府和市场的关系[J]. 马克思主义研究，2020（2）：5-15，163.

② 邓小平. 邓小平文选 第二卷[M]. 2 版. 北京：人民出版社，1994：236.

③ 中华人民共和国中央人民政府. 中共中央关于经济体制改革的决定[EB/OL].（2008-06-26）. https://www.gov.cn/test/2008-06/26/content_1028140.htm.

④ 沿着有中国特色的社会主义道路前进：在中国共产党第十三次全国代表大会上的报告[EB/OL].（1987-10-25）. https://fuwu.12371.cn/2012/09/25/ARTI1348562562473415.shtml.

律的作用”[①]。这一阶段，随着对计划与市场关系认识上的创新与突破，人们越来越清晰地认识到，发展社会主义有计划的商品经济，必须遵循经济规律，按客观规律办事。价值规律不仅会对包括全民所有制经济的社会主义经济产生影响，而且能发挥调节作用。发展社会主义经济，要充分发挥与价值规律有关的各种经济杠杆的作用，不仅指导性计划要依靠经济杠杆来实现，指令性计划也必须运用价值规律。

三、市场经济体制确立初期的发展观与经济发展理论

20 世纪 90 年代到 21 世纪初，对我国宏观决策产生重要影响的是可持续发展观和科学发展观以及相应的经济发展理论。

（一）可持续发展观

1992 年国际社会在可持续发展观方面达成共识，制定了全球可持续发展战略《21 世纪议程》。中国积极响应，大力支持，努力践行可持续发展观，1994 年发布了中国可持续发展战略即《中国 21 世纪议程》，它涵盖了中国可持续发展的总体战略、计划和对策方案，成为中国政府制定国民经济和社会发展中长期计划的重要依据。

这一时期，我国虽然在宏观层面上不断强调以人为中心，经济、社会、资源、环境协调发展的可持续发展观，学界也不断深化对可持续发展的理论研究，但在实践中处于主导地位的发展观仍然是以经济增长为核心的传统发展观。在以 GDP 评价政府官员政绩的指标导向下，地方政府以强烈的投资冲动，不遗余力竞相发展经济，结果导致资源紧张、环境污染、城乡差距等问题日益加重。

由此可见，在经济发展水平尚未达到一定高度时，要在实践中切实贯彻落实可持续发展观，就必须有强有力的制度保证。否则，在没有基本解决当代人的生存和发展问题时，人们只能有限地关注代际公平问题[②]，也难以自觉地把有限的资源投入可持续发展方面。

（二）科学发展观

21 世纪初，中国进入全面建设小康社会新阶段。改革开放二十多年来，我国经济长足发展，国力明显增强，为解决发展问题奠定了重要财力基础。同时，经济快速增长中资源环境及社会方面的深层次矛盾和问题日益显现。要全面建设小康社会，实现全民共享和社会全面进步的目标，迫切需要统筹兼顾各个方面，推进协调发展，全面提升经济质量增长和社会效应。在此背景下，以胡锦涛同志为总书记的党中央紧紧围绕发展这个根本问题，进一步深入思考经济、社会、自然三大系统之间的关系，更加辩证地认识发展问题，立足社会主义初级阶段基本国情和新的阶段性特征，总结我国改革开放以来的发展实践，借鉴国外发展经验，适应全面建设小康社会新的发展要求，逐步形成了更加高瞻远瞩、全面系统的发展观，这就是在党的十六届三中全会上提出的科学发展观。

---

① 中国共产党第十一届中央委员会第三次全体会议公报[EB/OL].（1987-10-25）. https://www.gov.cn/test/2009-10/13/content_1437683.htm.

② 刘瑞. 中国经济发展战略与规划的演变和创新[M]. 北京：中国人民大学出版社，2016：55.

科学发展观强调"坚持以人为本，树立全面、协调、可持续的发展观，促进经济社会和人的全面发展"，深刻揭示了发展的本质和内涵，指明了经济社会持续健康发展的正确道路。胡锦涛指出："全面建设小康社会是党和国家到二〇二〇年的奋斗目标，是全国各族人民的根本利益所在"[①]，"促进经济社会协调发展，是建设中国特色社会主义的必然要求，也是全面建设小康社会的必然要求。发展绝不只是指经济增长，而是要坚持以经济建设为中心，在经济发展的基础上实现社会全面发展。要更好坚持全面发展、协调发展、可持续发展的发展观，更加自觉地坚持推动社会主义物质文明、政治文明、精神文明协调发展，坚持在经济社会发展的基础上促进人的全面发展，坚持促进人与自然的和谐。"[②]这样的发展观符合社会发展的客观规律。

1. *科学发展观的内涵及其思想源泉*

2004 年 3 月 10 日，胡锦涛在中央人口资源环境工作座谈会上，全面阐述了科学发展观的科学内涵、基本要求和指导意义，指出："坚持以人为本，就是要以实现人的全面发展为目标，从人民群众的根本利益出发谋发展、促发展，不断满足人民群众日益增长的物质文化需要，切实保障人民群众的经济、政治和文化权益，让发展的成果惠及全体人民。全面发展，就是要以经济建设为中心，全面推进经济、政治、文化建设，实现经济发展和社会全面进步。协调发展，就是要统筹城乡发展、统筹区域发展、统筹经济社会发展、统筹人与自然和谐发展、统筹国内发展和对外开放，推进生产力和生产关系、经济基础和上层建筑相协调，推进经济、政治、文化建设的各个环节、各个方面相协调。可持续发展，就是要促进人与自然的和谐，实现经济发展和人口、资源、环境相协调，坚持走生产发展、生活富裕、生态良好的文明发展道路，保证一代接一代地永续发展。"[③]可见，科学发展观的第一要义是发展，核心立场是以人为本（坚持以人民为中心的发展思想），基本要求是全面协调可持续，根本方法是统筹兼顾。

科学发展观主要有三个思想源泉：一是我国经济社会发展实践活动的经验总结，其中的全面发展、协调发展、五个统筹，都是针对我国经济社会发展中存在的问题进行的概括，并上升到理论层面；二是国际社会关于发展特别是可持续发展等最新理论研究成果；三是马克思列宁主义和中国共产党第一代、第二代、第三代中央领导集体关于发展理论和观点的思想精髓，这是科学发展观最重要的思想源泉。胡锦涛强调，科学发展观是马克思主义关于发展的世界观和方法论的集中体现，继承了党的三代中央领导集体关于发展的重要思想，总结了我们党领导社会主义现代化建设的实践经验。科学发展观同邓小平理论、"三个代表"重要思想是中国特色社会主义理论体系三个紧密联系的有机组成部分，面对着共同的时代课题，面临着共同的历史任务，都贯穿了中国特色社会主义这个主题，都坚持辩证唯物主义和历史唯物主义的世界观方法论，都坚持党的最高纲领和最低纲领的统一，都坚持代表最广大人民的根本利益，在理论主题、思想基础、

---

① 胡锦涛在党的十七大上的报告[EB/OL].（2007-10-25）. https://www.cnr.cn/2007zt/sqdjs/wj/200711/t20071102_504610399.html.

② 《胡锦涛文选》第二卷主要篇目介绍[EB/OL].（2016-09-22）. https://news.cnr.cn/native/gd/20160922/t20160922_523154373.shtml.

③ 科学发展观的提出[EB/OL].（2010-01-18）. https://zqb.cyol.com/content/2010-01/08/content_3027531.htm.

政治理想、根本立场上一以贯之。[①]

2. 科学发展观的重要意义

科学发展观是对传统发展观的扬弃，是保证中国完成社会主义现代化的重要理论基础。在科学发展观指导下，我国经济社会发展战略规划的制定和实施，更加强调发展必须是科学的发展，“把发展作为主题，把结构调整作为主线，把改革开放和科技进步作为动力，把提高人民生活水平作为根本出发点，坚持经济和社会协调发展”的指导方针；坚持以人为本，转变发展观念，创新发展模式，提高发展质量，落实五个统筹，把经济社会发展切实转入全面协调可持续发展轨道。同时，把新农村建设、区域协调发展、资源节约与环境保护放在重要地位，并关注就业、教育、社会保障等民生问题，促进和谐社会建设。在社会主义民主、文化建设和社会事业发展、人民生活改善、生态文明建设等方面提出更高要求；明确提出要在坚持基本经济制度不动摇的基础上，完善国家规划体系。发挥国家发展规划、计划、产业政策在宏观调控中的导向作用，综合运用财政、货币政策，提高宏观调控水平，等等。党的十八大报告强调指出：“科学发展观是中国特色社会主义理论体系最新成果，是中国共产党集体智慧的结晶，是指导党和国家全部工作的强大思想武器。科学发展观同马克思列宁主义、毛泽东思想、邓小平理论、‘三个代表’重要思想一道，是党必须长期坚持的指导思想。”“面向未来，深入贯彻落实科学发展观，对坚持和发展中国特色社会主义具有重大现实意义和深远历史意义，必须把科学发展观贯彻到我国现代化建设全过程、体现到党的建设各方面。”[②]

（三）市场经济体制确立初期的经济发展理论

20 世纪 80 年代末 90 年代初，国内外形势发生了急剧而深刻的变化。从国际形势看，东欧剧变、苏联解体，世界社会主义运动遭遇严重挫折，社会主义“崩溃论”甚嚣尘上，对中国产生了巨大影响。从国内情况看，前些年过度强调经济增长带来的一系列难题逐渐显现，包括区域、城乡居民收入差距大，环境破坏，资源不足等。同时，党内部分干部和群众中一度出现对党和国家改革开放政策的模糊认识，甚至发生了姓“资”、姓“社”的争论。在中国处在改革开放和社会主义现代化建设的十字路口、面临何去何从重大抉择的紧要关头，邓小平于 1992 年 1 月开始到南方视察，沿途发表一系列重要讲话（南方谈话），创新性地提出了社会主义本质论和社会主义市场经济论。

邓小平在南方谈话中指出：“计划多一点还是市场多一点，不是社会主义与资本主义的本质区别。计划经济不等于社会主义，资本主义也有计划；市场经济不等于资本主义，社会主义也有市场。计划和市场都是经济手段。”“社会主义的本质，是解放生产力，发展生产力，消灭剥削，消除两极分化，最终达到共同富裕。”[③]这一论断把社会主义和市场经济有机结合起来，是前无古人的伟大实践，也是我们党在总结改革开放实

---

① 冷溶. 充分认识科学发展观的历史地位和指导意义——认真学习《胡锦涛文选》[EB/OL]. （2016-09-23）. http://theory.people.com.cn/GB/n1/2016/0923/c40531-28734592.html.

② 胡锦涛. 坚定不移沿着中国特色社会主义道路前进 为全面建成小康社会而奋斗[EB/OL].（2012-11-18）. http://politics.people.com.cn/n/2012/1118/c1001-19612670-1.html.

③ 邓小平. 邓小平文选 第三卷[M]. 北京：人民出版社，1993：373.

践经验的基础上，对马克思主义政治经济学的重大发展和理论创新，是对传统马克思主义的一大突破，也是对世界经济思想史及世界经济史的一大突破。

1992 年 10 月，在党的十四大上，中央高度评价邓小平在计划与市场关系问题上的理论贡献，指出“这个精辟论断，从根本上解除了把计划经济和市场经济看作属于社会基本制度范畴的思想束缚，使我们在计划与市场关系问题上的认识有了新的重大突破”。这一重大理论突破，对后续中国经济体制改革和经济发展产生了决定性影响。党的十四大报告中明确提出：“我国经济体制改革的目标是建立社会主义市场经济体制，以利于进一步解放和发展生产力。”①党的十四届三中全会进一步提出了建立社会主义市场经济体制的基本框架。自此以后，坚持社会主义市场经济改革方向，发展和完善社会主义市场经济体制，就成为经济体制改革最重要的理论和实践问题。②1997 年，党的十五大报告强调指出，建设有中国特色社会主义的经济，就是在社会主义条件下发展市场经济，不断解放和发展生产力。这就要坚持和完善社会主义公有制为主体、多种所有制经济共同发展的基本经济制度；坚持和完善社会主义市场经济体制，使市场在国家宏观调控下对资源配置起基础性作用；坚持和完善按劳分配为主体的多种分配方式，允许一部分地区一部分人先富起来，带动和帮助后富，逐步走向共同富裕。于此，我们对社会主义市场经济的理解和认识，要把握以下两个要点。

（1）制度方面。社会主义市场经济体制是同社会主义基本制度结合在一起的。我国要大力发展的社会主义市场经济，是在坚持社会主义基本制度前提下的市场经济，是社会主义条件下的市场经济。在所有制结构上，以公有制包括全民所有制和集体所有制经济为主体，个体经济、私营经济、外资经济为补充，多种经济成分长期共同发展；在分配制度上，以按劳分配为主体，其他分配方式为补充，兼顾效率与公平。

（2）体制机制方面。我们要建立的社会主义市场经济体制，就是要使市场在社会主义国家宏观调控下对资源配置起基础性作用。在社会主义条件下发展市场经济，政府的主要职能是搞好宏观调控，而市场则对资源配置起基础性作用。计划和市场都是经济手段，要更好发挥计划和市场两种手段的长处，处理好政府与市场的关系。

四、新时代的发展观与经济发展理论

中国特色社会主义进入新时代，对我国宏观决策具有重大指导意义的是新发展理念和习近平经济思想。

（一）新发展理念

1. 新发展理念的内涵

2015 年 9 月，习近平主席出席联合国发展峰会，同各国领导人一致通过了《变革我们的世界——2030 年可持续发展议程》。同年 10 月，在《中共中央关于制定国民经

① 江泽民. 加快改革开放和现代化建设步伐，夺取有中国特色社会主义事业的更大胜利——在中国共产党第十四次全国代表大会上的报告[EB/OL].（1992-10-12）. https://fuwu.12371.cn/2012/09/26/ARTI1348641194361954.shtml .

② 胡敏. 70 年来经济理论发展的中国特色[EB/OL].（2019-10-24）. http://www.rmlt.com.cn/2019/1024/559888.shtml.

济和社会发展第十三个五年规划的建议》的说明中明确指出：发展理念是发展行动的先导，是管全局、管根本、管方向、管长远的东西，是发展思路、发展方向、发展着力点的集中体现。10 月 29 日，习近平总书记在十八届五中全会第二次全体会议上，提出了创新、协调、绿色、开放、共享的发展理念，并强调指出，“新发展理念是一个整体，提出的要求是全方位的、多层面的，绝不是只有经济指标这一项，这是我国发展进入新阶段、我国社会主要矛盾发生变化的必然要求”。在新发展理念这一系统的理论体系中，创新是引领发展的第一动力，协调是持续健康发展的内在要求，绿色是永续发展的必要条件和人民对美好生活追求的重要体现，开放是国家繁荣发展的必由之路，共享是中国特色社会主义的本质要求。

2. 新发展理念的重要意义

首先，新发展理念是在我国经济社会发展进入新常态、世界经济增长动能逐渐减弱的关键节点提出的治本之策。其次，新发展理念是管全局、管根本、管长远的导向，具有战略性、纲领性和引领性，指明了我国的长期发展思路、发展方向和发展着力点。创新发展注重解决发展动力问题，协调发展注重解决发展不平衡问题，绿色发展注重解决人与自然和谐问题，开放发展注重解决发展内外联动问题，共享发展注重解决社会公平正义问题。最后，新发展理念是实现可持续发展的科学指导。以新发展理念为科学指导，是实现更高质量、更有效率、更加公平、更可持续、更为安全的发展的必由之路。习近平总书记指出，“党的十八大以来我们对经济社会发展提出了许多重大理论和理念，其中新发展理念是最重要、最主要的”，“贯彻新发展理念是新时代我国发展壮大的必由之路”。这一系列重要论述对社会主义经济发展中具有战略性、纲领性和引领性的重大问题作出了全新阐释，深刻阐明了我党关于发展的政治立场、价值导向、发展模式、发展道路等重大政治问题，深化了我党对社会主义经济发展规律的认识，丰富发展了马克思主义政治经济学关于经济发展原则的理论。

中国以新发展理念为引领，积极贯彻落实全球 2030 年可持续发展议程，2016 年中国率先发布《中国落实 2030 年可持续发展议程国别方案》，2017 年发布落实《2030 年可持续发展议程》的法规——《中国落实 2030 年可持续发展议程进展报告》。不仅如此，还将 2030 年可持续发展议程与中国中长期发展规划紧密结合，融合统筹，一体推进。新发展理念是近些年乃至更长时期我国发展思路、发展方向、发展着力点的集中体现。2020 年 10 月 29 日，党的十九届五中全会审议通过了《中共中央关于制定国民经济和社会发展第十四个五年规划和二〇三五年远景目标的建议》，明确提出，“十四五”时期经济社会发展，必须牢牢把握的原则之一是坚持新发展理念。“把新发展理念贯穿发展全过程和各领域，构建新发展格局，切实转变发展方式，推动质量变革、效率变革、动力变革，实现更高质量、更有效率、更加公平、更可持续、更为安全的发展。”①

① 中共中央关于制定国民经济和社会发展第十四个五年规划和二〇三五年远景目标的建议[EB/OL].（2020-11-03）. https://www.gov.cn/zhengce/2020-11/03/content_5556991.htm.

（二）习近平经济思想

1. 习近平经济思想是习近平新时代中国特色社会主义思想的重要组成部分

党的十八大以来，国内外形势变化和我国各项事业发展都给我们提出了一个重大时代课题，这就是必须从理论和实践结合上系统回答新时代坚持和发展什么样的中国特色社会主义、怎样坚持和发展中国特色社会主义。围绕这个重大时代课题，以习近平同志为主要代表的中国共产党人，顺应时代发展，坚持解放思想、实事求是、与时俱进、求真务实，坚持辩证唯物主义和历史唯物主义，站在中华民族伟大复兴战略全局和世界百年未有之大变局的战略高度，紧密结合新的时代条件和实践要求，进行艰辛的理论探索，取得重大理论创新成果，创立了习近平新时代中国特色社会主义思想。习近平新时代中国特色社会主义思想是对马克思列宁主义、毛泽东思想、邓小平理论、“三个代表”重要思想、科学发展观的继承和发展，是马克思主义中国化最新成果，是党和人民实践经验和集体智慧的结晶，是中国特色社会主义理论体系的重要组成部分，是全党全国人民为实现中华民族伟大复兴而奋斗的行动指南。

习近平经济思想是习近平新时代中国特色社会主义思想的重要组成部分，是中国共产党不懈探索社会主义经济发展道路形成的宝贵思想结晶，是运用马克思主义政治经济学基本原理指导新时代经济发展实践形成的重大理论成果。习近平经济思想站在中国特色社会主义进入新时代的历史高度，提出一系列原创性的新理念新思想新战略，为做好新时代经济工作指明了正确方向、提供了根本遵循和行动指南。习近平经济思想是在中国特色社会主义进入新时代、中国社会主要矛盾发生新变化、世界百年未有之大变局加速演变的历史条件下形成的，具有广阔时代背景、深厚理论渊源和坚实实践基础，充分体现了理论与实践相结合、认识论和方法论相统一的鲜明特点，是指引我国经济高质量发展、科学应对重大风险挑战、全面建设社会主义现代化国家的强大思想武器。科学把握习近平经济思想的要义和精髓，并在中国式现代化建设中坚持和发展习近平经济思想，对于实现党的二十大确定的奋斗目标和根本任务，具有重大意义。新时代，我国制定与实施国民经济发展战略与规划，要以习近平经济思想为指导，深入贯彻落实党中央关于经济工作的决策部署，确保最终效果符合党中央决策意图。

2. 习近平经济思想的主要内容

习近平经济思想内涵极其丰富，主要包括以下内容。①

1）加强党对经济工作的战略谋划和统一领导

围绕要不要加强党对经济工作的领导、怎样加强党对经济工作的领导，习近平总书记创造性地提出加强党对经济工作全面领导的重大理论观点，指出，“党是总揽全局、协调各方的，经济工作是中心工作，党的领导当然要在中心工作中得到充分体现，抓住了中心工作这个牛鼻子，其他工作就可以更好展开”，“加强党对经济工作的领导，

---

① 注：本部分 1）至 4）和 7）至 10）主要参阅逄锦聚. 把握习近平经济思想的要义和精髓[EB/OL].（2023-11-03）. http://theory.people.com.cn/GB/n1/2023/1103/c40531-40109341.html.，以及李玉举，连欣，马小腾. 学报告 悟思想 开新局 | 习近平经济思想的理论贡献与实践伟力[EB/OL].（2023-12-14）. https://www.ccdi.gov.cn/llxx/202312/t20231214_314385.html.

全面提高党领导经济工作水平，是坚持民主集中制的必然要求，也是我们政治制度的优势”。这些重要思想深刻阐释了社会主义条件下经济和政治高度统一的辩证关系，深化了我党对共产党执政规律和社会主义建设规律的认识，丰富和发展了马克思主义政治经济学关于经济与政治关系的理论。进入新时代以来，党中央加强对经济工作的战略谋划和统一指导，中央政治局常委会、中央政治局定期研究分析经济形势、决定重大经济事项，中央财经委员会及时研究经济社会发展重大问题，中央全面深化改革委员会及时研究经济社会领域重大改革，对推动经济发展起到重要指导作用。通过加强以上工作机制，党中央制定重大方针和重大战略、作出重大决策、部署重大任务的制度化规范化水平不断提高，有力保证了党对经济工作的领导落到实处，其中就包括了国民经济发展战略与规划的制定和实施。

2）坚持以人民为中心，逐步实现全体人民共同富裕

围绕发展为了谁、发展依靠谁、发展成果由谁共享的根本问题，习近平总书记创造性地提出坚持以人民为中心的发展思想。中国共产党自成立之日起，始终把为中国人民谋幸福、为中华民族谋复兴作为自己的初心使命。中国特色社会主义进入新时代，习近平强调坚持人民至上，从奋斗目标、发展理念等多方面论述了坚持以人民为中心的根本立场。2015 年 10 月，习近平总书记在党的十八届五中全会上明确提出坚持以人民为中心的发展思想，指出：“要坚持以人民为中心的发展思想，把增进人民福祉、促进人的全面发展、朝着共同富裕方向稳步前进作为经济发展的出发点和落脚点。”2021 年 1 月 11 日，习近平在省部级主要领导干部学习贯彻党的十九届五中全会精神专题研讨班开班式上发表重要讲话中强调指出：“只有坚持以人民为中心的发展思想，坚持发展为了人民、发展依靠人民、发展成果由人民共享，才会有正确的发展观、现代化观。”其原创性贡献主要在于：一是把不断满足人民美好生活需要作为新时代奋斗目标，赋予人民美好生活需要新的内涵，提出“人民对美好生活的向往就是我们的奋斗目标”，“人民美好生活需要日益广泛，不仅对物质文化生活提出了更高要求，而且在民主、法治、公平、正义、安全、环境等方面的要求日益增长”；二是把以人民为中心的发展思想体现在经济社会发展各个环节，强调“我们要始终以实现好、维护好、发展好最广大人民根本利益为最高标准，带领人民创造美好生活，让改革发展成果更多更公平惠及全体人民，使人民获得感、幸福感、安全感更加充实、更有保障、更可持续，朝着实现全体人民共同富裕不断迈进”，“为人民谋幸福、为民族谋复兴，这既是我们党领导现代化建设的出发点和落脚点，也是新发展理念的‘根’和‘魂’”；三是坚持发展为了人民、发展依靠人民、发展成果由人民共享，强调“我们必须始终坚持人民立场，坚持人民主体地位，虚心向人民学习，倾听人民呼声，汲取人民智慧，把人民拥护不拥护、赞成不赞成、高兴不高兴、答应不答应作为衡量一切工作得失的根本标准，着力解决好人民最关心最直接最现实的利益问题，让全体中国人民和中华儿女在实现中华民族伟大复兴的历史进程中共享幸福和荣光”。这一系列重要论述从奋斗目标、初心使命、社会主义本质要求等诸多方面论述了坚持以人民为中心的根本立场，深刻阐明了新时代实现社会主义生产目的的主要任务和方针政策，深化了我党对人的自由全面发展规律的认识，丰富和发展了马克思主义政治经济学关于社会主义经济本质的理论。进入新时代以

来，以习近平同志为核心的党中央把人民放在心中最高位置，始终把人民对美好生活的向往作为奋斗目标，在幼有所育、学有所教、劳有所得、病有所医、老有所养、住有所居、弱有所扶上取得一系列丰富实践成果。

3）全面建成社会主义现代化强国，以中国式现代化全面推进中华民族伟大复兴

围绕中国特色社会主义事业如何布局，怎样实现我们的奋斗目标，习近平总书记创造性地提出了以中国式现代化全面推进中华民族伟大复兴等重要思想。他指出，“中国特色社会主义是改革开放以来党的全部理论和实践的主题”，“中国特色社会主义是实现中华民族伟大复兴的必由之路”，中国特色社会主义事业总体布局是“五位一体”、战略布局是“四个全面”，在总体上为我国经济发展确定了战略方向、战略目标和战略措施。围绕奋斗目标，习近平指出，“我们的任务是全面建设社会主义现代化国家，当然我们建设的现代化必须是具有中国特色、符合中国实际的”，“我们党领导人民不仅创造了世所罕见的经济快速发展和社会长期稳定两大奇迹，而且成功走出了中国式现代化道路，创造了人类文明新形态”。党的二十大报告进一步提出，“以中国式现代化全面推进中华民族伟大复兴”。“中国式现代化的本质要求是：坚持中国共产党领导，坚持中国特色社会主义，实现高质量发展，发展全过程人民民主，丰富人民精神世界，实现全体人民共同富裕，促进人与自然和谐共生，推动构建人类命运共同体，创造人类文明新形态。”[①]把中国式现代化目标和中国式现代化道路联系在一起作出的原创性论述，丰富和发展了马克思主义政治经济学，为我们坚持走中国特色社会主义道路，全面建成社会主义现代化强国、实现中华民族伟大复兴，提供了理论指南。

对中国式现代化的理解和认识，应把握以下要点：其一，中国式现代化是中国共产党领导的社会主义现代化，既有各国现代化的共同特征，更有基于自己国情的中国特色。其二，中国式现代化是人口规模巨大的现代化。我国十四亿多人口整体迈进现代化社会，规模超过现有发达国家人口的总和，艰巨性和复杂性前所未有，发展途径和推进方式也必然具有自己的特点。我们始终从国情出发想问题、作决策、办事情，既不好高骛远，也不因循守旧，保持历史耐心，坚持稳中求进、循序渐进、持续推进。其三，中国式现代化是全体人民共同富裕的现代化。共同富裕是中国特色社会主义的本质要求，也是一个长期历史过程。我们坚持把实现人民对美好生活的向往作为现代化建设的出发点和落脚点，着力维护和促进社会公平正义，着力促进全体人民共同富裕，坚决防止两极分化。其四，中国式现代化是物质文明和精神文明相协调的现代化。物质富足、精神富有是社会主义现代化的根本要求。物质贫困不是社会主义，精神贫乏也不是社会主义。我们不断厚植现代化的物质基础，不断夯实人民幸福生活的物质条件，同时大力发展社会主义先进文化，加强理想信念教育，传承中华文明，促进物质的全面丰富和人的全面发展。其五，中国式现代化是人与自然和谐共生的现代化。人与自然是生命共同体，无止境地向自然索取甚至破坏自然必然会遭到大自然的报复。我们坚持可持续发展，坚持节约优先、保护优先、自然恢复为主的方针，像保护眼睛一样保护自然和生态

---

① 习近平. 高举中国特色社会主义伟大旗帜　为全面建设社会主义现代化国家而团结奋斗：在中国共产党第二十次全国代表大会上的报告[EB/OL].（2022-10-16）. https://www.gov.cn/xinwen/2022-10/25/content_5721685.htm.

环境，坚定不移走生产发展、生活富裕、生态良好的文明发展道路，实现中华民族永续发展。其六，中国式现代化是走和平发展道路的现代化。我国不走一些国家通过战争、殖民、掠夺等方式实现现代化的老路，那种损人利己、充满血腥罪恶的老路给广大发展中国家人民带来深重苦难。我们坚定地站在历史正确的一边、站在人类文明进步的一边，高举和平、发展、合作、共赢旗帜，在坚定维护世界和平与发展中谋求自身发展，又以自身发展更好地维护世界和平与发展。

4）推动经济高质量发展

围绕新时代我国经济要实现什么样的发展、怎样发展，习近平总书记创造性地提出我国经济已由高速增长阶段转向高质量发展阶段的重大论断。党的十八大以来，以习近平同志为核心的党中央综合分析世界经济长周期和我国发展阶段性特征及其相互作用，深刻把握世情、国情变化，适时提出“经济发展进入新常态”，认识新常态、适应新常态、引领新常态，是当前和今后一个时期我国经济发展的大逻辑。党的十九大报告提出，“我国经济已由高速增长阶段转向高质量发展阶段”，“必须坚持质量第一、效益优先，以供给侧结构性改革为主线，推动经济发展质量变革、效率变革、动力变革，提高全要素生产率，着力加快建设实体经济、科技创新、现代金融、人力资源协同发展的产业体系，着力构建市场机制有效、微观主体有活力、宏观调控有度的经济体制，不断增强我国经济创新力和竞争力”[①]。习近平强调指出，“高质量发展是‘十四五’乃至更长时期我国经济社会发展的主题”，“高质量发展就是体现新发展理念的发展，是经济发展从‘有没有’转向‘好不好’”，“高质量发展不只是一个经济要求，而是对经济社会发展方方面面的总要求；不是只对经济发达地区的要求，而是所有地区发展都必须贯彻的要求；不是一时一事的要求，而是必须长期坚持的要求”，“高质量发展是全面建设社会主义现代化国家的首要任务”等。这一系列重要论述为科学把握新时代我国经济发展的历史方位提供了根本遵循，深化了我党对社会主义初级阶段发展演进规律的认识，丰富和发展了马克思主义政治经济学关于经济发展阶段的理论。

推动高质量发展，必须坚持创新发展，把创新摆在国家发展全局的核心位置，让创新贯穿党和国家一切工作，让创新在全社会蔚然成风。习近平总书记强调：“科技是国之利器，国家赖之以强，企业赖之以赢，人民生活赖之以好。中国要强，中国人民生活要好，必须有强大科技。新时期、新形势、新任务，要求我们在科技创新方面有新理念、新设计、新战略。”实现中华民族伟大复兴的中国梦，必须坚持走中国特色自主创新道路，面向世界科技前沿、面向经济主战场、面向国家重大需求、面向人民生命健康，加快各领域科技创新，掌握全球科技竞争先机。习近平指出：“科学技术从来没有像今天这样深刻影响着国家前途命运，从来没有像今天这样深刻影响着人民幸福安康。我国经济社会发展比过去任何时候都更加需要科学技术解决方案，更加需要增强创新这个第一动力。”“发展数字经济意义重大，是把握新一轮科技革命和产业变革新机遇的战略选择”，“不断做强做优做大我国数字经济。”关于经济发展主题和第一动力的新观

---

① 习近平. 决胜全面建成小康社会 夺取新时代中国特色社会主义伟大胜利：在中国共产党第十九次全国代表大会上的报告[EB/OL].（2017-10-18）. https://www.gov.cn/zhuanti/2017-10/27/content_5234876.htm.

点，对马克思主义的发展理论作出了原创性贡献，不仅为我国的发展提供了理论指导，而且对后发国家的发展提供了有益借鉴。进入新时代以来，我国经济发展平衡性、协调性、可持续性明显增强，“稳”的基础持续巩固，“进”的动能不断集聚，不断谱写高质量发展新篇章。

5）发展新质生产力是推动高质量发展的内在要求和重要着力点

围绕如何以创新引领发展，如何加快科技创新推动高质量发展，习近平总书记创造性地提出发展新质生产力是推动高质量发展的内在要求和重要着力点。2023 年 9 月习近平在黑龙江考察期间，首次提出“新质生产力”这一新词语，强调“要整合科技创新资源，引领发展战略性新兴产业和未来产业，加快形成新质生产力”，“积极培育新能源、新材料、先进制造、电子信息等战略性新兴产业，积极培育未来产业，加快形成新质生产力，增强发展新动能”。2023 年 12 月，在中央经济工作会议上，习近平进一步强调“要以科技创新推动产业创新，特别是以颠覆性技术和前沿技术催生新产业、新模式、新动能，发展新质生产力”。2024 年 1 月 31 日，在主持二十届中央政治局第十一次集体学习时习近平强调，“必须牢记高质量发展是新时代的硬道理”，“发展新质生产力是推动高质量发展的内在要求和重要着力点”。习近平总书记的这些重要论述，丰富和发展了马克思主义生产力理论，深化了对生产力发展规律的认识，进一步丰富了习近平经济思想的内涵，为开辟发展新领域新赛道、塑造发展新动能新优势提供了科学指引。加快发展新质生产力，是新时代新征程解放和发展生产力的客观要求，是推动生产力迭代升级、实现现代化的必然选择。[①]新质生产力的理论创新，是以党的十八大以来中国经济发展的实际和中国经济学自主知识体系的创新为基础的，同时又为经济发展新的实践和经济学自主知识体系的创新提供了“可靠的根据”，实现了中国经济学的“术语的革命”，凸显了习近平经济思想的理论境界。[②]

对新质生产力的理解，我们应当把握以下要点。

第一，为什么要强调新质生产力？当前，高质量发展已成为我国经济社会发展的主旋律，但制约高质量发展的因素还大量存在。高质量发展需要新的生产力理论来指导，而新质生产力已经在实践中形成并展示出对高质量发展的强劲推动力、支撑力，需要从理论上进行总结、概括，用以指导新的发展实践。

第二，什么是新质生产力？自习近平总书记提出“加快形成新质生产力”以来，学术界对新质生产力的内涵展开了深入研究和探讨，形成了一些初步认识。有学者提出，从经济学角度看，新质生产力代表一种生产力的跃迁，它是科技创新在其中发挥主导作用的生产力，高效能、高质量，区别于依靠大量资源投入、高度消耗资源能源的生产力发展方式，是摆脱了传统增长路径、符合高质量发展要求的生产力，是数字时代更具融合性、更体现新内涵的生产力。新质生产力的提出，不仅意味着以科技创新推动产业创新，更体现了以产业升级构筑新竞争优势、赢得发展的主动权。[③]也有学者认为，

---

① 习近平经济思想研究中心. 新质生产力内涵特征和发展重点[N]. 人民日报，2024-03-01（9）.

② 顾海良. 新质生产力是新时代实践和理论创新的集成[N]. 经济日报，2024-03-19（1）.

③ 新华社. 第一观察丨习近平总书记首次提到“新质生产力”[EB/OL].（2023-09-10）. http://big5.news.cn/gate/big5/www.news.cn/2023-09/10/c_1129855743.htm.

新质生产力是代表新技术、创造新价值、适应新产业、重塑新动能的新型生产力，发展新质生产力是夯实全面建设社会主义现代化国家物质技术基础的重要举措；新质生产力是相对于传统生产力而言的，新质生产力有别于传统生产力，在生产力的性质和质量方面都有显著的提升，在劳动者、劳动资料、劳动对象三个方面都呈现出更高的水平，是代表新技术、创造新价值、适应新产业、重塑新动能的新型生产力。①2024 年 1 月 31 日，习近平在二十届中央政治局第十一次集体学习时对新质生产力进一步作出了全面阐释。“概括地说，新质生产力是创新起主导作用，摆脱传统经济增长方式、生产力发展路径，具有高科技、高效能、高质量特征，符合新发展理念的先进生产力质态。”“其由技术革命性突破、生产要素创新性配置、产业深度转型升级而催生，以劳动者、劳动资料、劳动对象及其优化组合的跃升为基本内涵，以全要素生产率大幅提升为核心标志，特点是创新，关键在质优，本质是先进生产力。”

第三，新质生产力具有哪些主要特征？与传统生产力形成鲜明对比，新质生产力是创新起主导作用，摆脱传统经济增长方式、生产力发展路径的先进生产力，具有高科技、高效能、高质量等特征，②具体体现在以下三个方面：其一，以创新为第一动力，形成高科技的生产力。科技创新深刻重塑生产力基本要素，催生新产业新业态，推动生产力向更高级、更先进的质态演进。新质生产力是科技创新在其中发挥主导作用的生产力，要以重大科技创新为引领，推动创新链产业链资金链人才链深度融合，加快科技创新成果向现实生产力转化。其二，以战略性新兴产业和未来产业为主要载体，形成高效能的生产力。产业是生产力变革的具体表现形式，主导产业和支柱产业持续迭代升级是生产力跃迁的重要支撑。作为引领产业升级和未来发展的新支柱、新赛道，战略性新兴产业和未来产业的效能更高，具有创新活跃、技术密集、价值高端、前景广阔等特点，为新质生产力发展壮大提供了巨大空间。其三，以新供给与新需求高水平动态平衡为落脚点，形成高质量的生产力。供需有效匹配是社会大生产良性循环的重要标志。社会供给能力和需求实现程度受生产力发展状况制约，依托高水平的生产力才能实现高水平的供需动态平衡。当前，我国大部分领域“有没有”的问题基本解决，“好不好”的问题日益凸显，客观上要求形成需求牵引供给、供给创造需求的新平衡。一方面，新需求对供给升级提出更高要求，牵引和激发新供给，撬动生产力跃升；另一方面，基于新质生产力形成的新供给，能够提供更多高品质、高性能、高可靠性、高安全性、高环保性的产品和服务，更好满足和创造有效需求。加快发展新质生产力，符合高质量发展的要求，有助于实现国民经济良性循环，更好发挥超大规模市场优势，增强经济增长和社会发展的持续性。

第四，怎样加快发展新质生产力？一要继续做好创新这篇大文章，培育发展新质生产力的新动能。新质生产力的“新”源自科技创新，是以科技创新为引擎和内生动力的生产力，形成新质生产力，要依托科技，依托创新，关键在于培育形成新产业。

①彭艳秋．中央经济工作会议深读丨提出发展新质生产力有何深意？如何发展？[EB/OL].（2023-12-13）. https://www.thepaper.cn/newsDetail_forward_25639978.

② 习近平经济思想研究中心. 新质生产力内涵特征和发展重点[N]. 人民日报，2024-03-01（9）.

习近平总书记指出："科技创新能够催生新产业、新模式、新动能，是发展新质生产力的核心要素。"习近平在二十届中央政治局第十一次集体学习时作出的系列部署包括：加强科技创新特别是原创性、颠覆性科技创新；培育壮大新兴产业、布局建设未来产业，及时将科技创新成果应用到具体产业和产业链上；加快发展方式绿色转型，助力碳达峰碳中和等。二要进一步全面深化改革，形成与新质生产力相适应的新型生产关系。发展新质生产力，是系统的经济和社会工程，既是发展命题，又是改革命题，需要通过全面深化改革不断调整和完善生产关系，推动生产关系与生产力发展要求相适应，从而让新质生产力加快培育、迸发活力。发展新质生产力要破除一切制约创新发展的思想障碍，围绕创新发展加快体制机制变革，着力打通束缚新质生产力发展的堵点卡点，努力构建实现科技自立自强的技术体系、产业体系和制度体系，通过不断调整生产关系激发社会发展活力，加快形成新质生产力。①三要完善人才工作机制，进一步强化人才支撑。创新驱动本质上是人才驱动。加快形成新质生产力，需要充分调动和激发人的积极性、主动性、创造性。因此，要畅通教育、科技、人才的良性循环，加快完善新型举国体制，特别是人才培养、引进、使用、合理流动的工作机制，让各类先进优质生产要素向发展新质生产力顺畅流动和高效配置，使中国经济在加快培育新质生产力中稳步前行。②

6）推进完善社会主义市场经济体制

围绕社会主义市场经济下如何处理好政府和市场的关系，习近平总书记创造性地提出了完善社会主义市场经济体制的重要思想。党的十八届三中全会提出，"经济体制改革是全面深化改革的重点，核心问题是处理好政府和市场的关系"③。改革开放初期，我国关于政府和市场关系的讨论是在计划和市场关系话语体系下进行的。经过多年探索，我们找到了一条把市场经济与社会主义结合在一起的道路，关于市场经济下政府与市场关系的认识不断深化和清晰。党的十八届三中全会通过的《中共中央关于全面深化改革若干重大问题的决定》进一步明确提出，"使市场在资源配置中起决定性作用和更好发挥政府作用"。这是我党对中国特色社会主义建设规律认识的一个新突破，标志着社会主义市场经济发展进入了一个新阶段。

党的十九大报告强调"加快完善社会主义市场经济体制"④，坚决破除制约市场在资源配置中起决定性作用、更好发挥政府作用的体制机制弊端，使市场在资源配置中起决定性作用和更好发挥政府作用并重。中国经济正处于由高速增长阶段向高质量发展阶段转变的关键期，着力构建市场机制有效、微观主体有活力、宏观调控有度的经济体制，是建设现代化经济的基本体制保障。宏观调控要把握好度，表现在：调控方向上相机抉择，雪中送炭；调控力度上把握好分寸，用好预调、微调和区间调控等手段；调控

---

① 程宇. 加快形成新质生产力[N]. 人民日报，2023-11-21（9）.

② 新思想引领新征程，我国加快推动形成新质生产力[EB/OL].（2024-01-30）. https://politics.gmw.cn/2024-01/30/content_37118907.htm.

③ 中华人民共和国中央人民政府. 中共中央关于全面深化改革若干重大问题的决定[EB/OL].（2013-11-15）. https://www.gov.cn/zhengce/2013-11/15/content_5407874.htm.

④ 习近平. 决胜全面建成小康社会 夺取新时代中国特色社会主义伟大胜利：在中国共产党第十九次全国代表大会上的报告[EB/OL].（2017-10-18）. https://www.gov.cn/zhuanti/2017-10/27/content_5234876.htm.

机制上，既要充分发挥市场在资源配置中的决定性作用，也要更好发挥政府作用。

2021 年政府工作报告提出：进一步转变政府职能。充分发挥市场在资源配置中的决定性作用，更好发挥政府作用，推动有效市场和有为政府更好结合。可见，我国实行的社会主义市场经济体制，是同社会主义基本制度结合在一起的、使市场在国家宏观调控下，对资源配置起决定作用的经济体制，既不同于一般的市场经济体制，也不同于其他国家具体的市场经济体制。

2022 年，党的二十大报告提出，要构建高水平社会主义市场经济体制，充分发挥市场在资源配置中的决定性作用，更好发挥政府作用，健全宏观经济治理体系，发挥国家发展规划的战略导向作用。在这里，把市场经济体制下政府调控宏观经济提升到国家治理层面，使政府宏观经济管理活动成为国家治理体系的重要组成部分，将宏观经济政策框架纳入国家治理体系和治理能力现代化全局中加以系统谋划，意味着把政府制定和实施宏观经济决策的行为纳入规范化、制度化、法治化轨道，推动宏观经济政策框架更加成熟、更加定型。

总之，“40 年来，我们解放思想、实事求是，大胆地试、勇敢地改，干出了一片新天地”①。从传统的计划经济体制到前无古人的社会主义市场经济体制再到使市场在资源配置中起决定性作用，更好发挥政府作用，实现社会主义基本制度与市场经济的结合，“在社会主义条件下发展市场经济，是我们党的一个伟大创举。我国经济发展获得巨大成功的一个关键因素，就是我们既发挥了市场经济的长处，又发挥了社会主义制度的优越性”②，“使市场在资源配置中起决定性作用，更好发挥政府作用，推动有效市场和有为政府更好结合”③，“要正确认识和把握资本的特性和行为规律”④。这一系列重要论述深刻回答了推进完善社会主义市场经济体制面临的一系列重大理论和现实问题，深化了我党对社会主义市场经济规律的认识，丰富和发展了马克思主义政治经济学关于市场经济的理论，对马克思主义政治经济学作出了重大理论创新，是中国特色社会主义政治经济学理论的内核和精髓，并在实践中努力破解经济学上的世界级难题，为进一步理顺政府和市场关系指明了方向。进入新时代以来，我国一方面积极稳妥推进市场化改革，大幅减少政府对资源的直接配置，另一方面不断深化“放管服”改革，更好发挥政府的职能作用。在正确处理政府和市场关系上取得新进展，经济体制改革全方位推进，重点领域和关键环节改革不断取得突破，有效激发了市场主体的创造力，增强了中国经济稳健前行的韧性和活力。

7）供给侧结构性改革

围绕供给和需求的关系、如何保持两者平衡的问题，习近平总书记创造性地提出

---

① 习近平. 在庆祝改革开放 40 周年大会上的讲话[EB/OL].（2018-12-18）. https://www.gov.cn/xinwen/2018-12/18/content_5350078.htm.

② 习近平. 不断开拓当代中国马克思主义政治经济学新境界[EB/OL].（2020-08-15）. http://jhsjk.people.cn/article/31823519.

③ 全国人民代表大会常务委员会办公厅. 中华人民共和国第十四届全国人民代表大会第一次会议文件汇编[M]. 北京：人民出版社，2023：20.

④ 习近平. 正确认识和把握我国发展重大理论和实践问题[EB/OL].（2022-05-16）. http://jhsjk.people.cn/article/32422141.

供给侧结构性改革的重大方针，指出“现阶段我国经济发展主要矛盾已转化成结构性问题，矛盾的主要方面在供给侧”，强调“供给侧结构性改革的关键是抓好‘去产能、去库存、去杠杆、降成本、补短板’”，八字方针（巩固、增强、提升、畅通）“是当前和今后一个时期深化供给侧结构性改革、推动经济高质量发展管总的要求”，“把实施扩大内需战略同深化供给侧结构性改革有机结合起来，着力提升供给体系对国内需求的适配性，形成需求牵引供给、供给创造需求的更高水平动态平衡”等。这一系列重要论述深刻阐明了社会主义市场经济条件下供给和需求的主要特点，为保持我国经济持续健康发展开出了治本良方，深化了我们党对社会主义经济运行规律的认识，丰富和发展了马克思主义政治经济学关于生产与需要关系的理论。进入新时代以来，我国着力构建现代化经济体系，重点行业和关键领域供给侧结构性改革取得显著成效，有力支撑了国民经济持续健康发展。

8）构建“双循环”新发展格局

围绕如何认识大国经济、如何利用两个市场两种资源，习近平总书记创造性地提出了构建“双循环”新发展格局的重大战略。2020 年 4 月，习近平在中央财经委员会第七次会议上首次提出构建以国内大循环为主体、国内国际双循环相互促进的新发展格局。2021 年 1 月，习近平在省部级主要领导干部学习贯彻党的十九届五中全会精神专题研讨班上进一步强调，构建新发展格局是把握未来发展主动权的战略性布局和先手棋，阐明在实践中要注意防范八个方面的认识误区，阐释了新发展阶段、新发展理念和新发展格局三者的内在逻辑关系。2022 年 10 月，在党的二十大上，中央就加快构建新发展格局、着力推动高质量发展作出了重要战略部署。这一系列重要论述深刻阐明了自主和开放、发展和安全、国内经济循环和国际经济循环的辩证关系，深化了我们党对社会主义经济循环规律的认识，丰富和发展了马克思主义政治经济学关于社会再生产的理论。进入新时代以来，新发展格局的堵点卡点不断破除，要素配置的市场化改革持续深入，市场准入负面清单制度全面建立，重点领域体制改革成果显著。

9）推动经济全球化健康发展

围绕经济全球化向何处去、如何适应和引导好经济全球化，习近平总书记创造性地提出了推动经济全球化健康发展的重要思想，强调“应该坚持你好我好大家好的理念，推进开放、包容、普惠、平衡、共赢的经济全球化，创造全人类共同发展的良好条件”，共同推动世界各国发展繁荣，“构建人类命运共同体是世界各国人民前途所在”，创造性提出共建“一带一路”倡议、全球发展倡议、全球安全倡议、全球文明倡议等。这一系列重要论述为引导经济全球化健康发展提供了中国方案、贡献了中国智慧，深化了我们党对经济全球化规律的认识，丰富和发展了马克思主义政治经济学关于世界经济的理论。进入新时代以来，我国坚持对外开放，推动经济全球化朝着更加开放、包容、普惠、平衡、共赢的方向发展，构建人类命运共同体，共建“一带一路”的朋友圈越来越大。

10）遵循客观规律，促进经济社会资源环境协调可持续发展

围绕经济发展中要不要遵循客观规律、如何遵循客观规律，习近平总书记创造性地提出了“绿水青山就是金山银山”等重要思想。2014 年 7 月 8 日，习近平主持召开

经济形势专家座谈会时强调指出："实现我们确定的奋斗目标，必须坚持以经济建设为中心，坚持发展是党执政兴国的第一要务，不断推动经济持续健康发展。发展必须是遵循经济规律的科学发展，必须是遵循自然规律的可持续发展。各级党委和政府要学好用好政治经济学，自觉认识和更好遵循经济发展规律，不断提高推进改革开放、领导经济社会发展、提高经济社会发展质量和效益的能力和水平。"要实现高质量发展，必须要遵循经济规律和自然规律的发展。遵循经济规律，就是立足新发展阶段，转变经济发展方式，以提高质量和效益为中心，以满足人民日益增长的美好生活需要为出发点和落脚点，推动经济实现质的有效提升和量的合理增长。遵循自然规律，就是高度重视资源、环境和生态的刚性约束，走生产发展、生活富裕、生态良好的文明发展道路，加快建设资源节约型、环境友好型社会，实现人与自然和谐共生。这就要求我们，要坚守"天人合一"的理念，寻求人与自然之间的和谐，爱护自然，节约资源，保护环境，形成人与自然生命共同体。"绿水青山就是金山银山"，在人类追求自身需求满足的同时，应充分考虑到自然和生态环境的恢复与再生。

本章小结

国民经济发展战略与国民经济发展规划是两个具有不同内涵但又密切相关的概念。迄今，人类的发展观经历了从传统的单一经济增长观到变通发展观以及可持续发展观的演进历程。与之相适应，人们对发展的认识和探讨也在不断深化，形成了多种发展理论。一个国家不同时期发展战略与规划的制定，会在不同程度上受到不同发展观与发展理论的影响，后者构成为前者的理论基础。中华人民共和国成立以来，我国坚持以国民经济发展战略与规划推进经济社会发展，不同历史时期，国民经济发展战略与规划的制定和实施，都体现了不同的发展观和经济理论的影响。中国特色社会主义进入新时代，新发展理念和习近平经济思想是我国制定和实施国民经济发展战略与规划的重要理论基础。

复习思考题

1. 怎样理解国民经济发展战略与国民经济发展规划的关系？
2. 人类发展观经历了怎样的演进过程？
3. 怎样理解和评价不同发展理论对经济社会实践的影响和作用？
4. 请结合我国改革开放前后的巨大变化，分析不同的发展观和经济发展理论对我国国民经济发展战略与规划的制定和实施产生的影响。
5. 深刻领会新发展理念和习近平经济思想的内涵。

实践篇

国民经济发展战略与规划的制定和实施

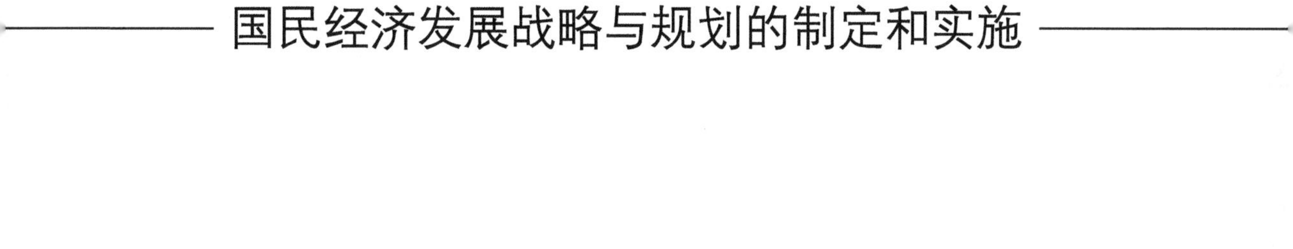

第四章

国民经济发展战略的选择与制定

国家的兴衰固然与自然资源禀赋、人文社会等条件有密切关系，但是也离不开发展战略的支撑。本章将从国民经济发展战略选择与制定的内涵和意义、机制和原则等方面，阐释国民经济发展战略选择与制定的一般规律。

第一节　国民经济发展战略选择与制定的内涵和意义

一、国民经济发展战略选择与制定的内涵

（一）发展与经济发展的内涵

“发展”是日常生活中的常用词，如发展生产、发展组织、发展友好关系等，但它不仅是日常用语，而且早已升华为一个哲学概念，是指事物由小到大、由简到繁、由低级到高级、由量到质、由旧质到新质的运动变化过程。发展包括自然界的发展、人本身的发展和人类社会的发展。在人类社会的发展中，又有政治、经济、文化等多方面的发展，这里主要研究经济的发展。

关于经济意义上的发展，不同学者在不同的场合曾经有过许多定义。赫希曼提出：“发展通常是指从某一经济形态到更进步经济形态的变动过程。”这是从宏观的、经济技术质的飞跃的角度来规定发展的内涵的。他还提出：“发展是一种不平衡的连锁演变过程。”[①]这是从经济发展的轨迹，或者说经济发展规律的角度来规定发展的内涵。阿玛蒂亚·森认为，经济发展不仅应包括经济增长，还应包括收入分布、非市场的因素等，这是从发展经济学角度对发展的内涵所作的具体规定。联合国人类发展报告中人类发展指数（human development index，HDI）从长寿且健康的生命、知识、生活水平三个维度度量了发展程度。在此，我们对经济学意义的发展初步界定为社会经济本身生产

① 赫希曼. 经济发展战略[M]. 北京：经济科学出版社，1991：44.

与消费、微观与宏观、规模与结构、生产力与生产关系，以及经济同社会与生态互联互促的运动变化过程。简而言之，经济发展就是经济社会内部关系各方面和外部关系各方面相互联系、相互促进中不断前进的过程。

（二）国民经济发展战略选择与制定的概念

国民经济发展战略选择与制定就是进行国民经济发展的战略决策，是国家最高层次的决策。战略决策的首要环节及核心部分便是制定战略。所谓制定战略，就是国家最高权力机关在对国家经济社会发展所处的外部环境和本国经济社会结构特征、自身的资源和国力分析的基础上，对事关国家与民族未来如何生存和发展的战略问题所作的抉择。战略的制定一般必须解决两个基本问题，即发展目标是什么和如何实现发展目标。

制定国民经济发展战略，其核心是确定政府在一定时期推动经济社会发展的使命和目标。使命描述了国家未来战略管理的愿景、共享的价值观和信念。如新时代社会主义现代化建设“两步走”战略的愿景是：“第一个阶段，从 2020 年到 2035 年，在全面建成小康社会的基础上，再奋斗 15 年，基本实现社会主义现代化。第二个阶段，从 2035 年到本世纪中叶，在基本实现现代化的基础上，再奋斗 15 年，把我国建成富强民主文明和谐美丽的社会主义现代化强国。”[①]这个愿景展现了实现中华民族伟大复兴中国梦的光明前景，体现了社会主义就是要实现共同富裕的价值观和以人为本的治国理念，是政府战略实施与管理部门工作的动力源泉和行为准则。目标是国家战略管理部门执行其使命时预期要达到的成果。由于国家发展战略涉及的领域非常广泛，包括国民经济各个地区、各个部门以及经济、社会、自然关系的协调，因此，国民经济发展战略目标是各方面发展目标的集成，体现为一整套目标体系。

制定国民经济发展战略，除了目标的选择之外，还包括国民经济发展策略的选择，即实现发展目标的路径、步骤、手段和措施的确定。国民经济发展策略是一系列具体的政策和行动计划的制定，包括机构的设置、资源的配置、支配机构运行、资源使用的一系列法律法规、行政规章制度的出台。国民经济发展策略的核心问题是对社会资源的配置和使用，关系到如何按照公平与效率原则，最大限度地利用国内、国际两种现实的和潜在的资源，来实现国家经济社会发展的多种目标。

二、国民经济发展战略选择与制定的意义

从上述国民经济发展战略选择与制定的内涵可知，国民经济发展战略的选择与制定关系到国家和民族长远的根本的利益。实践证明，选择和制定正确的国民经济和社会发展战略，有利于提升一个国家经济与社会发展的速度、水平、质量和效益，有助于大大提高国民福祉。

（1）选择和制定国民经济发展战略有利于最大限度地提高国家、区域和部门的发展水平。在经济发展中，不论是就一国范围内来说，还是就一个区域或一个部门来说，战略的正确就是最大的效益，战略的失误就是最大的损失。所以，我们必须认真研究经

① 刘志新. 百年党史关键词[M]. 北京：人民日报出版社，2021：294.

济及与经济相关联的社会发展中的战略决策问题，保证国民经济发展战略决策的科学性和可行性。

（2）选择和制定国民经济发展战略有利于加强对经济社会发展的战略指导。经济社会发展的宏观指导十分重要，但在现实中各级各部门的领导常常习惯于就事论事的具体指导，而往往忽视战略指导，即从全局利益和长远利益出发从根本上提出问题和解决问题。所以，必须切实注意提高领导者的国民经济发展战略指导能力，这是提升领导者素质和提高领导水平的重要途径。

（3）选择和制定国民经济发展战略可以为制定经济发展中的具体政策、法令和计划提供依据。政策、法令和计划都是为实现某种经济社会战略目标而采取的措施和手段，因而具有战略对策的意义。作为对策，它们必须服务和服从于战略，为战略方针的贯彻和战略目标的实现服务。选择和制定好国民经济发展战略，有利于更好地为经济政策、法令和计划定位，充分发挥其作为战略对策的功能。

在现代市场经济体制下，选择和制定国民经济发展战略具有特殊重要的意义。在现代市场经济中，各市场主体运用市场机制来实现自我发展、自我约束。但是，市场竞争难以避免盲目性，而经济社会发展中的盲目性将会造成巨大损失；同时，市场调节有失效的地方，如缺乏竞争性的领域，市场调节就难以奏效。在这种条件下，为保证经济社会健康、协调、快速发展，国家、地方和部门就需要运用制定和实施战略这一手段来弥补市场的缺陷，指导经济社会的运行和发展，实现宏观调控的意图。

学习专栏 4-1

案例：日本战后腾飞的战略——“国民收入倍增计划”

第二次世界大战后，日本政府选择与制定的“国民收入倍增计划”（下文简称“计划”）这一发展战略对日本战后重建和经济复兴发挥了重要作用。随着“计划”各项目标提前完成，日本步入发达国家的行列。

从“计划”出台时的情况来看，日本的工业化进行得并不彻底，加之第二次世界大战中国民经济体系遭受了严重破坏，经济高速增长过程中出现了城乡二元结构状况，导致不同集团中工人的就业和报酬水平不平等。1957—1958 年，资本主义世界爆发的经济危机冲击了日本经济。与此同时，新科技革命对日本工业的影响逐渐显现，消费革命、能源革命的扩散迫使产业结构不断升级，这也造成了传统产业逐渐退出并加剧了失业。一方面是消费革命的呼之欲出，另一方面是二元结构和经济危机导致消费能力不足，产品滞销状况严重。在这种状况下，日本要想获得持续快速增长必须提高民众的消费能力，至少要保障充分就业，而这也成为“计划”的基本目标。

“计划”是对整个国民经济各部门发展所做的长远的战略安排，最终目标是提高国民生活水准和实现充分就业。“计划”中的“倍增”不仅仅是劳动收入报酬倍增，还是国民收入总量的倍增，是为经济保持长期快速增长所作的战略性谋划，故其采取的对策是全面性的，其主要做法有：①促进中小企业现代化；②提高国家创新能力、培养技术人才；③加大公共服务设施建设投入；④降低各种收入差距。

"计划"的最终年份是1970年，从国民生产总值和国民收入增长来看，二者年增长率分别达到11.6%和11.5%。从1961—1970年的10年间，普通人的收入翻了一番，日本人均实际国民收入增加了1.4倍；失业率也保持在1.1%～1.3%的低水平。

"计划"的实施，在超额完成既定目标的同时还为日本实现现代化，成为发达国家中的佼佼者奠定了基础，主要表现在：①"计划"期间基础设施条件大为改善；②居民收入的提高引发了"消费革命"，带动了日本制造业的全面升级；③"计划"期间在设备上的大量投资提升了制造业的技术水平，进而提升日本产品的竞争力。

资料来源：张车伟，蔡翼飞，董倩倩. 日本"国民收入倍增计划"及其对中国的启示[J]. 经济学动态，2010（10）：107-111.（内容有改动）

（4）选择和制定国民经济发展战略有利于丰富和发展经济科学。经济的实践在发展，经济科学也会随之发展。经济科学的丰富和发展，又将更有效地指导经济实践的前进。经济科学的丰富和发展同经济本身的发展一样，都需要生长点或者说增长点。经济本身的增长点在此不作论述，而理论的增长点在哪里呢？暂且不论其他方面，新学科的形成和发展就是理论的增长点。选择和制定国民经济发展战略，对研究和运用国民经济发展战略学提出了要求，这将促进国民经济发展战略学作为一门新学科的形成和发展，补充经济学领域以往缺乏研究战略问题的空白，从而使经济科学更丰富多彩，更具有实践性，也更富有指导作用和生命力。

第二节　国民经济发展战略选择与制定的机制

一、国民经济发展战略决策主体

国民经济发展战略决策主体是指直接或者间接参与战略制定的个人、团体或组织，他们不仅积极地参与或影响战略决策，而且在战略实施与监控中发挥重要的能动作用。由于各国的政治体制、经济社会发展、文化传统的差异，战略决策主体的构成与发挥作用的方式也是不同的。一般而言，战略决策主体有立法机关、行政机关、司法机关、执政党、利益集团、思想库、大众传媒和社会公众。这些决策主体可以分为官方决策者和非官方决策者两大类。

（一）官方决策者

官方决策者指广义的政府，包括立法机关、行政机关和司法机关。在我国，执政党在发展战略制定中有着极为重要的地位。我国的官方决策者包括立法机关、行政机关、司法机关和执政党。

1. 立法机关

立法机关是指全国及地方各级人民代表大会及其常务委员会。《中华人民共和国宪法》规定，中华人民共和国的一切权利属于人民，人民行使国家权力的机关是全国人大和地方各级人民代表大会。全国人大及其常委会是最高权力机关，它制定的政策和法律具有最高效力。一般来说，全国人大具有最高的立法权、决定权、任免权和监督权。决定权的表现形式之一就是对关系国家或地区重大经济与社会问题的决议、决定、命令、条例的制定和颁行，包括战略实施的过程中相关法律和规划的审批。

2. 行政机关

行政机关是指国务院及其组成部分和各级地方人民政府，它们是国家权力机关的执行机关，国务院作为中央政府是最高行政机关，拥有对全国行政、经济、社会、外交等的管理权。

3. 司法机关

司法机关是指人民法院和人民检察院，它们是国家权力结构中的重要组成部分，其权力由人民代表大会授予，独立于行政机关行使审批权与检察权。

4. 执政党

中国共产党是中国的执政党。中国共产党领导是中国特色社会主义最本质的特征。中国共产党作为最高政治领导力量作出的决策，主要是关系党和国家方向性、全局性、战略性、根本性问题的决策，关系政治道路、政治原则、政治抉择、大政方针和重大战略、重大研判、重大人事问题的决策。因此，党不仅是政府系统的领导核心，领导政府的运行过程，也主导国民经济和社会发展战略及各项重大政策的制定。民主党派作为参政党主要通过参加政治协商会议的方式，从政治协商和民主监督两个方面参与到国民经济和社会发展重大决策的制定。

（二）非官方决策者

非官方决策者是指官方决策者之外直接或间接地参与国民经济和社会发展战略决策制定的社会力量，一般包括利益集团、思想库、大众传媒和社会公众。在民主的社会里，这些非官方的社会力量会通过各种渠道表达自己的利益诉求，影响官方决策者，从而影响国家发展战略决策的制定。

1. 利益集团

利益集团是指具有某种共同价值、共同利益、共同态度的人群，或者某些具有相同职业或行业的人群。他们彼此认同，因此往往有共同的主张和愿望，维持和扩大自己的利益。有的利益集团没有正式的组织形式，有的利益集团则为了便于向政府表达自己的诉求而形成正式的组织。在现代社会中，利益集团广泛存在，数量众多，种类繁杂，形式各异，利益诉求也不相同。有的要求对社会价值和资源重新分配，有的要求维持现状和既得利益，因此有的趋于革新，有的趋于保守。在国家战略决策的制定中，利益集团之间的冲突是常有的。因为一定时期国家可动员的资源是有限的，无法满足所有利益集团的要求。一项新的战略与策略的问世，必然打破原有的利益格局，从而引发利益冲突。当有些政策对某些集团有利而对另一些集团不利时，会引起对于战略决策的不同反应。受益者会支持此项决策，受损者则会反对此项决策。因此，政府必须注意协调和解决这些矛盾和冲突，理顺各个利益集团之间的关系。如果一项战略决策获得大多数利益集团的支持，就达到了利益的均衡状态。不同的利益集团对战略决策影响的程度不同，其影响力的大小取决于各利益集团的社会地位、成员数量、经济实力、组织程度等。在西方国家，利益集团影响公共决策的渠道主要有游说、宣传、捐款和抗议等方式。利益集团对于战略决策的影响具有积极意义，不同利益集团的存在可以对决策权力形成一种社会制约。改革开放以来，我国的社会基础发生了深刻变化，随着市场经济体制的建立以及利益多元化格局的形成，利益集团已经成为一种社会力量，对国家的重大决策产生日益重要的影响。

2. 思想库

在当代公共决策中，思想库或智库发挥着不可或缺的影响作用。因为在现代社会，决策问题日益复杂，决策难度不断增大，决策的影响难以控制，对决策质量的要求越来越高，科学的决策越来越离不开决策研究机构的参与。它们主要是官方的、半官方的或民间举办的政策研究机构，由各种专业研究人员组成，从事跨学科、跨领域的综合决策研究工作。

3. 大众传媒

在信息社会，大众传媒对国家发展战略决策有着重要的影响。这种影响作用表现在：一是大众传媒的一大职能在于反映经济社会发展实践中所发生的各种重大问题，这些问题不可避免地经过了大众传媒的选择和加工，直接影响决策者和决策部门对社会问题、对决策信息的内容和性质的认知与态度，从而影响战略决策；二是大众传媒传播信息的直接、迅速和广泛性，可以影响战略决策的公众社会环境；三是大众传媒可以成为决策部门与社会公众联系的中介，扩大公众参与战略决策的程度。

4. 社会公众

在现代社会中，社会公众是最为广泛的非官方决策主体。在我国，公众个人参与发展战略决策，主要是通过投票选举、听证会、信访、互联网等方式表达自己意见，提出政策主张。许多政策的有效实施离不开公众的支持与配合，如环境保护政策。要保证战略决策具有较高的公众支持度，就要保证公众能广泛参与战略决策过程，充分重视公众的利益诉求。

学习专栏 4-2

案例：“十四五”规划的制定过程

“十四五”时期是我国在全面建成小康社会、实现第一个百年奋斗目标之后，乘势而上开启全面建设社会主义现代化国家新征程、向第二个百年奋斗目标进军的第一个五年。

2020 年 3 月，中央政治局决定，党的十九届五中全会审议“十四五”规划建议，成立文件起草组，习近平总书记任组长。随后，党中央发出征求意见的通知，在党内外一定范围征求意见。4 月 13 日，文件起草组召开第一次全体会议，建议稿起草工作正式启动。文件起草组希望通过制定建议，明确“十四五”时期经济社会发展的基本思路、主要目标以及 2035 年远景目标，突出新发展理念的引领作用，提出一批具有标志性的重大战略，实施富有前瞻性、全局性、基础性、针对性的重大举措，统筹谋划好重要领域的接续改革，为实现第二个百年奋斗目标、实现中华民族伟大复兴的中国梦奠定坚实基础。

“十四五”规划建议稿起草的一个重要特点是坚持发扬民主、开门问策、集思广益。为此，习近平总书记先后主持召开企业家座谈会、经济社会领域专家座谈会、科学家座谈会等，并开展网上征求意见，从 100 多万条留言中整理出 1000 余条建议。

建议稿起草期间，中央政治局常委会召开 3 次会议、中央政治局召开 2 次会议分别进行审议，形成了提交党的十九届五中全会审议的建议稿。建议稿由 15 个部分构成，分为三大板块。第一板块为总论，包括第一、第二两个部分，主要阐述决胜全面建成小康社会取得决定性成就、我国发展环境面临深刻复杂变化、到 2035 年基本实现社会主义现代化远景目标、“十四五”时期经济社会发展指导思想、必须遵循的原则和主要目标。第二板块为分论，总体上按照新发展理念的内涵来组织，分领域阐述“十四五”时期经济社会发展和改革开放的重点任务，明确了重点领域的思路和重点工作，作出工作部署。第三板块为结尾，主要阐述加强党中央集中统一领导、推进社会主义政治建设、健全规划制定和落实机制等内容。

2020 年 10 月 29 日中国共产党第十九届中央委员会第五次全体会议通过了《中共中央关于制定国民经济和社会发展第十四个五年规划和二〇三五年远景目标的建议》。

资料来源：习近平：关于《中共中央关于制定国民经济和社会发展第十四个五年规划和二〇三五年远景目标的建议》的说明[EB/OL]. http://www.pbc.gov.cn/redianzhuanti/118742/4142474/4143008/4145196/index.html.（内容有改动）

二、国民经济发展战略决策体制

国民经济发展战略决策体制是进行战略决策的组织基础，是决策权力与责任在决策主体之间进行分配所形成的权力配置格局和责任分担模式，是多元决策主体在决策过程中的分工合作与活动的程序。决策体制是否科学高效关系到决策是否科学与高效。建立健全科学合理的决策体制一方面有利于各决策主体分工合作，集思广益，克服官僚主义和个人专断；另一方面有助于提高决策效率，减少决策失误，提高决策的科学化、民主化程度。

国民经济发展战略决策体制一般由若干子系统组成，包括决断子系统、咨询子系统、信息子系统和监控子系统。

（1）决断子系统。该系统由最高领导层组成，是决策体制的核心部分，拥有最高的决策权，对决策负有主要领导职责，负责对决策目标和实施方案的“拍板定案”，进行最后抉择。

（2）咨询子系统。该系统由官方和民间智库中各领域的专家学者组成，是协助决断子系统进行决策的智力支持机构或“参谋部”，其主要职责是向决断子系统提供决策所需的政策信息、科学技术与知识支撑，拟订多种备选方案。

（3）信息子系统。该系统由各类情报信息资料机构组成，是决策体系的眼睛、耳朵和神经系统，主要担负信息的收集、整理、贮存和传递等活动，为战略决策提供所需要的信息。

（4）监控子系统。该系统由执政党、立法、行政、司法机关内部的各级监督机构和利益集团、大众传媒、公众等社会监督构成，主要负责检查监督战略决策的权力行使、决策内容、决策过程是否合法，旨在确保战略决策的合法性。

三、国民经济发展战略决策流程

国民经济发展战略制定流程就是战略决策的相关步骤与环节，合理的战略制定流程合乎科学决策的规律，体现科学决策的逻辑。当合理的战略制定流程被制度化地加以规定，上升为法律，就是决策程序。决策的一般程序如图 4-1 所示。

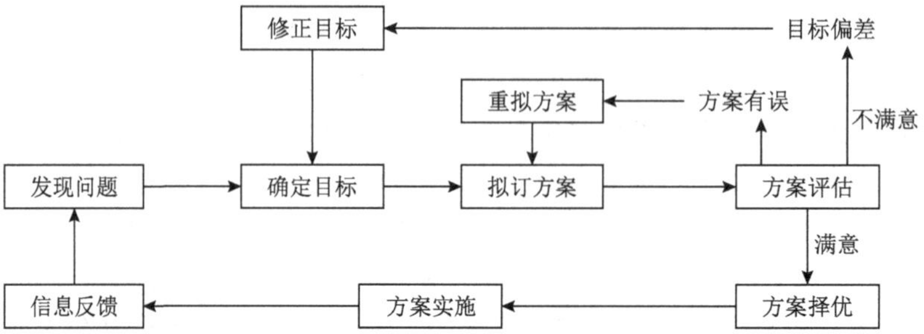

图 4-1　决策的一般程序

（1）发现问题。问题乃客观事物发展中需要克服的困难和障碍。发现问题是解决问题的前提，是战略决策的起点。只有发现问题，才会去思考解决问题的方法，才有可能把问题解决。决策者要及时发现问题，必须有积极进取的精神，必须全面掌握信息，必须查明问题的性质和原因。

（2）确定目标。所谓目标是指决策所要达到的预期结果。根据所发现的问题，确定合适的目标，并通过目标实现最终解决所发现的问题。目标的确定，必须与“问题”紧密相关，必须经过科学预测揭示未来的发展趋势，必须明确具体、切实可行、可以检验。

（3）拟订方案。方案是实现目标、解决问题的行动计划。根据所确定的目标，寻找和制定实现目标的方式方法、手段途径、对策措施等。拟订方案时，必须有创新思维和开阔的视野，必须备选多种方案，必须经过缜密思考和反复推敲。

（4）方案评估。评估是对备选方案的分析、论证和评价，以及对多种方案的权衡和比较。评估的内容主要包括：可行性分析，即方案实施的制约因素有哪些；协调性分析，即方案实施对客观事物协调发展有何影响；效益性分析，即方案实施会带来怎样的经济、社会和生态效益；风险性分析，即方案实施存在哪些难以预知的不确定因素。

（5）方案择优。在拟订的备选方案中选取一个最终实施的方案，即所谓“择优”。方案择优建立在方案评估的基础上，而且“优”不是一个“尽善尽美”的绝对概念，而是一个“在限定条件下令人满意”的相对概念。方案择优的结局，可能是在既定的备选方案中选定某一个，也可能是整合既定方案各自的优点形成一个新方案。

当方案择优工作完成以后，决策过程从理论上讲已经结束。接下来将进入决策实施阶段。“实践是检验真理的唯一标准”，方案实施也可以看作是对决策结果的最终实际检验。通过对方案实施过程的密切跟踪和执行情况的信息反馈，对执行中的偏差进行甄别，分清是执行过程的偏差还是决策本身的不完善，决策方案是否需要进一步修正。只有当决策方案得到顺利实施，一个完整的决策过程才最终结束。

第三节　国民经济发展战略选择与制定的原则

一、决策的科学化

战略决策科学化是指战略决策的制定要有科学依据，要符合客观规律的要求，既从国情国力的实际出发切合实际，又契合国际发展潮流，具有一定前瞻性。实现战略决策科学化需要从四个基本条件出发，即灵敏高效的信息系统；科学合理的预测；健全的决策体制；完备的决策程序与方法。

（一）灵敏高效的信息系统

信息是决策的基础和原材料，决策是对信息的加工和利用，没有信息就无所谓决策。战略决策需要的信息，量大、质高、种类繁多，而且要及时、准确、全面、适用。为保证战略决策科学化水平不断提高，信息系统就必须不断提高运行质量和效率，为此应做到：

（1）合理控制信息数量，切实保证信息质量。信息系统要不断滤除重复、虚假、不必要的信息，高质量地为战略决策及时、准确地提供全面、适用的信息。

（2）保持信息渠道畅通，高质高效传递信息。首先，要优化传递路径，裁减冗余的传递环节和层次；其次，要确保传递质量，消除信息传递的失真、扭曲现象；最后，要明确责任追究制度，保证传递时效和质量。

（3）逐步拓展信息网络，及时发掘有用信息。信息系统要有广泛延伸的触角和敏锐的感知力，随时捕捉和发掘经济社会生活各个领域的有用信息，为提高信息利用率以及利用信息创造更多财富奠定基础。

（4）采用先进技术，提高信息处理能力。传统、手工的信息处理方式早已远远不能适应现代信息工作的需要。随着经济条件的逐步改善和数字经济时代的到来，包含重要信息的大数据爆炸式增长。从硬件上信息系统要适时采用电子计算机、现代通信、网络等先进技术和设备，从软件上要充分借助高效准确的算法工具和人工智能，实现信息处理能力质的飞跃。

（二）科学合理的预测

预测是对未来的预见和推测。科学预测可以比较准确地揭示未来的发展方向、发展趋势、机遇和风险等，从而为科学决策提供依据和服务，所以，科学决策应当以科学预测为前提和前期阶段。所谓科学预测是指在科学理论指导下，借助一系列科学方法，依据历史和现实的信息资料，对未来进行有效的预见和推测。为提高预测的科学性和精确度，需要做好以下几方面工作。

（1）认真遵守预测原则。科学预测的基本原则包括：一是系统原则，把预测对象作为一个有机整体，用系统的方法进行系统的研究；二是客观原则，预测者以实事求是的态度进行理性的预测；三是连续原则，用动态的、发展的观点对预测对象进行长期观察和持续多次的预测；四是定性分析与定量分析相结合原则，定性分析以描述预测对象的本质特征，定量分析以量化预测对象的数量比例关系。

（2）合理确定预测目标。明确定位预测要达到的目的。预测目标要紧紧围绕预测对象和战略决策的需要来确定，既不能目的模糊不清，也不能偏离方向、避重就轻。

（3）正确选择预测主体。根据所要预测的客观事物，择优遴选恰当的预测主体。预测主体应当是熟悉相关领域并具有相应知识体系的专家团队，这个专家团队应由具有不同知识结构和实践经验的专家学者共同组成。

（4）系统占有预测依据。预测不是凭空臆测，它必须建立在历史的现实的信息资料的基础之上。作为预测依据的信息资料，要尽可能完整充分、准确可靠，并尽可能地从多种渠道全面系统地搜集和整理。

（5）科学使用预测方法。预测方法多种多样，不同的方法有不同的适用范围。要根据预测对象、预测目标、预测依据的具体情况，选用适宜的预测方法，并在条件允许的情况下尽量选取多种方法进行综合预测，以反复校验预测的准确性。

（6）客观评鉴预测结论。囿于客观事物的复杂性以及人类认知能力的局限性，预测结论难以做到百分百准确，但误差太大亦非正常且失去意义。预测产生误差的原因有多种可能，或者信息不全不准，或者方法不妥不当，或者计算失误失准，抑或客观条件大幅变动，因此需要根据原因不同而对预测误差进行相应调整和修正乃至重做。

（三）健全的决策体制

战略决策是决策者在一定的体制框架和制度安排下制定出来的，所以，要保证战略决策的科学化、民主化、法治化，首先就要构建合理的决策体制，主要包括如下内容。

1. 合理划分决策权限

合理划分决策权限内含两个方面的内容：一是政府基本职能的确定，这关系到政府与市场的分工，政府管理边界的确定；二是政府部门内部的分工，政府管理部门是一个分工合作的行政管理体系，从纵向看分为不同层级，从横向看分为不同职能部门。实践证明，合理划分政府部门的决策权限是提高管理效能的必要条件。前者关系到整个经济社会运行效率的问题，后者关系到政府行政管理体系管理效能的问题，当然最终也会影响到整个国民经济和社会发展。下面，主要仅就政府部门内部的决策权限划分加以探讨。这方面的权限划分，主要应遵循以下原则。

第一，影响力原则。即根据决策的重要程度、对社会经济的影响程度来划分决策权限。越是对经济社会有重大影响的决策，就越是要由更高层级的决策机构去承担；反之，则由较低层级的决策机构去负责。国民经济和社会发展战略是涉及全国的最高层次的决策，所以必须由中央政府负责主持制定。

第二，感知力原则。即根据信息获取能力的强弱、谁最有条件获取相关信息来划分决策权限。谁的信息获取能力越强，谁获取决策所需信息的条件越优越，谁就越应该拥有决策权。地方政府对地方整体情况最了解，所以涉及地方的重要决策理应由地方政府作出。

第三，集合力原则。即根据坚持集体决策、反对少数人说了算的理念来划分决策权限。应该尽可能通过决策团队进行集体决策，重大决策、战略决策尤应如此。避免因个人武断造成决策失误的问题。国民经济发展战略是关系特别重大的战略决策，必须坚持中央政治局常委集体决策，必须坚持国务院集体领导，必须提交全国人大和全国政协广泛讨论和修改，最终根据发展战略形成的规划经全国人大依法审查批准，方能付诸实施。

2. "谋"与"断"结合的决策体制

现代经济社会日益庞大而复杂，科技革命一波接一波，新生事物层出不穷，经济与社会结构急速变革、经济社会发展速度加快，对现代决策的影响因素日益复杂并且瞬息万变。决策者囿于个人的知识结构往往难以胜任现代决策工作，因而在现代决策体系中，就出现了两个互相联系又互相分离、互相分工又互相配合的决策环节——决策研究（谋）和决策行动（断），现代决策体制也发展成为谋断结合的决策体制。

决策研究是指官方及（或）民间的智囊团为决策者提供备选方案和论证资料的过程；决策行动是指决策者在决策研究的基础上拍板定案的过程。决策研究是决策行动的基础，决策行动是决策研究的目的。决策者在决策前必须广泛听取各方面意见，但智囊团并不能代替决策者决策，决策归根结底是决策者的职责，有赖于决策者的素质、魄力和决心。

决策研究对于现代决策的意义和作用表现在：第一，可提供多种备选方案，增加回旋余地；第二，可对决策方案进行全方位论证，使决策尽量缜密；第三，可提供咨询服务，拓宽决策思路；第四，可开展政策评估和学术研究，以利于及时纠偏和积累经验。这些都是决策科学化的本义所在。谋断结合的决策体制是决策科学化、民主化的具体体现，也是决策科学化、民主化的体制保障。同时，谋断结合的决策体制应该以法律形式固定和确认下来，这样可使决策工作依法科学民主地进行。

3. 完善的决策监督与问责制度

任何一项工作都需要相应的规章制度去规范和约束，战略决策是一项极其重要的工作，更应该制度化运行。比较关键的几项决策制度如下。

第一，决策责任制。强化决策主体的责任意识与责任约束，以杜绝盲目决策、随意决策的现象。划分决策权限，明确决策责任，二者是相辅相成的，有多大权限就要承担多大责任。如果决策失误造成重大损失，决策主体尤其是主要领导必须承担相应责任，包括行政责任和法律责任，抑或是政治责任。

第二，决策审批制。重大决策必须经过严格的决策审批。人民代表大会制度是我国的根本政治制度，人民代表大会也是同级政府的最高权力机构。必须充分发挥人民代表大会在重大决策中的审批作用，凡是事关重大的决策，都必须经过人民代表大会的审议批准，审批通过才可付诸实施。

第三，决策监督制。为了制约决策权限的滥用，监督决策方案的正确执行，必须构建广泛而有效的决策监督制度和监督体系。对决策工作的监督包括体制内监督和体制外监督两部分。体制内监督也叫政府监督或行政监督，是指政府行政系统内部的监督，主要有纵向的上下级监督、横向的职能部门监督、人大政协监督、党纪监督等；体制外监督也叫社会监督，是指来自政府行政系统外部的监督，主要有司法机构的法律监督、媒体组织的舆论监督、社会公众的民意监督等。

（四）完备的决策程序与方法

战略决策是决策者通过一定的决策程序，运用一定的决策方法制定出来的。所以，要保证战略决策的科学化、民主化、法治化，还必须构建一套科学的决策程序和方法体系。

决策程序是对决策工作所作的一种制度化安排和规定，它表明决策工作必须按某种“逻辑顺序”进行。决策程序是否符合科学决策客观规律，将影响决策结果是否科学；决策程序能否充分发扬民主，将决定决策结果是否体现民主精神，符合民意；决策程序是否合乎法律规定，将决定决策工作是否依法展开。

决策方法是人们实现决策目标、解决决策问题、完成决策工作的手段、途径和工具。决策方法科学与否，直接决定决策工作的质量。战略决策是一项极其复杂的管理工作，涉及的问题方方面面，考虑的因素纷繁复杂，实现的目标多种多样。如此错综复杂的决策工作，需要综合运用多种决策方法，才可能运筹帷幄、成竹在胸。

二、决策的民主化

战略决策民主化是指战略决策要广纳民意，广泛听取社会各界的意见，既要保障人民参政议政的权利，又要自觉接受人民的监督检查。要经过专家学者的科学论证，最终使战略决策符合人民群众的根本利益。战略决策民主化的基本要求包括以下几个方面。

（一）以人为本的决策价值取向

战略决策的价值取向体现在政府在进行战略决策时对战略系统行为的选择，最终体现为对社会资源的使用与分配行为的选择。影响政府价值取向的是政府的战略价值观，即政府在制定战略时的偏好、愿望和目标。当决策者在确定某种战略目标是否值得争取，多种战略目标应优先考虑什么，为谁、为什么作出某种战略行为，采用何种手段以及是否恰当，战略实施的某种结果是否合意的时候，其战略价值观起决定性作用。政府的战略价值观是政府战略决策的基础，它影响和制约政府的决策活动，渗透决策过程的每个环节，是约束政府决策的行为规范，是引导政府作出恰当选择的指导性原则，并通过政府的一系列决策活动转化为现实的国家发展战略。

政府是国家利益、人民利益、社会利益的代表者，必须坚持以人为本，主持公平正义，代表最广大人民群众的利益，也就是以人为本的价值观。这应该成为战略决策最根本的价值取向。

所谓以人为本的价值观就是要求政府在决策中，要把人民的利益作为一切工作的出发点和落脚点，不断满足人民的多方面的需求和促进人的全面发展，并且以此作为关注决策问题、选择决策目标、实施方案，评估决策结果的基本标准。也就是说，战略决策所“发现的问题”应是人民普遍关心的问题，所“确定的目标”应是人民普遍期望的目标，所“拟订的方案”应是人民普遍接受的方案，对“方案的评估”应是广泛征询了人民意愿并经过了专家学者的科学论证。如此，才能广开言路，集思广益，在民主的基础上形成正确的决策，使战略决策成为人民群众的共识，变为人民群众的行动。同时，在战略决策的执行中，应尊重人民群众的首创精神，立足于人民群众的实践，并将实践信息不断反馈给决策机构，以不断校验并补充、完善战略决策方案，从而实现决策主体与客体、主观与客观的统一。

在战略决策这类公共事务领域，尤其要高度警惕并坚决反对部门利益或地方利益取代公众利益，以防公权私用、公权滥用，侵害公众利益。人民是国家和社会的主人，享有管理国家事务、管理经济和文化事业、管理社会公共事务的民主权利，人民群众对公共决策的广泛参与，是建设民主政治的基本要求，也是确保国家发展战略决策符合人民利益的重要保证。

（二）充分发挥人民当家作主的权利

充分发挥人民当家作主的权利，应通过多种形式和渠道，让广大公众参与国家战略决策或公共决策，主要形式和渠道如下。

一是进一步完善人民代表大会制度。人民代表大会制度是保证人民当家作主的根本政治制度。政府的一切重大决策行为，都必须报请人民代表大会审查通过，凡未经人民代表大会审查通过的政府任意决策，都是非法的。目前迫切需要的是，通过深化政治体制改革完善人民代表大会制度：①人民代表的产生，必须通过民主选举，选择能够代表人民意愿、真正能为人民办事的人；②代表必须广泛征求人民的意愿和建议；③会后必须向选民传达代表履行职责的情况；④建立经常性的与群众密切联系的制度等等。

二是建立各级党政领导定期深入基层广泛了解民意的制度。各级领导干部，应发挥密切联系群众的优良传统，不是靠听汇报，更不应事先布置，而应以普通一员的身份，深入田间地头、车间班组，走街串巷，了解普通群众的真实生活、愿望和困难。国家和各级政府有关经济发展、重大建设项目、公共基础设施、福利设施、科教文化、环境治理等重大措施和政策，力求公开透明，事先征求民意，广泛听取民众意见，充分汇集民智，从而更好地调动广大人民群众的积极性。

三是建立人民对战略决策的监督和反馈评价制度。公众参与国家发展战略决策等一系列公共决策的政治热情、积极性与满意度与其参与结果密切相关。所谓参与结果，就是人民在公共决策过程中所表达的诉求是否在公共决策中得到尊重与体现。在有些情况下，受某些部门形式主义、官僚主义的影响，公众参与成了“形象工程”和“摆设”，只具有程序意义而不具有实质性意义，由此制定的公共政策和提供的公共产品不能很好地满足人民的需求，加之信息不对称和沟通渠道不畅，往往容易导致公众对政府在对于公众意见与利益的尊重和重视程度、在吸收公众参与决策方面的诚意产生怀疑和不信任。

因此，为了保护公众参与的热情和积极性，应该建立有效的公众参与反馈评价机制。主要是对公众参与政府治理过程进行全面的跟踪，同时对公众参与时的利益诉求和公共政策之间的相关性进行全面客观的解释、说明和评价。通过反馈评价机制的建立，一方面督促政府部门关注人民的意愿表达，另一方面加强公众对政府的理解，从而形成良好的双向沟通。

三、决策的法治化

战略决策法治化是指以法律的形式把决策体制、决策程序及决策结果明确具体地规定下来，保证战略决策依法进行，用法律手段、法律制度保障战略决策科学化和民主化落到实处，这是全面推进依法治国的重要内容。

国民经济发展战略决策属于公共选择。要确保公共选择真正符合最广大人民群众的最大利益，符合科学化、民主化的要求，就必须为公共决策或者公共选择制定必要的规则，为政府的行为提供模式、标准、样式和方向。这个规则不是任何个人的主观意志，而是宪法和法律。这样，才能确保公共决策的公平与正义，得到社会公众的接纳与支持。推动和促进战略决策法治化，需要注意的问题和必须做好的工作主要有以下几点。

（一）战略决策主体及其决策权限的合法化

首先，必须保证决策主体的合法化。在某个社会生活领域，政府是否拥有该领域事务的决策权或者拥有何种决策权，应该由法律来明确。决策主体只有具有合法的决策资格与决策权限才是合法的决策主体，其决策结果才具有合法性并具有法律效力。其次，确定合法的决策权限。政府及其机构的决策权限也应该由法律作出规定，只能在各自法定权限内作出决策和履行职责。任何超越法定权限的决策行为和施政行为都是违法的，从而也是无效的。

在现实生活中，政府部门的决策行为与施政行为存在着越位、缺位和错位的问题，导致某些时候，政府涉足民间领地，与民争利，损害企业和民众等微观经济主体的经济利益；或者插手市场领域，过度干预经济，造成经济扭曲。其根本原因是决策主体及其决策权限缺乏法律规范。这是今后中国体制改革和法治建设的重要课题。

（二）战略决策程序的合法化

从决策科学化的角度看，决策活动是一种创造性的思维活动，思维活动通常有其内在的逻辑顺序。决策程序就是将这种逻辑顺序制度化，形成具有符合内在逻辑性的决策程序。从决策民主化的角度看，决策活动是自下而上体察民情、了解民意、集中民智、官民合作寻找利民的治国方略的过程。这个过程需要一系列承前启后的技术环节，需要一个制度化的规定，既要防止出现流于形式而无实质内容的民主，也要防止因民主程序的缺失而使民主实质上的缺失。

我国国民经济发展战略决策的一般程序主要有四个环节，即发现问题、确定目标、拟订方案、方案评估。如何在这些环节中充分体现科学化、民主化的要求是公共决策程序法律规范要解决的焦点。目前，在我国个别地方和个别领域的决策，存在领导一个人或少数人说了算的情况，公众参与缺乏必要的渠道，沟通不畅等诸多问题。今后，必须将政府重大决策纳入公开、透明、规范的程序化轨道，使行政权力得到有效的约束，由此防止公共权力滥用，保障人民权益。

（三）战略决策的法治化

战略决策的法治化，是指享有立法权的国家机关，依照法定权限和程序，将国家发展战略决策转化为法律，也就是发展战略向法律的转化。国民经济发展战略是较长时期内国家经济社会发展的蓝图，引导国家经济发展与社会进步，具有长期性和稳定性。政府政策法治化，使之获得法律地位，并通过国家强制力保障实施，会大大提高其执行力。

综上所述，战略决策科学化、民主化、法治化之“三化”构成一个稳定的三角结构。其中，科学化是根本目的所在，民主化和法治化都是为了保证科学地制定战略决策；民主化是科学化的基础和手段，只有发扬民主，博采众长，集思广益，才能尽可能降低决策失误的风险；法治化是科学化和民主化的法律保障，是以法律的名义保证决策工作科学民主地进行。

本章小结

制定国民经济发展战略，其核心是确定政府在一定时期推动经济社会发展的使命和目标。选择和制定正确的国民经济和社会发展战略，有利于从多方面提升一个国家经济社会发展的水平。国民经济发展战略制定的主体包括各类官方和非官方的决策者。国民经济发展战略决策体制一般由若干子系统组成，包括：决断子系统、咨询子系统、信息子系统和监控子系统。决策的流程包括发现问题、确定目标、拟订方案、方案评估、方案择优等环节和步骤。在决策过程中要遵循科学化、民主化和法治化的原则。

复习思考题

1. 正确的国民经济和社会发展战略将从哪些方面促进国民经济的发展？
2. 国民经济发展战略决策过程中科学化、民主化和法治化的含义是什么？
3. 请分析案例中“十四五”规划的制定过程涉及了哪些决策主体，各自发挥了怎样的作用。
4. 请选择一个你感兴趣的省份，结合当前该省份的经济社会状况，试写一份国民经济和社会发展战略制定的计划书（请注意计划书的撰写过程中是否包含了必备的流程以及原则）。

第五章

国民经济发展战略的实施与调控

国民经济发展战略实施，就是通过具体的行动计划与实施手段使战略决策得到具体的贯彻执行。制定战略的目的在于实施，通过这一过程，能够将战略从理论层面转化为实际行动，使其成为切实可行的方案。因此，战略实施比战略制定有着更强、更重要的实践意义。制定科学合理的国民经济发展战略并对战略进行实施与调控，有助于促进我国经济社会持续健康发展，提升国家综合实力。在实施国民经济发展战略的过程中，政府发挥着关键性作用。本章主要介绍国民经济发展战略实施的主体、过程、调控手段和方法，以及更好地实施和调控国民经济发展战略的必要条件等。

第一节　国民经济发展战略的实施

一、国民经济发展战略实施的主体[①]

国民经济发展战略实施主体包括中央政府、地方各级政府及其相关部门等。在战略实施的过程中，中央政府负责整体调配资源，完成全局性战略任务；各地方政府和国民经济各部门在各自范围内承担任务，通过多级政府的协同行动，创造良好的市场环境，引导各经济主体的活动，使其融入国家发展战略。具体说来，战略实施主体可以大致分为中央政府、地方政府、经济部门及经济组织等。战略实施主体不同，所制定和推动的发展战略也各不相同。因此，根据主体的不同可以将战略分为总体战略、区域战略、部门战略和组织战略。

（一）以中央政府为主体

中央政府作为战略实施主体所推动的战略又称为总体战略。中华人民共和国国务

① 张静，张今声，等. 国民经济发展战略学[M]. 北京：经济科学出版社，2013.

院，即中央人民政府，是最高国家行政机关，也是最高国家权力机关的执行机关。它统一领导地方各级人民政府的工作，统一领导和管理各部委的工作。因此，中央人民政府推动实施的战略是服务于全国的经济社会发展战略，是全国经济社会发展中有关全局性、长远性重大问题的决策。这种总体战略可依据战略任务的不同以及实现战略目标的途径不同而分为不同类型，例如，依据实现战略任务的途径不同可以分为改革开放战略、创新驱动发展战略等。

由中央政府推动实施的总体战略的主要特点是：①适用性广。它的涵盖面最广，其基本战略意图可以适用于国内的各个地区、各个部门以及经济社会发展的各个方面。②导向性强。它对于全国各地区、各部门和各方面的长远发展方向、方式、速度和规模等具有较大强度的指导作用。③稳定性强。它决定并影响着全国经济社会的发展，因此必须具有较强的稳定性，不能随意变动和更改。④具有国际对应性。一国的经济发展战略是适应于一定国际环境和国际关系的发展战略，因而它与国际环境特别是相关国家的发展状况及其发展战略密切相关。

（二）以地方政府为主体

地方政府是由中央政府依法设置的，治理国家部分地域或部分地域某些社会事务的地方各级国家行政机关。地方政府作为战略实施主体所推动的战略称为区域经济发展战略，简称区域战略。它是指一定区域内经济社会发展中有关全局性、长远性重大问题的决策，是以一定区域为战略主体并以一定区域为服务对象的发展战略。全国的战略重点是根据实现全国的战略目标确定的，它关系全局的发展；各地方政府在制定战略时都应从本区域的情况出发，保证全国战略重点的实现。因此，相对全国总战略而言，区域战略是一种子战略，但对于区域内部各部门、各地方的战略而言，它也是一种总体战略。在我国，按照行政区划，区域可以分为省（自治区、直辖市）级、市（地）级、县级、乡级；按照经济联系可以划分为不同经济区。

由地方政府推动实施的区域战略的主要特点是：①具有鲜明的区域特色。区域战略是根据自己的特殊区情和特殊需要制定的战略，因而它的战略要素也必然有自己的特色，例如，当前我国区域发展战略为东北振兴、中部崛起、西部开发和东部地区率先发展。②具有双重任务。区域经济社会发展战略要实现双重任务，一是要实现本区域经济社会发展战略的要求；二是要实现全国经济社会发展战略对本区域的要求。③需要区域配合。不同区域之间不是孤立发展的，而是需要互相配合，通过区域协作进行优势互补。

（三）以经济部门为主体

具有一定经济社会功能的部门是战略实施主体之一。经济部门作为战略实施主体所推动的战略又称为部门战略，是指具有一定经济社会职能的部门在其发展中有关全局性、长远性重大问题的谋划。如果说地方政府是从经济社会横向来研究战略，那么经济部门则是从经济社会纵向来研究战略。经济社会生活发展到一定阶段就产生了分工，由于分工的不同便产生了许多具有不同社会经济功能的部门，例如生产部门、服务部门等。

由经济部门推动实施的部门战略的特点取决于部门的特征：①专业性。与总体战略和区域战略不同，部门战略作为社会分工的产物，必然具有一定的专业性。②从属性。就全国范围而言，部门战略要服从全国总体战略；就某个区域而言，区域内某一部门的战略要服从区域总体战略。③交叉性。部门战略的交叉性取决于部门之间的交叉性。例如，工业部门中的供销公司的发展战略，一方面要把握住工业生产部门的特点，供销要为生产服务，另一方面也必须把握住流通过程的规律性，供销要依赖于市场。④同步性。整个社会经济生活的运行是由各部门共同发展所推动的，各部门之间相互联系、相互制约，所以只有同步发展才能达到共同进步。

（四）以经济组织为主体

经济组织也是一种战略主体，组织所制定并为其服务的战略就是组织战略。与区域战略、部门战略相比，组织战略的种类更加繁多，各种组织千差万别，各种组织的战略也各不相同。

由经济组织推动实施的组织战略具有以下一般特征：①基础性。组织战略作为基层战略具有基础性。一方面它是制定高层次战略的依据，另一方面它是实现高层次战略的保证。②二重性。所有的组织都是一定部门或区域内的组织。作为独立的战略，它具有自主性，因为每一个基层组织都是相对独立的战略主体；作为某一部门或某一区域的基层战略，它又具有从属性。③适应性。组织战略是经济社会生活中最微观的一种战略，会受到很多因素的影响。纵向看，它会受到直接的高层次战略即本部门、本区域战略的影响；横向看，它还会受到本地区范围内甚至全国范围内同类组织或相关组织的发展战略的影响，因此它的发展战略就必然也必须具有适应性。

二、国民经济发展战略的实施过程

国民经济发展战略的实施过程主要包括以下环节。

（一）国民经济发展战略的发布与宣传

战略实施的第一步是发布战略，由制定战略的决策机构或审批机构向社会广泛传达。目前，我国国家级战略由全国人大负责发布。同时，还要通过各种媒体广泛宣传，使战略广为人知，统一人民的思想和行动，为共同实施战略而努力。通过广泛宣传国家的经济发展愿景，可以激发全社会的积极性和创造力，形成共同为实现战略目标而努力的良好氛围。

（二）国民经济发展战略任务的分解与落实

国民经济发展战略任务的分解与落实是实现国家经济可持续、健康、稳定发展的关键环节。整体战略中各地区、各部门承担的任务需分解并落实到具体执行单位。这些战略任务通常会具体化为相应的区域或产业政策。

针对各个战略任务，要制定具体可行的实施方案，明确责任主体和时间安排，确保各项任务的有效推进。其中，关于具体任务的制定，需要根据战略目标，将其拆解为具体的任务和指标，例如，将增长速度目标拆解为 GDP 增长率、就业增长率等。同时，要明确各个指标的具体数值目标，以及实现这些指标所需的资源和条件。对于责任主体和时间节点的确定，应当明确战略实施中各个相关部门和机构的责任和任务分工，确保任务的有效执行。同时，要确定明确的时间节点，对各项任务和指标进行阶段性的评估和反馈。

（三）引导市场经济活动

为了更好地实现战略目标，政府需要采取一系列措施来引导市场经济活动，通常通过经济、法律、行政等手段管理和调控市场，通过市场信号引导经济主体，将其纳入国家战略规划。具体而言，经济手段方面，政府可以通过调整税收、政府支出和货币供应等来影响市场的供求关系，从而实现经济的稳定和增长；法律手段方面，政府可以通过制定和执行法律法规来规范市场主体的行为，保障市场的公平竞争；行政手段方面，政府可以通过建议和指导来引导市场主体作出符合国家战略规划的决策，如鼓励企业技术创新从而引导企业转型升级。

（四）监测与纠偏

建立监测预警和信息反馈系统，随时了解战略实施情况。战略实施过程的监测应当包括战略实施在时间与空间上的进展、各项政策的落实及其社会效果，例如，战略实施过程中国民经济运行的总体态势。就战略实施而言，如果说监测是掌握战略实施的实际情况，那么预警就是发现并警示战略实际执行与既定目标、既定轨道之间的偏差及潜在的风险。通过监测和预警获取的信息，要及时反馈给决策和调控部门，作为调控和纠偏行动的基本依据。一旦战略实施偏离既定轨道，或者战略本身不够完善，或者客观情况出现新的变化，就要修正偏差或完善调整战略。

为满足管理对信息的需要，保证信息反馈的效率和质量，信息反馈须符合以下要求：一是及时，以尽可能短的时间、尽可能快的速度进行信息反馈；二是准确，最大限度地保证信息反馈的真实性、准确性；三是适用，反馈的信息要适合管理工作的需要；四是经济，以尽可能低的成本进行信息反馈。

第二节　国民经济发展战略实施中的调控

一、国民经济发展战略实施中调控的重要意义

国民经济发展战略调控是战略实施的重要保障。由于国民经济发展战略是国家在相对较长的时间和空间背景下要实现的总谋划和总方针，实施过程中存在许多不确定因素。随着时间的推移，各种干扰因素可能导致战略决策的实施偏离原定目标。因此，需要一系列跟踪、监察、调节和控制活动，以发现并纠正实施中的偏差，确保战略实施结果与战略决策目标一致。由此意义上讲，没有战略调控也就没有战略实施。

此外，战略调控的另外一个重要功能是通过对战略实施及其效果的信息收集、分析与研究，检验决策部门战略决策的科学性，通过信息反馈，对战略决策进行必要的调整，使其更加完善。

二、国民经济发展战略实施中的调控手段①

国民经济管理中，政府为使经济运行达到预定目标，必须借助各种调控手段或机制。一般而言，国民经济调控手段可以分为经济手段、法律手段和行政手段。

（一）经济手段

经济手段是国家运用经济政策和计划的方式，通过对经济利益的调整来影响和调节社会经济活动，主要包括财政政策、货币政策、产业政策、区域政策、就业政策、投资政策、人口政策以及收入分配政策等。

财政政策和货币政策是市场经济下政府用以调控国民经济运行的两大主要经济政策。其中，财政政策是指政府在一定时期内为实现特定的经济发展目标，运用国家财力调节国民经济运行的间接控制工具和行为准则。通过对国民收入的再分配，财政政策不仅调控宏观经济，也直接影响微观经济，从而调控整个国民经济的运行。财政政策工具主要包括财政支出、税收、国债和财政预算。货币政策是国民经济调控的两大主要政策之一，由中央银行根据国民经济形势和目标的要求，通过货币政策工具实现货币政策操作目标和中间目标，从而实现最终目标的总方针和措施。货币政策可以直接影响货币供应量，更为直接和迅速地影响总需求，因而在国民经济调控政策体系中处于关键地位。货币政策工具可以分为一般性货币政策工具、选择性货币政策工具、行政工具和道义劝告等。

产业政策和区域政策在经济手段中占据重要地位，为财政、货币以及其他调控政策的制定和执行提供依据。这些调控政策应有助于推动产业和区域政策的实现，而非相互抵触。其他经济政策、科技政策和社会政策等也需与战略目标保持一致，形成合力，促进发展战略的实施和实现。

经济手段的主要特点是：①利益性。利用物质利益原则调节经济活动，通过按劳取酬、物质刺激来调动各市场主体的积极性，而不是用经济外的强制办法来调节经济活动。②间接性。通过规定价格、税率、利率、汇率及指导性计划等间接影响经济活动。③科学性。经济手段是对社会主义客观经济规律的自觉利用，特别是对价值规律、按劳分配规律、货币流通规律、有计划按比例发展规律和社会主义基本经济规律的自觉利用。④市场依赖性。经济手段的有效运用，必须具备一定的经济环境，如作为独立的市场主体的企业、完善的市场体系等。

（二）法律手段

法律手段是指通过法律和法规来规范和调整经济行为与经济关系，以创造健康的

---

① 侯荣华. 宏观经济管理若干问题思考[M]. 北京：中国计划出版社，2005.

法律环境，促进经济活动在市场中有序、规范进行。在市场经济中，各行为主体都依赖市场来调整其行为。为确保公平分享市场效益，防止特权破坏市场机制，国家通过经济法律法规的制定实现市场经济的有序和规范，调整各方利益关系，为国民经济的正常运行和健康发展提供法律保障。

法律手段的特点主要是：①权威性。法律是国家权威机关确立的规范市场主体行为的庄严承诺，具有普遍的约束力，其中宪法具有最高的法律效力。②稳定性。法律具有普遍的约束力和强制性，以及其制定过程的规范性，只规定最为稳定的经济关系，一旦制定就不会轻易改动。③公开性。法律要求充分的透明度，为市场主体提供获取信息的机会，确保人人知法，人人守法。法律手段的优点在于不受决策者错误决策的干扰，有利于经济管理科学化，但其局限性在于不可能具体规定所有经济活动内容，也不能像行政手段那样迅速解决问题。

法律手段对于创造和维护公开、公平、公正的经济环境至关重要。在我国，国家发展战略一旦经全国人大审议批准，就具有法律效力。国家发展战略作为长远蓝图，在较长时期内发挥指导作用。在实施国家发展战略过程中，要求将长期稳定性、重大影响性、成功与成熟的政策立法。这样做可以维护战略的权威性，提高执行力，更好地促进其贯彻实施，这也是现代化国家依法治国的客观要求。

（三）行政手段

行政手段是指国家利用政权力量和权威，通过发布指示、命令、规定和政策等行政方法，直接干预和调控社会经济活动。实质上是以政府权威为支撑，按照下级服从上级和地方服从中央的组织原则，直接干预经济活动和调控经济运行。

行政手段的特点主要是：①直接性。通过指示和命令等形式直接规定市场主体的经济行为，直接调节企业、部门或地区的经济活动。②强制性。行政命令和规章制度一经颁布，必须强制执行，对市场主体有强大的约束力，这也是行政手段发生作用的保证。③纵向性。行政手段是按行政系统和行政层次的上下级隶属关系进行经济管理活动。④稳定性和统一性。行政手段中的政策、指令和指令性计划必须是统一的，不允许分散，不允许政出多门，同时又必须相对稳定，变化频繁不利于发挥行政手段的作用。行政手段的优点是可以及时迅速地调节经济活动，特别是对于经济发展中的某些紧急问题解决较快，产生立竿见影的效果。行政手段的弊端是由于不是从经济原则出发，采取的行政手段容易脱离实际，不利于调动受众的积极性，不利于发展市场经济。

上述调控手段的作用机理各异，对战略实施和国民经济运行发挥着不同的调控作用，需要互相协调并综合运用。在市场经济体制不断完善的背景下，经济手段和法律手段是基础性手段，前者对经济主体贯彻实施国家发展战略起到正向激励作用，后者则以国家法律为支持，对干扰甚至破坏国家发展战略实施的行为进行制裁，对经济主体产生反向激励的作用。行政手段是特殊情况下具有奇效的不可或缺的辅助手段，能够在其他手段无法发挥作用时发挥其特殊作用。

第三节　国民经济发展战略实施与调控的必要条件

一、信息公开与透明

（一）政府信息公开的重要意义

对国家而言，国民经济发展战略是国家在未来较长时期发展的蓝图，对国家经济社会发展具有持久而深远的影响。对市场而言，国家发展战略是来自政府的政策信息，将对市场环境产生潜移默化的影响，从而改变经济主体的预期；对各类经济主体而言，国家发展战略可对其微观活动产生激励作用，促使经济主体自动作出有利于自身经济利益最大化的决策。因此，国民经济发展战略相关的信息公开与透明有助于得到市场和全社会的理解与支持，从而为发展战略的实施奠定广泛的社会基础。

对社会而言，政府信息的公开与透明还是现代社会法治、民主和信任建设的重要保障。首先，政府信息的公开能够提高政府的透明度与公信力。政府的决策和行政行为更加公开透明，可以让公众了解政府的政策制定过程、资源配置以及行政执行情况。其次，政府信息的公开是政府履行公众服务职责的重要手段。政府的权力来自公众的委托，其目的是更好地为公众提供服务。政府信息的公开能够让公众了解政府的决策依据、服务内容以及为民办事的进展情况，增加政府与公众之间的互动与沟通。最后，政府信息的公开是有效监督和制约政府行为的关键机制。政府的行政行为应该接受公众的监督，而政府信息的公开则为公众提供了监督政府行为的依据。公众能够通过政府信息公开了解政府的决策方向、财政支出以及政府机构的运行情况，从而有效监督政府行使权力。

对战略实施者来说，信息的公开与透明还有助于建立高效的信息管理。通过对战略实施的全过程进行全程监控，获得及时准确的信息，随时把握战略实施的实际情况以及实施过程中有可能出现的偏差和变故，并把相关信息及时反馈给决策机构，对发展战略实施进行有效的监测与预警，提高实施效果。

（二）政府信息公开的一般形式与途径

政府信息公开的形式与途径多种多样，主要可以概括为：

（1）政府网站是政府信息公开的重要平台，通过政府网站可以实现政府信息的发布、共享和互动。政府可以通过发布政策文件、通知公告、执法查处等信息为公众提供对政府行为进行监督的依据。

（2）政府信息的公开应与社会媒体相结合。社会媒体的快速传播和广泛影响力使得政府信息公开更具有实际意义。政府可以在微博、微信等社交媒体上公开信息，向公众传达政府的动态、决策结果以及政策解读，使得政府信息公开更加普遍地影响到公众。

（3）政府通过公众参与形式进行信息公开，例如，以召开公众听证会、座谈会等形式，向公众公开政府决策的过程和依据，征求公众对政府决策的意见和建议，提高政府的决策质量和公众的满意度。

学习专栏 5-1

数字政府——数字时代下政务公开的新趋势①

在“十三五”时期，我国政府信息化步入数字政府新阶段。数字政府建设成为推动政府治理理念、机制和方式变革的核心着力点，有效促进国家治理体系和治理能力现代化。2022 年政府工作报告中明确提出，要强化数字政府建设，推动政务数据共享，进一步简化各类证明手续，扩大“跨省通办”范围，基本实现电子证照的互通互认，为企业跨区域经营提供便利，加速解决群众异地办理事务的问题。面向“十四五”，我国数字政府建设要实现更大范围的协同共享、更深层次的改革创新、更全方位的多元协作。

政府数字化转型是指政府机构采用先进的数字技术和创新的方法，将传统的行政管理和公共服务过程转变为高效、智能和可持续的数字化形式。数字技术在政府部门的广泛应用催生了数字技术与治理理论有机融合的“数字政府”新模式（孟天广，2021）。作为政府数字化建设的最新成果，许多学者和国际组织试图从功能、特征等方面概括数字政府的内涵。Garcia 等（2018）对数字政府进行了直观解读，认为数字政府是指使用信息通信技术（ICT）提供信息和服务。鲍静等（2020）吸收了已有研究成果，将数字政府的概念定义为“政府为适应和推动经济社会数字化转型，对政府治理理念、职责边界、组织形态、履职方式以及治理手段进行系统发展和变革的过程”。通过梳理相关文献，可以提炼出数字政府的三个特征：一是职能特征，即政府治理包括基于数据的治理和对数据进行治理两方面；二是技术特征，要求政府对于信息技术的应用逻辑应从“流程范式”转变为“数据范式”，以社会公众为核心，深入挖掘数据资源价值；三是结构特征，传统政府通常采用分立式结构，数字政府的组织形态应转变为平台化结构（张晓和鲍静，2018）。

基于我国数字政府的建设发展历程，根据数字技术对政府治理变革的影响程度，可将其分为政府信息化、电子政务和数字政府三个阶段，不同阶段政府治理的主要特征也不同，具体阶段划分及特征概述见表 5-1。

表 5-1　数字政府的演进阶段

	政府信息化	电子政务	数字政府
时间	20 世纪 80 年代至 1998 年	1999—2011 年	2012 年至今
理念	以政府为中心	向以人民为中心转变	以人民为中心
目标	提高行政效率	深化政府职能转变	推进国家治理体系和治理能力现代化
应用场景	以“条”为主， 部门内部信息化、自动化	以“块”为主， 建设政府门户网站	“条”“块”结合， 多场景应用
驱动力量	职能、业务驱动	公众网络参与驱动	数据驱动
建设模式	政府主导	行政吸纳	政企合作
资源配置机制	科层	网络	平台
数据观念	数据是资料	数据是工具	数据是资源

① 陈小华，潘宇航. 数字政府：演进阶段、整体形态与治理意蕴[J]. 观察与思考，2021（1）：97-106.

政府信息化阶段，自 20 世纪 80 年代初至 20 世纪 90 年代末，以政府开启经济管理信息化建设为主要标志，核心目标在于提升行政管理效率，着重实现政府信息数字化传播；电子政务阶段涵盖 1999—2011 年，1999 年我国实施政府上网工程，标志着进入电子政务阶段。2002 年《国家信息化领导小组关于我国电子政务建设指导意见》正式发布，旨在提升政务服务效能，着眼于建设业务系统和网上办事大厅；自 2012 年起至今，我国步入数字政府阶段，党的十八大以来，党中央、国务院积极推动“互联网+”和数字政府建设，该阶段的核心目标是推进国家治理体系和治理能力现代化，强调政府职能全方位数字化转型。

二、战略实施过程中的合理分权

国民经济发展战略需要统一规划，分级实施。因为这一战略所确定的各项任务最终需要在具体的地域空间中得以贯彻。对于中国这样一个幅员辽阔、人口众多的国家，必须根据不同地域的实际情况来制定和实施发展战略。因此，在实施过程中需要合理地分配权力，包括事权和财权。

事权是各级政府对国家发展战略实施所承担的职责和权限责任。全国性和跨区域的任务，通常由中央政府承担；需要因地制宜完成的任务，更适合由各地方政府承担。事权确定后，就需要相应地分配财权。财权即为各级政府通过财政手段配置资源的核心权力，是实现国家发展战略的基础保障，是各级政府开展工作的基础。经验证明，合理的权力分配直接影响国家发展战略的实施成效。因为这关系到地方政府是否能够有效贯彻执行国家发展战略，也关系到中央政府对实施过程和成效的有效掌控，从而成为制约发展战略实施的重要因素。此外，在战略实施的过程中还应当注意财力与事权相匹配，事权的行使应当与相应财力的具备和保障相适应。这要求政府在下放事权时必须进行财力调剂，以保证地方政府在行使事权时有足够的财力资金支持。

三、调控过程中政策手段之间的协调配合

各种政策手段间的协同主要可以分为两类。

一是目标协同。为了达成国民经济发展战略，可能需要在某一时期内同时采用不同的政策工具，以从多个角度确保总目标的实现。因此，各种政策工具的目标应该协调一致，避免出现矛盾或相互抵触。

二是工具协同。这涉及各种政策工具在主辅协调配合、功能协调配合、力度协调配合以及时间上的协调配合等方面。首先，在特定时期解决问题需要以解决该问题的政策工具为主，其他政策工具为辅。其次，由于不同政策手段的作用效应和影响力度不同，它们的实施和调控力度也会有所差异。最后，考虑到政策手段的时滞长短不一，为了充分发挥相关调控政策的协同合力，必须合理安排它们在时滞上的协调配合。

经济手段、法律手段和行政手段各有优势、相辅相成，国民经济发展战略的实施需要各种实施手段的协同配合和支持，这些手段在作用方向、时间和程度上存在差异。因此，在实践中不能单独使用某一种手段，而应充分发挥各种实施手段的协同效

应。在国民经济发展战略的实施与调控过程中，各个方法和手段之间相互联系、相互补充。在市场经济条件下，应当以经济手段为主，其中最常用的经济手段是财政政策和货币政策。

货币政策和财政政策应当相互协调配合。一方面，财政政策和货币政策的调节范围和目标侧重点不同，要求两者必须协调配合。财政政策主要调节分配领域，货币政策对社会总需求的调节主要通过影响流通中的货币量实现，主要发生在流通领域。二者都能对总量和结构进行调节，但财政政策比货币政策更强调资源配置的优化和经济结构的调整，而货币政策的重点是调节社会需求总量，具有总量特征。另一方面，财政政策和货币政策时滞性不同，要求二者协调配合。财政政策的实施需通过法律程序批准，而货币政策在中央银行决策后可以立即实施，所以财政政策的决策时滞通常比货币政策要长。从效果时滞来看，财政政策直接影响消费总量和投资总量，从而直接影响社会的有效需求，而货币政策通过利率变化引导经济活动的改变，对社会总需求的影响是间接的，所以货币政策比财政政策对经济运行产生影响所需要的时间要长。

尽管二者在很多方面有所不同，但财政政策与货币政策调控的最终目标具有一致性。两大政策调控的关注焦点集中在社会供需总量和结构方面，特别是在资金运行中呈现出的与货币流通稳定、市场供求协调正常运行不符的问题。两大政策调控的最终目标都是实现社会供需在动态过程中达到总量平衡和结构优化，以促进经济持续、稳定、协调发展。两大政策的紧密联系还源于两者政策手段的互补性以及政策传导机制的互动性：在一方的政策调控过程中，通常需要对方政策手段或机制的特长来加以配合，从而产生协调配合的客观要求。同时，它们在经济体系中所侧重的领域和作用不同。正是由于财政政策与货币政策之间存在十分密切的相互联系，同时又存在一系列不同特点和侧重点，因此在宏观调控中，两者必须紧密配合，取长补短。①

财政政策和货币政策的搭配通常有三种组合，即双松、双紧、一松一紧。不同的搭配组合会产生不同的政策效应，选择何种搭配取决于战略实施的需要和国民经济的运行状况，总的宗旨是尽可能保持国民经济长期稳定运行。不同的政策搭配模式各有利弊，应针对经济运行的具体情况，审时度势，灵活、适当地进行抉择。

学习专栏 5-2

财政政策与货币政策协调配合，助力地区经济发展

在脱贫攻坚的过程中，财政政策和货币政策的协同配合的模式是一个典型案例。2013 年 11 月，习近平总书记首次提出了“精准扶贫”的重要指示，强调扶贫要实事求是，因地制宜。2015 年 11 月，中共中央、国务院发布《关于打赢脱贫攻坚战的决定》，正式宣布实施精准扶贫战略，发起新一轮扶贫开发攻坚战，明确提出到 2020 年实现全面脱贫的目标。2020 年，我国脱贫攻坚战取得了全面胜利，现行标准下 9899 万农村贫困人口全部脱贫，832 个贫困县全部摘帽，12.8 万个贫困村全部出列，区域

① 侯荣华，赵丽芬. 宏观经济政策调控力度及协调分析[M]. 北京：中国计划出版社，1999.

性整体贫困得到解决，完成了消除绝对贫困的艰巨任务，创造了奇迹。[①]根据国家乡村振兴局数据，2022 年，脱贫人口人均纯收入达到 14342 元，同比增长 14.3%，高于全国农村居民人均可支配收入 6.3%的增速。[②]

回顾过去，脱贫攻坚及其成果巩固的效果显著，其中财政政策与货币政策发挥了主导作用，这两类扶贫政策的协同配合放大了扶贫政策效应。财政政策率先实施，货币政策随后跟进，形成两大政策相互配合的基本模式。财政政策主要通过社会保障、风险分担、信用保证、利息贴补、引导基金等方式，促使民间资金和金融资金参与扶贫；货币政策通过调动金融机构和社会资本，发挥杠杆效应，激励贫困人口开展生产，树立信用理念，实现内生性脱贫。

以四川省为例，该省面临着贫困规模大、贫困面宽、程度深、致贫返贫因素复杂等严峻挑战，2020 年实现脱贫攻坚的目标任务异常艰巨。作为全国扶贫任务最重的省份之一，四川有 88 个贫困县需要摘帽，11501 个贫困村需要退出，625 万农村贫困人口亟待脱贫[③]，要打赢脱贫攻坚战，需要投入的资金量非常大。面对如此庞大的资金需求，单纯依赖财政投入显然难以满足。为此，省财政厅采取了多种策略，包括挖存量、调增量、增总量，不断增大财政投入。同时，充分发挥财政资金的引导和撬动作用，通过多元化渠道拓宽脱贫攻坚的资金来源。这一系列的财政政策与货币政策的相互配合为四川省打赢脱贫攻坚战提供了有力支持。

在财政政策方面，近年来，四川面临重重困难，但一直将脱贫攻坚置于优先位置，集中财政力量确保充足支持。据统计，仅 2016 年以来，四川全省各级财政累计投入的“10+N”扶贫专项财政资金就已经超过了 5500 亿元，比四川 2019 年全年地方一般公共预算收入还高 1500 亿元左右，其中今年投入的财政资金已经超过了 1200 亿元。这还不包括发行的专门支持脱贫攻坚的地方政府债券资金。“四川财政直接投入脱贫攻坚的资金规模在全国名列前茅，在四川扶贫历史上前所未有。”省财政厅相关负责人表示。[④]

在货币政策方面，与行业主管部门及各类金融机构携手合力脱贫攻坚，通过制定一系列财政金融互动扶贫政策，充分发挥财政资金的撬动作用，引导金融资金投向脱贫攻坚。在 776 亿元易地扶贫搬迁项目中，国家专项建设基金、银行长期低息贷款等金融资金就达 267 亿元。通过大力实施精准扶贫贷款奖补，引导金融机构向贫困户发放扶持产业发展贷款 238 亿元。同时，全面推广无抵押、无担保、财政贴息和分险的扶贫小额信

---

① 习近平：在全国脱贫攻坚总结表彰大会上的讲话[EB/OL].（2021-02-25）. https://www.gov.cn/xinwen/2021-02/25/content_5588869.htm

② 2022 年脱贫人口人均纯收入达到 14342 元 同比增长 14.3%[EB/OL].（2023-01-28）. https://qiye.chinadaily.com.cn/a/202301/28/WS63d47719a3102ada8b22caf8.html.

③ 李媛莉.《四川省人民政府关于批准南部县等 5 个县退出贫困县的通知》解读一[EB/OL].（2017-10-30）. https://www.sc.gov.cn/10462/10464/13298/13301/2017/10/30/10437019.shtml.

④ 四川脱贫攻坚的财政札记[EB/OL].（2020-11-24）. https://www.sc.gov.cn/10462/10464/10797/2020/11/24/f9e14adb367e4231b9d6d193ef9afbfb.shtml.

贷，累计发放贷款263亿元，支持74万余户贫困户通过发展产业增收脱贫。[①]

在2016—2020年的国家脱贫攻坚成效考核中，四川省连续5年综合评价为“好”；在2021年度巩固脱贫成果后的评估中，四川省再次表现优异，获得“六连好”的成绩。2019—2020年东西部扶贫协作成效考核中，四川省连续两年取得“好”的名次；2021年，国家对东西部协作工作进行调整，四川省在新的考核标准下继续努力，取得“三连好”成绩。同年，四川省新增发放脱贫人口小额信贷9.53亿元，有效带动农民群众融入产业链利益链；226万脱贫劳动力实现就业，全省脱贫户家庭年人均纯收入实现11073元，同比增长16.8%。[②]

四、战略实施过程的评价与问责

在国家发展战略的实施中，公正评价与问责是不可或缺的实施条件。评价和问责基于对战略实施主体的工作绩效进行公正评估，按照奖优、治庸、罚劣的原则，对其进行激励与约束，以提高执行力。

（一）战略实施过程的评价

1. 战略实施过程评价的意义

战略实施过程的评价是指在战略实施的过程中，要定期对战略实施的情况进行评估。在对战略实施过程进行评估时，要评估发展目标和任务是不是得到了有效实现。这里的有效是指“按时、按量、按质”，按时是实现的进度问题，按量是实现的具体规模，按质是投入产出效率。

战略实施过程的评价对战略的实施和调控具有重要意义。一方面，对战略实施进行阶段性评估，可以为战略的调控提供重要的研究基础，战略编制部门或审批部门可以根据实施的评估结果，对是否修正战略目标和实施手段作出决策，同时可以对实施效果不佳的原因和责任主体进行分析和判断。另一方面，对战略实施进行阶段性评估，可以为战略的后续实施提供研究基础。阶段性评估报告会根据规划实施环境的变化，提出修正建议，或提出下一轮调控时应该解决的问题，这些评估分析往往对新政策的编制具有重要的参考价值。

2. 如何开展战略实施效果的评估？

为了达到战略实施后应当取得的效果，开展战略实施效果的评估应该注意以下几点：①全面评估和重点评估相结合。比如，常用的年度监测评估主要承担动态监测分析的功能，更强调及时性、准确性，更加关注重点指标、重点领域任务推进情况和重要风险演化情况；而中期评估则相对更加全面综合，在战略实施中具有承上启下的作用。②定性评估和定量评估相结合。定性评估方法主要是组织有关地区、部门和专家学者

① 四川脱贫攻坚的财政札记[EB/OL].（2020-11-24）. https://www.sc.gov.cn/10462/10464/10797/2020/11/24/f9e14adb367e4231b9d6d193ef9afbfb.shtml.

② 四川2021年度巩固脱贫成果后评估获“好”等次[EB/OL].（2022-05-22）. https://www.sc.chinanews.com.cn/shouye/2022-05-22/167559.html.

对规划执行情况进行分析和评估，可以采取问卷调查、征集意见、座谈访谈等多种办法；定量分析方法是对战略实施过程中所反映出来的具体数据进行计算、整理分析，从量的方面进行评价，可以使评估结果有理有据、直观形象。③过程评估和效果评估相结合。过程评估可以监督责任主体是否正确履行战略实施责任及其履行责任是否促进目标任务的推进。然而，单纯的过程评估也具有一定局限性，它无法充分反映目标任务推进对整个经济社会发展的实际影响，因此在开展过程评估的同时，也要加强效果评估。④自我评估和第三方评估相结合。战略实施评估从政府内部评估开始，越来越发展成为多主体、社会广泛参与的过程。第三方评估在保障评估的客观性和独立性，拓宽评估的维度和视角方面具有优势。

（二）战略实施过程的问责

战略实施过程中的行政问责制度是政府行政自律的一种机制，是针对各级政府及其公务员承担的职责和义务的履行情况实施的要求其承担否定性后果的一种责任追究制度。其核心目标在于监督和追究公共权力的责任，通过明确的指向、刚性的措施、有效的手段以及迅速的反应来监督和制约政府的权力，确保政府官员和公务人员依法履行职责。

有效实施问责制度，应注意以下几点。

第一，建立健全战略实施主体责任体系。该体系包括明确中央和地方各级政府及政府各部门在国家发展战略实施方面的主要职责分工，明确各级政府和各部门责任人及相关人员的政治、行政和法律责任，形成完整的实施责任链条。

第二，建立战略执行部门工作绩效评估体系。绩效评估是推行问责制的前提和基础。因此，有效的问责制应首先科学确定战略执行部门工作绩效的评估内容和指标体系。

第三，建立健全行政问责制度体系。按照权责统一、依法有序、民主公开、客观公正的原则，规范行政问责的主体及其权限，解决谁来问责、谁来监督的问题；规范行政问责的客体及其职责，明确责任种类及责任追究方式；规范行政问责的程序，如提案、立案、调查、申辩、审议、决定、复议和申诉等，实现行政问责的规范化和制度化。

本章小结

国民经济发展战略的实施主体可以大致分为中央政府、地方政府、经济部门及经济组织等。国民经济发展战略实施与调控的过程包括四个环节：国民经济发展战略的发布与宣传、战略任务的分解与落实、引导市场经济活动以及监测与纠偏。在国民经济管理中，政府为使经济运行达到预定目标，要借助经济手段、法律手段和行政手段。国民经济发展战略实施与调控的必要条件包括信息公开与透明、合理分权、政策手段之间的协调配合以及评价与问责。

复习思考题

1. 国民经济发展战略实施的主体有哪些?
2. 国民经济发展战略实施的过程是怎样的?
3. 国民经济发展战略调控具有什么重要意义?
4. 国民经济发展战略的调控手段有哪些?

第六章

中国国民经济发展战略的演进与创新

从世界各国的发展实践可以看出，无论是发展中国家还是发达国家，经济发展战略的制定和实施，都在指导和推动经济社会发展上发挥了十分重要的作用。中华人民共和国成立以来，经济发展战略的演进与创新有一个探索和逐步成熟的过程，主要经历了四个阶段：计划经济时期的国民经济发展战略（1949—1978 年）；经济体制转型初期的国民经济发展战略（1978—1992 年）；市场经济体制确立初期的国民经济发展战略（1992—2011 年）；新时代的国民经济发展战略（2012 年至今）。回顾和总结中国经济发展战略的演变历程，有利于我们分析其演变逻辑，从而更好地展望未来中国经济的发展方向。

第一节　计划经济时期的国民经济发展战略

中华人民共和国成立后，依据当时国情，中国选择了高度集中的计划经济体制。国家集中有限的物力、财力优先发展重工业，对国家重点建设项目和国营企业实行计划管理，计划经济体制在 1956 年末基本形成。

中华人民共和国成立初期，我国在党的领导下积极探索适合国情的社会主义建设道路。鉴于当时的历史条件和实际情况，我国在经济建设中学习借鉴了苏联的有益经验，同时坚持从实际出发，创造性地开展工作。1950—1952 年，党和政府领导人民成功完成了没收官僚资本、建立社会主义国营经济的历史任务，统一了全国财经工作，完成新解放区的土地改革，并开展“三反”“五反”运动。

1953 年 6 月，中共中央提出将实现工业化和新民主主义革命向社会主义革命转化这两大任务结合起来的过渡时期总路线：从中华人民共和国成立，到社会主义改造基本完成，这是一个过渡时期。这个过渡时期的总路线和总任务，是要在一个相当长的时期内，逐步实现国家的社会主义工业化，并逐步实现国家对农业、对手工业和对资本主义工商业的社会主义改造。[①]“一化三改”战略是过渡时期总路线的核心内容。“一化”就是逐步实现国家的社会主义工业化，这是主体；“三改”即逐步实现国家对农业、手工业、资本主义工商业的社会主义改造。

1956 年 4 月 25 日，毛泽东发表了《论十大关系》的重要讲话，这是中国共产党探索适合中国国情的社会主义建设道路的重要开端。“一五”计划（1953—1957 年）的成功实施，为我国工业化奠定了初步基础，同时也为国民经济发展积累了宝贵经验。然而，“二五”计划（1958—1962 年）的前半期，主要围绕“大跃进”和“人民公社化”运动展开，随着经济结构失调导致的经济困难，后期则致力于调整国民经济结构。随着党的十大胜利召开，国民经济得到进一步调整和发展。党的十一大胜利召开，粉碎了“四人帮”反革命集团，为党和国家工作重点转移到经济建设上来创造了重要条件，为改革开放和社会主义现代化建设奠定了坚实基础。

在这个阶段，我国主要的经济发展战略为优先发展重工业和生产资料私有制的社会主义改造。

一、优先发展重工业

中国在工业化道路的选择上，是根据当时国际国内形势作出的符合国情的战略决策。新中国成立初期，面对以美国为首的西方国家的封锁禁运和军事威胁，特别是抗美援朝战争期间暴露出的国防工业短板，党中央深刻认识到：只有建立起独立完整的工业体系，特别是优先发展重工业，才能从根本上保障国家安全和经济独立。在当时的历史条件下，优先发展重工业的工业化道路已经在其他国家取得成功。德国和日本通过这一路径迅速实现了工业化，并成为世界强国。苏联也选择了重工业为先导的道路，用短短几十年时间从农业国崛起为工业强国。20 世纪 50 年代，苏联模式在工业化道路上尚未显现出弊端，对中国产生了重要的示范效应。

自 1953 年起，中国政府将工作重心转向社会主义工业化建设，制定了以重工业建设为核心的“一五”计划。该计划的目标是建立一批规模巨大、技术先进的新型重工业部门，改造原有工业部门，提高中国工业特别是国防工业和重工业的实力，同时改善中西部的工业布局。[②]通过集中资源投入，中国在 1955 年正式启动了大规模的重工业建设。工业建设的重点领域包括冶金和机械工业，投资主要分布在东北、华东和华北地区。为了加强领导，中央政府设立了国家计划委员会等机构，对重点项目实行统一领导。同时，通过减少领导层级、取消大区建制，加强省、专区两级政府的建设，并选拔培训优秀领导干部进入工业建设领域，特别是工业建设系统。

“一五”时期，经历五年的艰苦奋斗，我国建立起社会主义工业化的初步基础。到 1957 年底，我国建成了一大批重要工程，五年内完成基本建设投资总额 550 亿元，新增固定资产 460.5 亿元，相当于 1952 年底全国拥有的固定资产总值的 1.9 倍。595 个大中型工程建成投产，初步铺开我国工业布局的骨架；工业总产值比 1952 年增长

① 中共中央文献研究室. 建国以来重要文献选编 第四册[M]. 北京：中央文献出版社，1993：700-701.

② 中共中央党史研究室. 中国共产党历史 第二卷（1949—1978）[M]. 北京：中共党史出版社，2011：204.

128.6%，五年合计钢产量 1656 万吨，等于旧中国从 1900 年到 1948 年钢的总产量 760 万吨的 218%，煤产量达到 1.31 亿吨，比 1952 年增长 98%；产业结构发生新的变化，在工业总产值中，工业产值所占比重由 1949 年的 30%提高到 56.5%，重工业的比重由 26.4%提高到 48.4%。①

然而，由于重工业需要庞大的投资，存在长周期和慢回报的特点，优先发展重工业的工业化道路意味着必须大幅提高国民收入中的投资比率。这一发展模式客观上需要农业为工业提供积累，形成了农村支援城市、农业支持工业的资源配置格局。随着工业化进程加快，国家将大量资金、能源和原材料集中投入重工业，导致相关领域供应紧张。与此同时，农业发展相对滞后，不仅影响了以农产品为原料的轻工业发展，也在一定程度上制约了工业化的整体推进，并对人民生活水平的提高形成了一定限制。总体而言，每个不同历史阶段都面临着不同的历史环境，必须以唯物史观作为方法论基础。很难想象，如果没有重工业优先发展战略，我国能在 20 世纪 60 年代中期构建起独立的、门类齐全的工业体系和国民经济体系；同样也很难想象，如果没有这个重工业基础，我国能在改革开放之后取得如此惊人的成绩。

二、生产资料私有制的社会主义改造

1953 年起，中国全面展开社会主义经济建设，正式确立以“一化三改”为核心的过渡时期总路线，系统推进生产资料所有制变革，奠定社会主义经济制度基础。从政治和社会革命的角度来看，对生产资料进行社会主义改造是中国共产党领导下的一项重要社会革命。从经济建设的需求来看，对生产资料的社会主义改造是以重工业为先导的工业化进程的必要条件。

（一）农业的社会主义改造

对农业进行社会主义改造是确保工业化进程顺利进行的关键条件之一。中国工业化所需的资金主要依赖于内部积累，而农业是积累的重要来源。分散的小农经济难以满足大规模工业化对资金和粮食的需求，因此必须通过农业合作化道路，将个体农民组织起来，发展集体经济，以提高农业生产效率，增强国家粮食和原料供给能力，同时为工业发展提供必要的积累。随着经济建设的全面展开，粮食供求矛盾逐渐凸显。工业用粮和城镇粮食消费增加，而农业产量下降导致粮食供应紧张。为此，党中央于 1953 年 10 月作出粮食统购统销的重大决策，对粮食、油料、棉花等重要农产品实行计划收购和计划供应。“统购统销”政策的实施简化了粮食征购工作，同时确保了工业和城市对粮食的需求，维持了粮食供需平衡。另一方面，提高粮食产量成为农业社会主义改造的重要目标。在当时条件下，人们相信集体合作是提高粮食产量的有效途径。因此，农业社会主义改造成为适应当时国家发展战略需要的必然选择。

农业社会主义改造的方向是合作化，即将分散的农户组织成统一的生产合作社。在自愿互利的基础上，通过示范和国家支持，发展具有社会主义性质的农业生产合作

① 第一个五年计划（1953—1957）[EB/OL].（2005-10-28）. https://www.gov.cn/ztzl/content_86256.htm.

社。从 1953 年开始，在条件较好的地区逐步发展初级农业合作社。1954 年后，全国开始进行农业的社会主义改造，农业合作社的发展速度大幅提升。到 1955 年，全国农业社的总数已达 60 万个。1956 年底，全国已基本完成从初级社向高级社的转变。高级社是一种具有社会主义性质的农业生产合作社，其生产资料如土地、耕畜、农具等归集体所有，实行按劳分配原则。在农业社会主义改造完成后，中国实现了土地的公有化。

（二）手工业的社会主义改造

手工业的社会主义改造是“三大改造”任务之一。由于当时中国的工业基础相对薄弱，手工业一直在国民经济和社会生活中占有重要地位，1952 年，手工业的产值占工业总产值的五分之一以上。党中央遵循“积极领导、稳步前进”的方针，通过生产合作化道路，采取从手工业供销小组到供销生产合作社，最终发展为社会主义性质的生产合作社的渐进形式，引导个体手工业者走向集体化。手工业的改造于 1956 年达到高潮，并在年底基本完成。

（三）资本主义工商业的社会主义改造

对资本主义工商业的社会主义改造是“三大改造”中的重要环节，深刻地改变了中国社会。这一改造分为多个步骤。先将资本主义企业改造为国家资本主义企业，然后在条件成熟时转变为社会主义经济。“一五”计划开始实施后，为解决由大规模工业化引起的粮油等生活必需品及其他轻工业原料的供应紧张问题，国家实施了粮、油、棉等生活必需品和轻工业原料的统购统销政策，并对重要工业品如钢铁、煤炭、木材等实施计划供应。这一系列措施使私营工商业的原料供应和产品销售全面纳入国家计划经济体系，为社会主义改造创造了必要条件。

中国政府对资本主义工商业的改造采取了和平赎买的方式。由于采取了适当的方法，对资本主义工商业的改造相对顺利。“我们对资本家的社会主义改造，是采取赎买的政策，不是剥夺的政策。所以中国消灭资产阶级，搞社会主义改造，非常顺利，整个国民经济没有受任何影响。”[①]正是国家根据不同情况进行的统筹安排，确保了资本主义工商业的社会主义改造迅速完成。到 1956 年底，全国 99%的企业已完成所有制改造，除了极少数转为国营工业外，其余都组成了公私合营企业。

1956 年，中国基本完成了生产资料的社会主义改造。“三大改造”完成后，公有制在生产资料中占据着绝对优势，新经济基本建立，确立了大规模工业化建设的基础。总体而言，“三大改造”在保障国民经济基本稳定的情况下，在中国民众的广泛支持下完成，对中国的经济建设起到了重要的促进作用，且影响深远。

第二节 经济体制转型初期的国民经济发展战略

自 1978 年 12 月党的十一届三中全会作出把党和国家工作中心转移到经济建设上

① 邓小平. 邓小平文选 第二卷[M]. 2 版. 北京：人民出版社，1994：235.

来、实行改革开放的历史性决策，到 1982 年 9 月党的十二大提出正确贯彻计划经济为主、市场调节为辅原则，再到 1992 年 10 月党的十四大进一步明确建立社会主义市场经济体制的改革目标，系统阐述 20 世纪 90 年代加快改革开放和现代化建设的战略部署，标志着中国特色社会主义经济发展战略的成熟与完善。这一时期打破了计划经济时期过度追求高速增长的单一发展思路，国家制定并实施了更为科学、以提高经济效益为中心、符合国情和国力、适应经济成长阶段的发展战略。

一、以经济建设为中心的改革开放战略

改革开放是中国共产党在社会主义初级阶段基本路线的两个关键点之一。这是自党的十一届三中全会以来进行社会主义现代化建设的总方针和总政策，是实现国家强大的道路，是党和国家发展进步的源泉。改革，即对内改革，是在坚持社会主义制度的前提下，有意识地调整和改革生产关系与生产力、上层建筑与经济基础之间不相适应的方面和环节，以促进生产力的发展和各项事业的全面进步，更好地实现广大人民群众的基本利益。开放，即对外开放，是加速我国现代化建设的必然选择，符合当代时代特征和世界发展大势。改革开放是坚持和发展中国特色社会主义的必由之路，必须长期坚持、不断深化。

（一）国内改革

1. 农村经济体制改革

在党的十一届三中全会之前，我国农业发展面临一些体制机制性制约，比如，在经营管理体制上存在集中过多、统得过死的情况，难以充分调动农民生产积极性，在分配领域存在平均主义现象。农业作为国民经济的基础，如果长期受阻，必然会影响工业和其他建设事业的发展，从而影响我国社会主义现代化目标的实现。党的十一届三中全会明确提出："全党目前必须集中主要精力把农业尽快搞上去。"[①]面对人民公社体制存在的管理过于集中、经营方式单一等问题，以及农村经济发展面临的挑战，党中央审时度势，积极支持地方探索农村改革。1979 年 9 月 28 日党的十一届四中全会通过了《中共中央关于加快农业发展若干问题的决定》，指出要调动农民的生产积极性，允许他们在国家统一计划的指导下因时因地制宜，保障农民在这方面的自主权，发挥他们的主动性。在这一决定的推动下，安徽、四川、云南、广东等省开始试行包产到户、包干到户的生产责任制度。农村政策放宽后，一些适宜实行包产到户的地方采取了这种措施，取得显著成绩。1979 年，四川省粮食产量达到 640 亿斤，比上一年增长 40 亿斤；1980 年，贵州省粮食产量达到 129.6 亿多斤，成为中华人民共和国成立以来的第二个高产年。这些变化表明农村社会分工和商品经济得以发展，低水平的集体化就能发展到高水平，集体经济也会更加稳固。1980 年 9 月，中共中央召开省、市、自治区党委第一书记会议，并印发《进一步加强和完善农业生产责任制的几个问题》的会议纪要，指出实

① 中国共产党第十一届中央委员会第三次全体会议公报[EB/OL].（1987-10-25）. https://www.gov.cn/test/2009-10/13/content_1437683.htm.

行包产到户是联系群众，发展生产，解决温饱问题的一种必要的措施，不会脱离社会主义轨道，没有复辟资本主义的危险。在国家的明确支持和大力推动下，实行包产到户和包干到户的生产队比例迅速从 1980 年的 50%增加到 1982 年 6 月的 86.7%。[①]农村家庭联产承包责任制以包产到户和包干到户为主要形式，将集体所有的土地长期承包给农户使用，既保持了土地公有制的基础，以便集体管理和使用不适宜个体农民独自经营和使用的农业生产工具和水利设施，同时在相当程度上使农民获得生产和分配的自主权，有效地解决了过度集中经营管理和平均主义分配的问题。这一制度一经推广，得到广大农民的热烈欢迎，提高了农民的劳动积极性，促进了农业生产的快速发展。

2. 城市经济体制改革

随着农村经济体制改革的顺利进行，城市经济体制改革也逐步展开。1979 年 4 月，中央工作会议提出城市经济体制改革的原则和方向：主体仍以计划经济为主，同时充分重视市场调节的辅助作用；扩大企业的自主权，将企业经营与职工的物质利益挂钩；按照统一管理、分级领导的原则，划分中央和地方的管理权限；精简行政机构，更好地运用经济手段来管理经济。在这次会议精神的指导下，国家经济委员会等 6 部门选择了首都钢铁公司、天津自行车厂、上海柴油机厂等 8 家企业作为扩大企业自主权的改革试点。同年 7 月，国务院印发了《关于扩大国营工业企业经营管理自主权的若干规定》等文件，指导改革并扩大试点范围。到同年底，全国试点企业扩展到 4200 个，1980 年达到 6600 个，约占预算内工业企业的 16%，产值和利润分别占 60%和 70%左右。[②]这一改革在传统的计划经济体制上开辟了新途径，使企业获得了部分自主计划、产品销售、资金使用和干部任免的权利，初步改变了企业只能按照国家指令性计划生产而无法准确了解市场需求的弊病。1981 年春季，经济责任制改革开始在一些企业中试行，致力于划分国家与企业、企业与职工之间的权利责任关系，同时以按劳分配为原则激发企业和职工的生产积极性。同年 10 月，国务院批转了《关于实行工业生产经济责任制若干问题的意见》，提出实行经济责任制的两个关键环节：国家对企业实行经济责任制，企业对职工实行经济责任制。同时，提出改革的总目标，即将企业和职工的经济利益与经济效益紧密联系起来，使职工以主人翁的态度，用最小的人力和物力消耗获得最大的经济效益。不久之后，经济责任制很快在全国 3.6 万个工业企业中推行改革。与扩大企业自主权的改革一样，经济责任制的实施是我国经济体制改革的重要一步，对提高经济效益和促进经济发展发挥了积极作用。

3. 所有制结构的局部调整

与上述城市经济体制改革同时进行的，还有所有制结构的局部调整。1979 年，为解决返城知青就业问题，促进经济活力，党中央决定支持城镇集体经济和个体经济发展，允许多种经济形式同时存在。1980 年 8 月，党中央召开全国劳动就业工作会议，明确提出解决城镇就业问题必须大力支持各种类型的自负盈亏的合作经济，并积极鼓励

---

① 朱思雄，高云才，常钦. 小岗村大包干拉开了我国农村改革序幕 中国农民的伟大创造（辉煌历程）[EB/OL].（2021-03-17）. http://politics.people.com.cn/n1/2021/0317/c1001-32053069.html.

② 石建国. 改革开放后党对经济体制改革的理论探索与国企改革的路径选择[J]. 党的文献，2013（4）：89-96.

自谋出路的个体经济。在取得显著成绩的情况下，1981 年 10 月，中共中央、国务院发布《关于广开门路，搞活经济，解决城镇就业问题的若干决定》。文件充分肯定通过发展多种所有制经济解决劳动就业问题的方法，并对多种所有制经济同时并存给予新的评价：在社会主义公有制经济占优势的根本前提下，实行多种经济形式和多种经营方式长期并存，是我党的一项战略决策，决不是一种权宜之计。这一重要论述为我国经济结构改革提供了以公有制为主体、多种所有制形式长期并存的宏观方向，为随后进一步总结我国社会主义初级阶段基本路线提供了理论准备。

（二）对外开放

党的十一届三中全会后，我国在激发内部经济活力的同时，也在加速对外开放的步伐。随着国际局势在 20 世纪 70 年代逐渐缓和，我国与其他国家的经济联系日益密切，为新时期制定并实施对外开放政策提供了有利的外部环境。邓小平及时提出："要实现四个现代化，就要善于学习，大量取得国际上的帮助。要引进国际上的先进技术和装备，作为我们发展的起点。"①这是对毛泽东时代对外开放实践经验的科学总结，绝不是对过去良好传统的抛弃和违背。

在新的对外开放政策的指引下，吸引和利用外资，设立中外合资和中外合作企业，成为一种具有开创性的方式。1978 年 11 月，面对国家计划委员会关于是否可以进行中外合资轿车项目的询问，邓小平肯定地回答，"可以，不但轿车可以，重型车也可以嘛"②，并详细阐述了中外合资经营的六个优势。1979 年 7 月，在第五次驻外使节会议上，邓小平强调："现在比较合适的是合资经营，比补偿贸易好，因为合资经营风险是双方承担。"③同年 10 月，中共中央召开的各省、市、自治区第一书记座谈会再次强调了中外合资经营的好处，明确表示这是利用外资的主要方式。为确保合资企业的健康发展，国家及时颁布了相关法律法规。1979 年 7 月 1 日，五届全国人大二次会议通过了《中华人民共和国中外合资经营企业法》；1980 年 7 月 26 日，国务院颁布了《中外合资经营企业登记管理办法》、《中外合资经营企业劳动管理规定》以及《关于中外合营企业建设用地的暂行规定》；同年 9 月 10 日，五届全国人大三次会议通过了《中华人民共和国中外合资经营企业所得税法》。这些法规的制定为我国利用外资提供了重要的法律依据，对改革开放事业产生了多方面的积极影响。截至 1982 年底，我国已建立 83 家合资企业，同时设立了近 800 家合作经营企业。④

此外，成立经济特区是我国对外开放的一项伟大举措。早在 1978 年 4 月，国家计划委员会和外贸部曾向中央提议，借鉴香港、澳门的成功经验，将宝安、珠海两县划为出口基地，争取在三到五年内将其建设成为对外生产基地、加工基地以及吸引港澳同胞游览的区域。1979 年 1 月，广东省革命委员会和交通部共同起草的《关于我驻香港招

---

① 邓小平. 邓小平文选 第二卷[M]. 2 版. 北京：人民出版社，1994：132-133.

② 颜光明. 大国汽车的转身[EB/OL].（2009-09-24）. https://zqb.cyol.com/content/2009-09/24/content_2867196.htm.

③ 中共中央文献研究室. 邓小平思想年编（一九七五——一九九七）[M]. 北京：中央文献出版社，2011：248-249.

④ 陈坚，李东方，刘志新，等. 砥砺奋进 40 年璀璨夺目耀神州：改革开放 40 年伟大历程、辉煌成就及宝贵经验[J]. 共产党员，2018（1）：10-11.

商局在广东宝安建立工业区的报告》获得中央批准。同年，国务院还批准将宝安县改为深圳市，将珠海县改为珠海市，并在两地设立出口基地。同年4月，广东省委提出希望中央下放若干权力，使广东在对外经济活动中拥有必要的自主权，允许在毗邻港澳的深圳、珠海和汕头设立出口加工区。同时，福建省委也提出了类似的构想，均得到了中央的支持。1979年6月6日，广东省委向中共中央、国务院提交了《关于发挥广东优越条件，扩大对外贸易，加快经济发展的报告》。三天后，福建省委也向中央提交了《关于利用侨资、外资，发展对外贸易，加速福建社会主义建设的请示报告》。1979年7月15日，中共中央、国务院作出批示，正式批准两省对外经济活动实行特殊政策和灵活措施，给地方以更多的主动权，使之发挥优越条件，抓紧当前有利的国际形势，先走一步，把经济尽快搞上去。这是一个重要的决策，对加速我国的四个现代化建设具有重要意义。

随着特区经济蓬勃发展，中共中央、国务院于1980年5月正式决定将"出口特区"更名为"经济特区"，并明确特区应积极吸引侨资、外资，学习国外先进的科学技术和管理经验。特区的发展必须采取既积极又慎重的策略，并逐步实施；在坚持四项基本原则和不损害国家主权的前提下，特区的管理体制和政策可以采取与内地不同的方式；特区经济主要依赖市场调节。同年8月，五届全国人大常委会第十五次会议批准设立深圳、珠海、汕头、厦门经济特区，并通过了《广东省经济特区条例》。设立经济特区的目的在于在特区内实施一系列与国内其他地区不同的特殊政策和管理体制，以寻求激发经济的新路径。在中央政策的推动下，特区经济呈现出良好的发展势头，成为改革开放的象征。特别是深圳，到1982年已从一个边陲小镇发展成一个初具规模的新兴城市，呈现出蓬勃发展的景象。

1984年5月，中共中央、国务院批转《沿海部分城市座谈会纪要》，同意开放大连等14个沿海港口城市，提出扩大这些城市的自主权，包括放宽利用外资建设项目的审批权限；增加外汇使用额度和外汇贷款；积极支持利用外资、引进先进技术改造老企业；对中外合资、合作经营企业及外商独资企业，给以若干优惠待遇等。这是利用沿海大中港口城市的优势，扩大对外开放，促进社会主义现代化建设的重大决策。随着对外开放新格局的初步形成，我国在引进外资、引进先进科技和管理经验方面取得了显著成就，为推动我国经济社会持续快速发展奠定了基础。

二、"三步走"战略

1982年9月，党的十二大明确了中国经济建设的战略目标、战略重点和战略步骤，标志着中国社会主义建设进入新的历史时期，相较于计划经济时期的经济发展政策，这一战略在经济目标、发展重点及再生产方式上发生了重大变革。新战略强调以提高经济效益为产值增长的前提条件，明确制定适宜的经济增长速度，摒弃了以总产值数量增长为唯一目标的做法。在发展重点上，特别注重经济结构的合理化，将农业、能源、交通等基础产业及科学技术列为战略重点，不再片面强调发展重工业。在再生产方式上，弃用过去依赖大量财物投入扩张再生产的模式，转向依靠技术进步、提高劳动生产率，进行内涵扩大再生产。

综合而言，党的十二大提出的经济发展战略将提高经济效益置于经济增长和扩大再生产的前提地位，强调把全部经济工作转到以提高经济效益为中心的轨道上来，标志着对现代经济增长和发展战略的重要转变。

1987 年 10 月，党的十三大报告系统阐述了社会主义初级阶段和党的基本路线，明确了在社会主义初级阶段，发展社会生产力所要解决的历史课题，是实现工业化和生产的商品化、社会化、现代化。党的十一届三中全会以后，我国经济建设的战略部署大体分三步走。第一步，实现国民生产总值比 1980 年翻一番，解决人民的温饱问题。这个任务已经基本实现。第二步，到 20 世纪末，使国民生产总值再增长一倍，人民生活达到小康水平。第三步，到 21 世纪中叶，人均国民生产总值达到中等发达国家水平，人民生活比较富裕，基本实现现代化。然后，在这个基础上继续前进。实现第二步奋斗目标，我们有很多有利条件，也存在不少困难和矛盾。矛盾的焦点是经济活动的效益太低。因此，必须坚定不移地贯彻执行注重效益、提高质量、协调发展、稳定增长的战略。从粗放经营逐步转上集约经营为主的轨道。为此，要着重解决好以下三个重要问题：把发展科学技术和教育事业放在首要位置，使经济建设转到依靠科技进步和提高劳动者素质的轨道上来；保持社会总需求和总供给基本平衡，合理调整和改造产业结构；进一步扩大对外开放的广度和深度，不断发展对外经济技术交流与合作。

这一时期，国家推出了第六个五年计划（1981—1985 年），目标是稳定增长，调整结构，提高效益。1986 年，六届全国人大四次会议通过了《中华人民共和国国民经济和社会发展第七个五年计划》（1986—1990 年），这一计划突出了社会总需求与总供给基本平衡，国民经济稳定增长的核心思想，强调正确处理质量和数量、效益和速度的关系，为后来的发展奠定了基础。

自 20 世纪 80 年代开始，中国实施“三步走”战略，取得了比较显著的经济成就。1980 年的 GDP 为 4595.7 亿元，人均 GDP 为 468 元；1990 年 GDP 为 18909.6 亿元，人均 GDP 为 1666 元；2000 年 GDP 为 101308.6 亿元，人均 GDP 为 8024 元。①

第三节 市场经济体制确立初期的国民经济发展战略

一、国民经济发展战略重点

1992 年 10 月，党的十四大报告详细阐述了建设有中国特色社会主义理论的主要内容，包括社会主义的发展道路、发展阶段、根本任务、发展动力，以及社会主义建设的外部条件、政治保证、战略步骤等。报告明确提出，我国经济体制改革的目标是建立社会主义市场经济体制，以利于进一步解放和发展生产力。在经济战略方面，报告指出，当前国际竞争的实质是以经济和科技实力为基础的综合国力较量。世界上许多国家特别是我们周边的一些国家和地区都在加快发展，我国必须加快经济发展，以确保社会主义

① 数据来源：国家统计局。参见 https://data.stats.gov.cn/easyquery.htm?cn=C01.

制度的巩固和国家的长治久安。这不仅是重大的经济问题，而且是重大的政治问题。报告指出，20 世纪 90 年代中国经济的发展速度，原定为国民生产总值平均每年增长 6%，但根据初步测算，增长 8%到 9%是可能的。报告强调，在提高质量、优化结构、增进效益的基础上，努力实现这一发展速度。到 20 世纪末，中国国民经济整体素质和综合国力将迈上一个新的台阶，国民生产总值将超过原定比 1980 年翻两番的要求，人民生活将由温饱进入小康。报告敦促抓住有利时机，加速发展，鼓励有条件的高质量、效益好、适应国内外市场需求变化的项目。同时，报告强调要坚持实事求是，注意量力而行，确保综合平衡。

1997 年 9 月，党的十五大报告对邓小平理论的历史地位和指导意义作了深刻阐述，并系统阐述了社会主义初级阶段的基本路线和纲领。报告明确指出，社会主义初级阶段社会的主要矛盾是人民日益增长的物质文化需要同落后的社会生产之间的矛盾。这一主要矛盾贯穿我国社会主义初级阶段的整个过程和社会生活的各个方面。党的十五大将原来"三步走"战略中预期到 21 世纪中叶实现的经济社会发展目标进一步具体化，提出 21 世纪的第一个 10 年实现国民生产总值比 2000 年翻一番，使人民的小康生活更加宽裕，形成比较完善的社会主义市场经济体制；再经过 10 年的努力，到建党一百年时，使国民经济更加发展，各项制度更加完善；到 21 世纪中叶建国一百年时，基本实现现代化，建成富强民主文明的社会主义国家。报告强调，中国需要积极推进经济体制和增长方式的根本转变，为 21 世纪中叶基本实现现代化打下坚实基础。在这个时期，建立比较完善的社会主义市场经济体制，保持国民经济持续快速健康发展，是必须解决好的两大课题。

2002 年 11 月，党的十六大报告提出全面建设小康社会的奋斗目标。在完成现代化建设"三步走"战略的第一步和第二步目标后，人民生活总体上达到小康水平。然而，巩固和提高当前小康水平仍需要经过长时间的努力奋斗。报告指出，要在 21 世纪头 20 年，集中力量全面建设惠及十几亿人口的更高水平的小康社会，这是实现现代化建设第三步战略目标必经的承上启下的发展阶段。全面建设小康社会的目标之一是，在优化结构和提高效益的基础上，GDP 到 2020 年力争比 2000 年翻两番，综合国力和国际竞争力明显增强。根据世界经济科技发展新趋势和我国经济发展新阶段的要求，21 世纪头 20 年经济建设和改革的主要任务是，完善社会主义市场经济体制，推动经济结构战略性调整，基本实现工业化，大力推进信息化，加快建设现代化，保持国民经济持续快速健康发展，不断提高人民生活水平。前十年要全面完成"十五"计划和 2010 年的奋斗目标，使经济总量、综合国力和人民生活水平再上一个大台阶，为后十年的更大发展打好基础。

从 20 世纪 90 年代到 21 世纪初，中国在经济快速增长的战略指导下实现了高速发展。根据国家统计局数据，2003—2007 年，中国经济连续 5 年保持两位数增长，而 2000—2010 年，中国 GDP 平均增速达到 10.54%。[①]然而，根据发展战略框架，快速增长要求在提高质量、优化结构、增进效益的基础上争取更快发展，走一条既有较高速度

① 李建伟. 中国经济增长四十年回顾与展望[J]. 管理世界. 2018，34（10）：11-23.

又有较好效益的国民经济发展之路。党的十五大报告明确提出积极推进经济体制和经济增长方式的根本转变，走出一条速度较快、效益较好、整体素质不断提高的经济协调发展的路子。党的十六大报告将工业化、信息化、现代化相结合，指出信息化是我国加快实现工业化和现代化的必然选择。坚持以信息化带动工业化，以工业化促进信息化，走出一条科技含量高、经济效益好、资源消耗低、环境污染少、人力资源优势得到充分发挥的新型工业化路子。走新型工业化道路，必须发挥科学技术作为第一生产力的重要作用，注重依靠科技进步和提高劳动者素质，改善经济增长质量和效益。同时，要推进产业结构优化升级，形成以高新技术产业为先导、基础产业和制造业为支撑、服务业全面发展的产业格局。这些战略思想和产业政策为科学发展、高质量发展提供了理论支持。

2007 年 10 月，党的十七大报告指出，新时期最显著的成就就是快速发展。我们党实施现代化建设的“三步走”战略，带领人民艰苦奋斗，推动我国以世界上少有的速度持续快速发展起来。报告同时指出了前进中面临的困难和问题，包括经济增长的资源环境代价过大，城乡、区域、经济社会发展仍然不平衡等。为了解决发展中的突出困难和问题，深入贯彻科学发展观是必不可少的。进入新世纪新阶段，我国呈现出一系列新的阶段性特征，如长期形成的结构性矛盾和粗放型增长方式尚未根本改变。我国仍然处于社会主义初级阶段的基本国情没有变，人民日益增长的物质文化需要同落后的社会生产之间的矛盾这一社会主要矛盾没有变。立足社会主义初级阶段这个最大的实际，科学分析我国全面参与经济全球化的新机遇新挑战，全面认识工业化、信息化、城镇化、市场化、国际化深入发展的新形势新任务，深刻把握我国发展面临的新课题新矛盾，更加自觉地走科学发展道路，奋力开拓中国特色社会主义更为广阔的发展前景。科学发展观，第一要义是发展，核心立场是以人为本，基本要求是全面协调可持续，根本方法是统筹兼顾。

为了符合科学发展观的要求，党的十七大报告在实现全面建设小康社会奋斗目标的新要求中指出，在优化结构、提高效益、降低消耗、保护环境的基础上，实现人均 GDP 到 2020 年比 2000 年翻两番。加快转变经济发展方式，推动产业结构优化升级，这是关系国民经济全局紧迫而重大的战略任务。要坚持走中国特色新型工业化道路，坚持扩大国内需求特别是消费需求的方针，促进经济增长由主要依靠投资、出口拉动向依靠消费、投资、出口协调拉动转变，由主要依靠第二产业带动向依靠第一、第二、第三产业协同带动转变，由主要依靠增加物质资源消耗向主要依靠科技进步、劳动者素质提高、管理创新转变。

二、典型发展战略

（一）城乡一体化发展战略

20 世纪 80 年代，中国农村改革取得了显著成就。随着家庭联产承包责任制在全国的推广和人民公社制度的废除，农民的积极性、主动性和创造性得到了充分发挥，农民收入普遍增加，乡镇企业崭露头角，城乡差距缩小，农村面貌迅速改观。农村改革的成功为城市经济体制改革创造了有利条件。然而，80 年代后期改革重心的转移客观上造成了农村发展的相对滞后。到 90 年代，农村地区开始面临一些问题，包括农村改革滞后于城市改革，城乡差距持续扩大，农村剩余劳动力问题等，这些问题严重影响着经济社会的健康发展，对社会稳定也构成严重威胁。

面对“三农”问题的紧迫形势及其引发的社会危机，党和政府高度关注，采取了一系列措施，如减轻农民负担、维护农民用地权、进行税费改革等。然而，这些措施在实施过程中存在局限性，未能从根本上解决“三农”问题的困境。实践证明，不改革城乡二元结构，“三农”问题无法从根本上解决。因此，自党的十六大以来，党中央以全新的思路深入思考“三农”问题，认识到以往简单的减轻农民负担等方式已无法根本解决农村社会面临的问题，必须通过统筹城乡的方法彻底解决现代化进程中出现的城乡矛盾，于是提出了城乡一体化发展战略，并逐步形成了一个完整的推进城乡一体化发展的战略体系。这一战略体系严密有序，涵盖的内容丰富多彩，包括战略目标、战略重点、战略方针、战略方法、战略实质和战略举措等多个方面。

城乡一体化是指在工业化、城镇化水平发展到一定阶段，城市与农村逐步实现结合，以城市带动农村，以工业促进农业，城乡互动，最终实现城乡经济、政治、文化、社会、生态的协调发展。城乡一体化发展战略是我党在不断总结“三农”经验，统筹城乡的实践中与时俱进的成果，它提供了城乡改革的新思路和解决“三农”问题的治本之策。

1. 战略目标：缩小城乡差距，努力形成城乡经济社会一体化发展新格局

城乡发展差距主要表现在城乡居民收入、消费水平、社会发展、公共投入等方面存在明显差异。城乡之间的收入、消费、社会投入等方面的不均衡，使得城乡之间的经济社会发展呈现出非良性互动、非协调互利、非和谐共赢等现象。城乡经济社会发展的巨大差距不仅是“三农”问题的主要难题，还成为中国经济社会健康和谐发展的严重阻碍。

基于对我国城乡发展差距的严重性及其潜在危害的深刻认识，党中央在党的十六大后积极推动城乡一体化，旨在通过整合城乡发展、深化农村改革、加强农业政策和财政支持，促进城乡协调发展，消除城乡差距，构建起城乡和谐发展新格局，推动城乡经济社会发展跨上新的台阶，最终实现城乡共同繁荣的目标。

2. 战略重点：破除城乡二元结构，着力解决“三农”难题

中国城乡一体化发展所面临的最大挑战在于长期存在的城乡二元结构。中华人民共和国成立后，为了在短时间内快速建立现代工业基础体系，我国制定和实施了重工业优先发展的经济发展战略，在此期间，形成了农业支持工业、农村支持城市的城乡二元结构。虽然城乡关系逐步调整，但这一深层次结构性矛盾仍未完全破解，制约着我国经济社会的均衡发展。

党的十六大以来，城乡改革的关注点逐渐转向破除城乡二元结构。党的十七届三中全会通过的《中共中央关于推进农村改革发展若干重大问题的决定》中指出：“我国总体上已进入以工促农、以城带乡的发展阶段，进入加快改造传统农业、走中国特色农业现代化道路的关键时刻，进入着力破除城乡二元结构、形成城乡经济社会发展一体化

新格局的重要时期。”[①]党中央将破除城乡二元结构作为推动城乡一体化发展的重点和难点，充分认识到这是关键环节。

3. 战略方针：以工促农、以城带乡，城乡协调发展

城乡一体化战略方针的提出与十六大后党对我国工农城乡关系发展趋势的深刻认识密切相关。2004 年 9 月，在党的十六届四中全会上，胡锦涛阐述了“两个趋向”的重要观点：“综观一些工业化国家发展的历程，在工业化初始阶段，农业支持工业、为工业提供积累是带有普遍性的趋向；但在工业化达到相当程度以后，工业反哺农业、城市支持农村，实现工业与农业、城市与农村协调发展，也是带有普遍性的趋向。”[②]这一判断科学揭示了工农、城乡之间的关系在工业化进程中的演进规律，为今后发展明确了变“农业支持工业”为“工业反哺农业、城市支持农村”的大方向。同年 12 月，在中央经济工作会议上，胡锦涛再次强调：“我国现在总体上已到了以工促农、以城带乡的发展阶段。我们应当顺应这一趋势，更加自觉地调整国民收入分配格局，更加积极地支持‘三农’发展。要站在全局的高度重视发展农业，动员全党全社会都来关心和支持农业。”[③]2005 年中央农村工作会议上，总理温家宝提出：“今后，各大中城市都要切实履行市带县、市帮县的责任，通盘制定城乡发展规划，加大市级财政性建设资金对郊区和所属县乡的投入，加大公共基础设施向农村的延伸，同时组织城市有关单位和企业帮扶农村，增强城市对农村的辐射和带动作用。”[④]党的十七大更是明确提出，要建立以工促农、以城带乡长效机制，形成城乡经济社会发展一体化新格局。“工业反哺农业、城市支持农村”的方针为推进城乡一体化确立了正确方向和政策基点。这一方针体现了现代化建设的基本要求，完全符合广大城乡人民的共同利益。只有通过工业提高农业生产效率，通过城市带动农村发展，才能逐步消除体制壁垒，缩小城乡差距，形成城乡经济社会发展协调的全新格局，最终实现人民共同富裕的目标。

4. 战略方法：城乡统筹，均衡分配公共资源

2002 年党的十六大提出“统筹城乡经济社会发展”的思路，2003 年中央农村工作会议则将“三农”问题作为全党工作的重中之重。此后，中央逐年加大城乡统筹的力度，并将均衡分配公共资源作为其中的主要着力点，以促进城乡一体化。党的十六大以来，在统筹城乡发展过程中，党中央特别关注以下方面：一是健全强农惠农政策体系，积极推动资源要素向农村配置，不断加大国家对农业农村投入的力度，包括财政补贴和金融服务等。二是提高现代农业装备水平，促进农业发展方式转变；通过国家财政投入带动社会投入（包括农民自身的投入），尤其注重稳定发展粮食等大宗农产品的生产，推进“菜篮子”产品的标准化生产，加强水利基础设施建设，建设高标准农田，提高农业科技创新和推广能力，构筑生态安全屏障。三是加快改善农村民生，缩小城乡公共事

① 中共中央关于推进农村改革发展若干重大问题的决定[EB/OL].（2008-10-19）. https://www.gov.cn/test/2008-10/31/content_1136796.htm.

② 中共中央文献研究室. 十六大以来重要文献选编 中册[M]. 北京：中央文献出版社，2006：311.

③ 2004 年中央经济工作会议[EB/OL].（2008-12-05）. https://www.gov.cn/test/2008-12/05/content_1168928_2.htm.

④ 温家宝. 关于当前农业和农村工作的几个问题[EB/OL].（2005-12-29）. https://www.gov.cn/gongbao/content/2006/content_219928.htm.

业发展差距；通过多角度推进城乡统筹和城乡一体化，使农村的公共事业逐渐接近城镇。四是协调推进城乡改革，增强农业农村发展活力；在农村基本经营制度、土地管理制度、城镇化发展的制度创新等方面实现城乡联动、共同发展。由于加强了城乡统筹，积极推进城乡要素平等交换和公共资源均衡配置，城乡一体化发展战略的实施给农民带来了实实在在的利益，有效提高了农民收入水平和农村经济社会发展水平。优质教育、卫生等公共服务延伸到更多农村，生活基础设施如天然气、自来水也普及到农村，许多地区农民的生活条件和服务保障已经跟上城市步伐。城乡一体化战略得到了广大农民的拥护和支持。

5. 战略实质：确立新型工农、城乡关系，解放城乡社会生产力

城乡一体化战略实质是从根本上打破传统不合理的城乡利益格局，推动形成城乡和谐、协同发展的新型城乡关系和新的经济社会发展格局，从而极大地解放和发展城乡社会生产力，使城乡人民共享改革发展成果，使亿万农民平等参与现代化进程，共同分享现代化成果。党的十六大以来，党中央发布了一系列关于促进城乡发展的政策和关于解决“三农”问题的一号文件。这些政策和文件的基本目标是根本性地改变和调整不合理的城乡发展政策，从根本上解决长期困扰中国社会的“三农”问题，为中国城乡经济社会发展开辟新的道路。这一城乡发展道路的开辟既是新城乡体制机制构建的过程，也是旧城乡结构和体制机制的破除与重构过程。这个改革过程在本质上是一场新的城乡革命，旨在打破不合理的社会生产关系，重新构建新的社会生产关系，更进一步解放和发展社会生产力，同时，对亿万农民的基本权益进行保护和发展，追求社会公正。党的十八届三中全会的《中共中央关于全面深化改革若干重大问题的决定》对此进行了深入阐述，明确指出：“城乡二元结构是制约城乡发展一体化的主要障碍。必须健全体制机制，形成以工促农、以城带乡、工农互惠、城乡一体的新型工农城乡关系，让广大农民平等参与现代化进程、共同分享现代化成果。”①只有准确把握城乡一体化战略的本质，才能在发展过程中坚持正确方向，切实保障和促进广大人民特别是农民的利益，确保农民在城镇化和工业化中获得更多机会，平等参与现代化建设，分享现代化成果。这样的城乡一体化才能真正体现社会主义共同富裕的要求，推动社会主义新农村建设取得新的进展。

6. 战略举措：积极构建统筹城乡发展的制度和政策体系

推进城乡一体化是一项长期而艰巨的任务，保证其持续有效的关键在于构建科学的城乡发展政策体系和建立促进城乡经济社会一体化的制度框架。党的十六大以来，随着经济的快速增长和国力的不断增强，我国初步形成了惠农、强农、富农方面政策体系，基本确立了符合城乡发展需求的制度框架。在城乡统筹发展进程中，各级政府积极贯彻党中央的指导方针，推动农业现代化与工业化城镇化同步发展。着力调整国民收入分配格局和城乡利益关系，重点将社会事业和基础设施建设聚焦于农村，确保财政新增的教育、卫生、文化、医疗等经费和固定资产投资增量主要用于农村。这些年来，中央

① 中共中央关于全面深化改革若干重大问题的决定[EB/OL].（2013-11-15）. https://www.gov.cn/zhengce/2013-11/15/content_5407874.htm.

采取了一系列举措，如取消农业税、实行农业生产补贴、全面放开粮食购销、推进集体林权制度改革等，取得了显著成果。农民减负、农业生产补贴、农村社会保障等政策逐步扩展，农产品市场化流通机制逐步健全。推进集体林权制度改革，改革农村义务教育经费保障机制，建立新型农村社会保障体系，使广大农民“学有所教、劳有所得、病有所医、老有所养、住有所居”。同时，开展清理拖欠农民工工资行动等，大力促进农民工就业，提高其工资水平和社会保障标准，改善居住条件，解决随迁子女入学问题，促进对农民工的公平对待。这些综合措施的实施不仅取得了显著成就，也为城乡社会发展带来了新的和谐稳定局面。

（二）区域协调发展战略

1. 西部大开发战略

1999 年 9 月，党的十五届四中全会通过了《中共中央关于国有企业改革和发展若干重大问题的决定》，明确提出了实施西部大开发战略。同年 11 月，在中共中央、国务院召开的中央经济工作会议上，实施西部大开发战略作为 2000 年工作的重要方面之一。

西部大开发战略的初衷在中共中央制定国民经济和社会发展第 10 个五年计划时就已明确，旨在于5～10年内取得西部地区基础设施和生态环境建设方面的突破性进展。该战略要点包括：抓好交通、水利、通信、电网、城市基础设施等工程，同时加强生态建设和环境保护，以有计划、有步骤的方式推进退耕还林还草等生态工程；积极调整产业结构，推动科技教育等发展，以确保西部开发有良好的起步；“增加资金投入”，这是推进西部开发的重要政策之一。

西部大开发战略实施伊始，就将中央政府投资重点放在了西部地区基础设施建设和生态环境保护上。在 2000—2002 年期间，中央财政发行 4500 亿元长期建设国债，用于西部建设，其中中央安排的西部地区国债资金占同期国家国债投资总规模的44.8%。①这些资金主要用于农、林、水利、公路、铁路、民航等交通项目，城市基础设施，农村电网建设和改造，扶贫和环保项目，教育、文化、卫生设施等领域。这些措施带动了西部地区固定资产投资增长，增速甚至高于东部地区。在国家大力支持下，一系列重大项目如“青藏铁路”“退耕还林”“西气东输”等相继启动。2000—2016 年即《西部大开发“十三五”规划》出台之前的 10 多年间，累计建设了 300 项重点工程，总投资超过 6.35 万亿元。②

进入 21 世纪以来，西部大开发战略的实施有效扩大了国内需求，促进了西部地区和民族地区的经济社会全面进步，推动了我国经济结构的战略性调整。在政府持续多年的扶持下，西部地区与东部沿海地区的差距呈现出缩小的趋势。2007 年起，西部地区的生产总值增速超过东部，连续 12 年快于东部。

---

① 王丹莉. 新中国西部开发战略的历史演进与未来趋势分析：基于“市场—政府”协作视角[J]. 农村金融研究，2020（7）：3-9.

② 发展改革委：2016 年西部大开发新开工 30 项重点工程[EB/OL].（2016-12-19）. https://www.gov.cn/xinwen/2016-12/19/content_5149514.htm.

2. 东北振兴战略

2002 年 11 月，党的十六大报告首次提出了“支持东北地区等老工业基地加快调整和改造”，为振兴东北老工业基地奠定了基础。2003 年 10 月，中共中央、国务院正式印发《关于实施东北地区等老工业基地振兴战略的若干意见》，明确了将老工业基地调整改造成为技术先进、结构合理、功能完善、特色明显、机制灵活、竞争力强的新型产业基地的目标。国家先后出台一系列政策支持东北振兴，涵盖基础设施、国债投资、财税金融、国有企业改革、社会保障、科技人才、沉陷区治理等多个方面。

在国有企业改革方面，东北地区开展了国有工业企业产权制度改革，通过政策性破产、核销坏账、剥离不良资产等措施，国企成功卸下历史包袱。产业竞争力逐步重塑，国家大力支持东北老工业基地的技术先进装备自主化，一系列重大技术装备的研制取得成功。企业“走出去”也成效显著，成功并购国外知名企业。

在民生工程方面，东北地区实施了棚户区改造等重大工程，取得显著成效。同时，教育、医疗、文化等社会事业也得到加强，基本公共服务保障能力提升，社会矛盾得到了缓解。

针对资源枯竭城市，国家实施了经济转型试点，支持这些城市发展接续替代产业，通过转移支付和专项补助资金、重大民生工程建设、修复生态环境等措施，有效缓解了资源枯竭城市的问题。

生态环境和基础设施方面，东北地区通过森林建设、水质改善、能耗减排等措施，取得显著成果，基础设施条件也得到明显改善，高速公路、铁路、机场建设成效显著，港口吞吐能力大幅提升。

综合来看，东北振兴战略的实施在国有企业改革、产业转型、民生工程、资源枯竭城市治理、生态环境改善等多个方面取得了重要的阶段性成果，为东北老工业基地实现全面振兴奠定了坚实基础。

3. 中部地区崛起战略

中部地区崛起是我国推动中部六省共同崛起的一项重大战略。该战略在 2004 年 3 月的政府工作报告中首次提出，其进一步的部署则是体现在 2005 年 3 月的政府工作报告中。中部地区在全国区域发展格局中处于举足轻重的战略地位。推动中部地区崛起是落实四大板块区域布局和“三大战略”的重要内容，旨在构建全国统一大市场，促使东中西区域形成良性互动协调发展，优化国民经济结构，保持经济持续健康发展，以及确保如期实现全面建设小康社会目标。

2006 年 4 月 15 日，《中共中央、国务院关于促进中部地区崛起的若干意见》正式发布，提出了促进中部地区崛起的总体要求、基本原则和主要任务。其中，中部地区被定位为全国重要粮食生产基地，能源、原材料基地，现代装备制造及高技术产业基地和综合交通运输枢纽，通常称之为“三基地、一枢纽”。具体而言，该战略规定了中部地区的定位和发展方向，强调了加强基础设施建设、提升科技创新能力、加大生态环境保护力度等方面的任务。战略的实施目标包括推动中部地区在国家经济总量中占比逐步提高、经济结构更加优化、综合竞争力明显增强等方面取得显著进展。

2009 年 9 月 23 日，国务院常务会议讨论并原则通过了《促进中部地区崛起规划》。2012 年 8 月 31 日，《国务院关于大力实施促进中部地区崛起战略的若干意见》发布。这些文件强调了战略的重要性，明确了政府的支持政策，旨在推动中部地区崛起，成为国家实现全面建设小康社会目标的重要支撑。其内容主要包括以下几点。

（1）打造全国重要先进制造业中心。着力巩固全国重要能源原材料基地、现代装备制造和高技术产业基地的地位。强调创新驱动发展战略，积极推动大众创业万众创新。

（2）建成全国新型城镇化重点区。健全新型城镇化机制，大力发展城市经济。努力吸引农民工返乡创业就业，同步推进市民化进程。积极探索就地就近城镇化道路，推动城镇化取得突破性进展，为提升全国城镇化水平奠定坚实基础。

（3）发展全国现代农业发展核心区。提高农业综合生产能力，巩固提升全国重要粮食生产基地地位。加快推进农业现代化，促使农业生产方式由数量规模型向质量效益型转变。为保障国家粮食安全和农产品有效供给，增强农业竞争力，作出新的贡献。

（4）建设全国生态文明建设示范区。充分发挥江西全国生态文明示范省、武汉城市圈、长株潭城市群“两型社会”综合配套改革试验区、山西省资源型经济转型综合配套改革试验区等平台的作用。积极探索创新生态文明建设机制，塑造一批全国生态文明建设典范。

（5）全方位开放重要支撑区。充分抓住推进“一带一路”建设的重大机遇。积极融入京津冀协同发展、长江经济带发展战略。推进高水平双向开放，构建全方位、多层次、宽领域的开放发展新格局，为经济发展注入新活力。

促进中部地区的全面崛起，对于中国的全面建设小康社会目标、经济结构优化、城乡协调发展以及全国统筹区域发展等方面都有着重要而积极的意义。

第四节　新时代的国民经济发展战略

一、新时代国民经济发展战略重点

2012 年 11 月，党的十八大报告中提出，必须更加自觉地把全面协调可持续作为深入贯彻落实科学发展观的基本要求，全面落实经济建设、政治建设、文化建设、社会建设、生态文明建设“五位一体”总体布局，促进现代化建设各方面相协调，促进生产关系与生产力、上层建筑与经济基础相协调，不断开拓生产发展、生活富裕、生态良好的文明发展道路。党的十八大报告将全面建设小康社会与全面深化改革开放紧密关联，以确保在 2020 年实现全面建设小康社会的宏伟目标为己任，以科学发展观为引领，以加快经济发展方式转变为主线，使发展的关键点转向提高质量和效益。经济发展方式的主要转变方向是推动经济结构进行战略性调整，注重改善需求结构，优化产业结构，促进区域协调发展，推进城镇化，集中解决制约经济持续健康发展的关键结构性问题。在此基础上，紧紧把握扩大内需的战略基点，加速建立长期有效的消费需求机制，释放居民的消费潜力，保持投资的合理增长，扩大国内市场规模。同时，牢牢抓住发展实体经济这个坚实的基础，采取更有利于实体经济发展的政策措施，强调需求导向，推动战略性新兴产业和先进制造业健康发展，加快传统产业转型升级，促进服务业特别是现代服务业发展壮大，合理布局建设基础设施和基础产业。同时，将科技创新置于国家发展全局的核心位置，实施创新驱动发展战略。党的十八大报告将科学发展观与建设中国特色社会主义的“五位一体”总体布局相结合，使得发展更为全面，现代化建设的各个方面更为协调，致力于实现全面协调可持续的发展。

为贯彻落实党的十八大关于全面深化改革的战略决策，2013 年 11 月 12 日，十八届三中全会通过了《中共中央关于全面深化改革若干重大问题的决定》，明确将加快转变经济发展方式列为深化经济体制改革的主要内容之一。在加快转变政府职能方面，决定完善发展成果考核评价体系，纠正单纯以经济增长速度评定政绩的偏向，加大资源消耗、环境损害、生态效益、产能过剩、科技创新、安全生产、新增债务等指标的权重，更加重视劳动就业、居民收入、社会保障、人民健康状况。通过从政绩评定角度完善发展成果考核评价体系，有效推动经济发展方式转变。

2017 年 10 月，党的十九大报告宣布中国特色社会主义进入新时代，报告指出：“新时代中国特色社会主义思想，明确坚持和发展中国特色社会主义，总任务是实现社会主义现代化和中华民族伟大复兴，在全面建成小康社会的基础上，分两步走在本世纪中叶建成富强民主文明和谐美丽的社会主义现代化强国。”“新时代我国社会主要矛盾是人民日益增长的美好生活需要和不平衡不充分的发展之间的矛盾，必须坚持以人民为中心的发展思想，不断促进人的全面发展、全体人民共同富裕。”中国特色社会主义事业总体布局是“五位一体”，战略布局是“四个全面”，强调坚定道路自信、理论自信、制度自信、文化自信。全面深化改革总目标是完善和发展中国特色社会主义制度、推进国家治理体系和治理能力现代化。在习近平新时代中国特色社会主义思想的全面准确贯彻落实中，必须坚持科学发展，坚定不移贯彻创新、协调、绿色、开放、共享的新发展理念。从党的十九大到党的二十大，是“两个一百年”奋斗目标的历史交汇期。改革开放之后，我们党对我国社会主义现代化建设作出战略安排，提出“三步走”战略目标。解决人民温饱问题、人民生活总体上达到小康水平这两个目标已提前实现。在这个基础上，我们党提出，到建党一百年时建成经济更加发展、民主更加健全、科教更加进步、文化更加繁荣、社会更加和谐、人民生活更加殷实的小康社会，然后再奋斗 30 年，到新中国成立 100 年时，基本实现现代化，把我国建设成社会主义现代化国家。

贯彻新发展理念，建设现代化经济体系方面，根据党的十九大报告的判断，我国经济已经由高速增长阶段转向高质量发展阶段，正处在转变发展方式、优化经济结构、转换增长动力的攻关期，建设现代化经济体系是跨越关口的迫切要求和我国发展的战略目标。必须坚持质量第一、效益优先，以供给侧结构性改革为主线，推动经济发展质量变革、效率变革、动力变革，提高全要素生产率。着力加快建设实体经济、科技创新、现代金融、人力资源协同发展的产业体系，着力构建市场机制有效、微观主体有活力、宏观调控有度的经济体制，不断增强我国经济创新力和竞争力。

建设现代化经济体系的关键举措之一是深化供给侧结构性改革，把发展经济的着力点放在实体经济上，把提高供给体系质量作为主攻方向，显著增强我国经济的质量优势。加快建设创新型国家，创新是引领发展的第一动力，是建设现代化经济体系的战略支撑。此外，实施乡村振兴战略、加快完善社会主义市场经济体制、推动形成全面开放新格局等也是贯彻新发展理念，建设现代化经济体系的关键方面。

2022 年 10 月，党的二十大报告指出，“中国共产党的中心任务就是团结带领全国各族人民全面建成社会主义现代化强国、实现第二个百年奋斗目标，以中国式现代化全面推进中华民族伟大复兴”。具体而言，中国式现代化是人口规模巨大的现代化、全体人民共同富裕的现代化、物质文明和精神文明相协调的现代化、人与自然和谐共生的现代化，以及走和平发展道路的现代化。中国式现代化的本质要求是坚持中国共产党领导，坚持中国特色社会主义，实现高质量发展，发展全过程人民民主，丰富人民精神世界，实现全体人民共同富裕，促进人与自然和谐共生，推动构建人类命运共同体，创造人类文明新形态。报告进一步指出，“高质量发展是全面建设社会主义现代化国家的首要任务”，这不仅仅是对经济的要求，更是对社会发展的整体要求，需要长期坚持。实现高质量发展，需要转变发展方式，优化经济结构，转换增长动力，建设现代化经济体系，坚持创新、协调、绿色、开放、共享的统一，以质量和效益为首要目标，实现全方位的发展。

二、新时代典型发展战略

（一）创新驱动发展战略

党的十八大报告中明确提出实施创新驱动发展战略，强调“科技创新是提高社会生产力和综合国力的战略支撑，必须摆在国家发展全局的核心位置”，这坚定了全国上下走中国特色自主创新道路和实施创新驱动发展战略的决心和信心。2015 年 3 月，《中共中央 国务院关于深化体制机制改革加快实施创新驱动发展战略的若干意见》发布，2016 年 5 月，中共中央、国务院印发《国家创新驱动发展战略纲要》，激发了全社会的创新活力和创造潜能，加快了全面实施创新驱动发展战略的步伐。

1. 战略目标：全面建成创新型国家

创新型国家是指那些把科技创新作为基本战略，大幅度提高科技创新能力，形成日益强大的竞争优势的国家。根据《国家创新驱动发展战略纲要》，实施创新驱动发展战略的目标是分三步走，全面建成创新型国家。第一步，到 2020 年进入创新型国家行列，基本建成中国特色国家创新体系，有力支撑全面建成小康社会目标的实现；第二步，到 2030 年跻身创新型国家前列，发展驱动力实现根本转换，经济社会发展水平和国际竞争力大幅提升，为建成经济强国和共同富裕社会奠定坚实基础；第三步，到 2050 年建成世界科技创新强国，成为世界主要科学中心和创新高地，为我国建成富强民主文明和谐的社会主义现代化国家、实现中华民族伟大复兴的中国梦提供强大支撑。《国家创新驱动发展战略纲要》提出，要把各方面力量凝聚到创新驱动发展上来，为全面建成创新型国家、实现中华民族伟大复兴的中国梦而努力奋斗。

2. 战略先导：理论创新

实施创新驱动发展战略是一项系统复杂的工程，只有坚持以创新性理论思维为先导，才能推动科技创新、制度创新和文化创新等各方面的创新。中国全面建成创新型国家、世界科技强国的宏伟目标才能如期实现。

（1）坚持问题导向，构建完善的创新理论体系。问题导向是创新的起点，更是创新的动力源泉。创新驱动发展战略作为一项重大战略部署，要求各界人士深入基层、企业，改变过去只注重理论探讨而轻实证研究的现象，不断丰富创新内涵，深入了解当前我国在实施创新驱动发展战略过程存在的问题，找出问题的症结。另外，要完善新时代中国特色社会主义创新理论体系。既要构建涉及经济学、生态学、社会学等社会科学学科理论体系，也要加强自然科学和社会科学交融；既要有宏观理论梳理，也要着眼于微观体系；既要有定性研究，也要有定量研究。总而言之，构建具有中国特色的创新理论体系，从而为创新驱动提供更为坚实的理论基础和独特的研究方法。

（2）立足实践，汲取人民群众智慧和经验。实践无止境，理论创新也永无止境。理论创新的基础在于实践，而实践的主体却是人民群众。人民群众是历史的创造者，是推动历史前进的真正动力。特别是改革开放以来，人民群众的智慧和经验降低了我们在摸索过程中的失误。实现理论创新，必须尊重人民群众的首创精神。1978 年安徽凤阳小岗村 18 位村民签下生死文书，开启了农村家庭联产承包责任制，这就是人民群众的创造精神体现。汲取人民群众的智慧和经验，为创新驱动发展实践提供现实指导。

3. 战略基础：制度创新

实施创新驱动需要制度创新，这里的制度创新可以理解为正式制度，包括政治规则、经济规则、契约，以及形成等级结构的一系列规则。有力有效的制度供给将为创新活动提供必要的制度保障。

（1）推动经济体制改革，调整政府和市场关系。协调政府与市场关系是实施创新驱动的关键因素。在改革开放初期，市场的作用开始凸显，但仍在计划经济框架下。到 1992 年提出建立社会主义市场经济体制，市场在资源配置中的作用进一步加强。在党的十八届三中全会上，对市场与政府关系进行了理论突破，强调市场在资源配置中起决定性作用和更好发挥政府作用。改革 40 多年来，政府和市场的关系不断得到调整和完善。

政府与市场的关系发生功能性的转变，为创新驱动提供了机遇。政府应退出市场在资源配置中的决定性领域，让市场自主决定可调节的经济活动。对于战略性新兴产业和高技术领域，政府应减少管制，鼓励民营资本进入。在社会主义市场经济发展过程中，政府应当充当市场监管的角色，维护市场秩序，强化监管职能。现代市场经济下，市场和政府各有优势，相辅相成。推动创新驱动，既需要“有效的市场”，也需要“有为的政府”，这样才能为创新提供有效的体制支持。

（2）加强产权保护制度，激发市场主体活力。首先，完善财产权制度。党的十八届三中全会明确提出，要完善产权保护制度，积极发展混合所有制经济，推动国有企业完善现代企业制度，支持非公有制经济健康发展。《中共中央 国务院关于营造企业家健康成长环境弘扬优秀企业家精神更好发挥企业家作用的意见》中也强调，要“依法保护企业家财产权”。产权保护制度的完善将增强企业家的安全感，为创新提供制度保障。其次，健全知识产权保护制度。知识产权在现代市场经济中发挥着重要作用。对技术革新和发明的保护能够激励企业积极开展创新活动。对知识产权的合理保护需要完善相关法律，避免法律保护过于宽泛，引发“搭便车”现象。同时，改革知识产权行政管理体制，提高管理和执法效率，也能够确保知识产权得到高效保护。

（3）推动科技体制改革，激发科研人才的创新热情。党的十八大以来，为配合我国创新驱动发展战略的实施，我国科技体制改革一直在不断深化。2015 年 9 月，中共中央办公厅、国务院办公厅印发《深化科技体制改革实施方案》。第一，调整政绩考核体系，摆脱过去唯 GDP 为导向的考核模式。第二，建立科技创新评价和激励制度，以能力和贡献为导向。同时，对国家科技奖励制度进行改革，完善评审标准，提高评审透明度，激发科技人才创造更多的科技成果。第三，完善科技项目的评审和评价机制。第四，建立科技人才激励的评价体系，摒弃将论文数量、经费数量、专利数量等直接与科研人员评价和晋升挂钩的不合理做法。这些举措显然有利于支持和激励科技人才专注于研究和创新工作。

4. 战略核心：科技创新

科技兴盛，则国家繁荣；科技强大，则民族崛起。从 16 世纪以来的历次科技革命开始，科技一直在决定着各国的兴衰命运。中国要跳出科技薄弱导致被动挨打的困境，迈向世界强国，必须坚持以科技创新为核心，不懈追求理论、制度和文化的创新目标。

（1）持续增加研发投入，优化基础研究经费分配模式。在知识经济主导的时代，研发经费逐渐成为提升国家科技实力和整体实力的至关重要因素。首先，政府应当增加对基础研究的财政投入和支持。在继续维持中央财政对基础研究的支持的同时，还应增加地方财政对基础研究的投入力度，以保障研究资金的稳定性。其次，要加大对基础科学人才的培养力度。建立国际科技合作计划和科技人才交流体系，构建基础科学研究人才培养和职业发展体系。最后，高校和企业要加强对基础研究的关注。我国的大学和科研机构在提高基础研究能力的同时，也应增强对产业驱动型基础研究的支持。企业应加大基础研究投入，培养更多从事基础研究的科研人才，努力成为突破关键技术的基础研究主力军。

（2）充分发挥大企业技术创新优势，关注民营创新型企业的作用。企业在实施创新驱动发展战略以及实现创新型国家目标中，作为社会主义市场经济的主力军和自主创新主体，扮演着不可替代的角色。

首先，中国必须建设全球领先的创新型大企业。发达国家的国际竞争力主要体现在其拥有大量关键核心技术的创新型大企业，如美国的微软、苹果，德国的西门子、大众等。中国大型企业要把自己打造成全球领先的创新型大企业，一是要加大研发投入力度，提高研发经费强度（研发经费内部支出与主营业务收入之比）；二是应重视技术创新活动，提高企业内部技术研发人员的数量占比，增强企业技术攻关能力；三是要聚焦高端领域，如新一代信息技术、新材料等，以打破关键核心技术的瓶颈，降低对外国企业的依赖，提升国际竞争力。其次，要重视民营创新型企业在关键技术中的作用。民营科技型企业已成为推动我国科技创新和转型升级的关键力量，如以华为为代表的企业在引领 5G 时代方面发挥着重要作用。为更好地发挥民营创新型企业的重要作用，一是应打破垄断，支持和鼓励民营科技企业参与战略性新兴产业和高技术产业；二是要优化格局，引导民营企业找准发展方向；三是完善服务，深入推进“放管服”改革，减轻企业负担，改善民营企业的营商环境，保障其在市场竞争中的合法权益。

（3）建立产学研协同创新模式，促进科技成果有效转化。科技创新强调科学发现和技术创新的有机结合。这种模式强调企业、科研机构和高等院校的协同合作，充分利用各自在资金、信息和知识等方面的优势，实现优势互补，从而避免知识创新和技术创新之间的脱节。科技创新的链条应包括知识创新环节、创新知识孵化和新技术采用环节。首先，我们要促进以大学和科研机构为主体的科学研究的转型，注重基础研究，探索最新的学术前沿，实现颠覆性、突破性的技术突破。其次，要实现以企业为主体的技术创新，充分利用科研机构和高等院校的最新研究成果，实现科技成果的有效转化。这两方面的转型结合，可以将科研机构和高等院校追求的学术价值与企业追求的商业价值有机结合，使创新成果既满足市场需求，又具有高科技含量。最后，要确保企业成为创新成果的应用主体。企业对市场信息和社会需求有高度的敏感性，历史经验证明，只有创新成果能够得到企业的应用，才能推动某一产业的快速发展。当然，产学研协同模式的实施也需要政府的引导，以创造良好的外部环境。

5. 战略依托：商业模式创新

商业模式创新是指企业引入新的商业模式并为客户和自身创造价值。随着互联网的迅速发展和大数据时代的到来，越来越多的企业通过商业模式创新取得成功。

创新驱动发展战略是一项系统工程，包括研发设计、生产和运营销售等三个方面，缺一不可。商业模式在这个系统工程中扮演着重要角色，影响着整个创新驱动发展战略的成败。商业模式创新涉及产品销售端，即商品转化为货币的关键过程。党的十八大报告将商业模式创新作为创新驱动发展战略的重要组成部分，强调“加强技术集成和商业模式创新”。商业模式创新对传统产业和新兴产业都有颠覆性的作用。创新驱动发展战略所需的商业模式创新是与时代和客户需求密切相关的，紧密结合了“互联网+”和“大数据”的时代特征。

根据中国互联网络信息中心的统计报告，截至 2023 年 6 月，我国互联网普及率为 78.6%，网民总数达到 11.08 亿人。互联网的发展促进了大数据和云计算的兴起，这些数据成为企业实现盈利的宝贵资源。“互联网+”将互联网与传统行业结合起来，打造了一种新的经济形态，而大数据和云计算则为“互联网+”提供了动力。

商业模式创新是创新驱动发展战略的终端，是打造基于互联网平台、大数据和云计算技术的关键。它为科技创新实现商业化和产业化提供了产业链上下游伙伴双赢的机会，成为新产品、新技术、新服务走向市场并取得成功的关键。

（二）乡村振兴战略

2017 年 10 月，党的十九大报告首次提出实施乡村振兴战略，明确指出农业农村农民问题是关系国计民生的根本性问题，必须始终把解决好“三农”问题作为全党工作重中之重。2018 年政府工作报告提出大力实施乡村振兴战略。同年 9 月，中共中央、国务院印发《乡村振兴战略规划（2018—2022 年）》，要求各地区各部门结合实际认真贯彻落实。2021 年 4 月，十三届全国人大常委会第二十八次会议通过了《中华人民共和国乡村振兴促进法》。2022 年 10 月，党的二十大报告明确提出全面推进乡村振兴。

1. 乡村振兴战略的科学内涵

乡村振兴包括产业振兴、人才振兴、组织振兴、文化振兴、生态振兴等全方位振兴。这五大振兴是相互关联、相互支持、相互促进的有机整体，构成了乡村振兴战略的五个关键要素。乡村振兴战略的总体要求是实现产业繁荣、建设宜居环境、培育文明社区、加强治理效果、提高居民生活水平。

（1）战略核心：产业振兴。产业振兴作为乡村振兴的物质基础和重中之重，不仅为其他振兴提供经济和物质支持，而且在产业升级中刺激了对人才的需求，通过挖掘组织力量促进产业蓬勃发展，同时推动了文化土壤的孕育，为产业转型提供生态治理的路径。

（2）战略支撑：人才振兴。人才振兴是乡村振兴的人力资源支撑，既是乡村振兴的主要力量，也是其受益者。人才振兴不仅为其他振兴提供必要的人力资源，还促进了人才要素在各个振兴领域之间的流动。它不仅有利于推动产业升级，还建立了强大的组织队伍，挖掘了丰富的文化资源，培养了与生态环境相适应的人才。

（3）战略保障：组织振兴。组织振兴是乡村振兴的基本保障，为其他振兴的实施提供了根本方法，是全面推进乡村振兴的坚实保证。通过提供现代产业组织方式，组织振兴支持了产业振兴；推动人才下沉到基层，为人才振兴提供支持；搭建文化交流平台，为文化振兴提供支持；通过政策支持强化了生态振兴。

（4）战略灵魂：文化振兴。文化振兴是乡村振兴的精神支柱，为产业振兴提供了文化功能，培育了乡村文化产业；为人才振兴提供了精神支持，增强了乡村人才的认同感；为组织振兴增强了社会主义文化自信，提高了组织的凝聚力；为生态振兴贡献了乡村生态文明理念，为资源和环境保护提供了新思路。

（5）战略底线：生态振兴。生态振兴是乡村振兴的发展底线，为产业振兴提供了可持续发展的环境，推动了农村绿色产业的发展；为人才振兴优化了宜居环境，完善了乡村治理，创造了生态优美的生活环境；为文化振兴提供了完善内容，丰富和补充了乡村文明内涵，利用生态价值创造了文化价值；为组织振兴建立健全了生态体制，帮助乡村各类组织减轻了日常治理的负担，完善了基础环保设施建设。

2. 全面推进乡村振兴的实现路径

党的二十大报告提出全面推进乡村振兴。可从以下几个方面努力推进实现。

1）全面推动农村改革

党的十一届三中全会以来的实践证明，改革对国民经济发展至关重要。乡村振兴战略是全面规划“三农”工作的崭新策略，具备全方位的发展思路。解决“三农”问题必须善用改革这一强大法宝，迫切需要加快推动农村建设的核心领域和关键环节改革，以激发农村资源要素的活力。全面深化农村改革实质上是为了优化农村生产关系，激发农业活力，并进一步解放农村生产力。

第一，巩固农村土地制度改革。家庭联产承包责任制在 20 世纪 80 年代极大地提升了农村生产力，但随着工业化和城镇化的发展，土地细碎化的经营方式制约了农村生产力的进一步提升。为此，一方面，要坚持农村土地的公有性质，保持农村土地承包关系的稳定和长期不变；另一方面，通过实行“三权分置”，即将农村土地的所有权、承包权和经营权分置并行，促进农村土地经营权的流转，释放农村土地的潜能。“三权分置”旨在保护农民的耕地产权，不仅维护了农民自愿转让的权利，也保障了农民不愿转让的权益。

第二，完善农村基本经营制度改革。党的一系列农村政策通过农村基本经营制度的改革得以贯彻实施。首先，要深化农村产权制度改革，根据“三权分置”的原则，有序推进农村土地征收、集体经营性建设用地入市和宅基地制度改革试点。其次，要发展适度规模经营，坚持规模适度的原则，根据各地实际基础和条件，确定合理的耕地规模，重点支持粮食规模化生产，让农民真正成为积极参与和受益的主体。最后，要培育新型农业经营主体和服务主体，特别关注扶持普通农户和新型农民合作组织，支持有条件的小农户成长为家庭农场，支持家庭农场组建农民合作社、合作社根据发展需要办企业。

第三，深化农业供给侧结构性改革。供给侧结构性改革是一种经济改革方案，旨在优化供给结构、满足多样需求、调整过剩产能，需要同时考虑当前和长远发展。首先，要转变农业发展方式，鼓励绿色生产，增加绿色优质农产品的供给，优化农村电商环境，实现特色和高质量的农村发展。其次，要优化农业供给体系，完善农业补贴制度和关键农产品的价格形成机制，激发农民的生产积极性，确保农民稳定增收。最后，要充分利用市场，加速要素价格市场化改革，完善市场监管体制，以市场价格信号引导资源的优化配置。

2）加强农业科技和创新推动

实现农业农村现代化是全面推进乡村振兴的战略目标，也是全面建成社会主义现代化强国的重要任务。科技兴农和创新驱动发展是实现乡村振兴的内在动力。

第一，农业科技有助于促进粮食等主要农产品高质量发展。科技兴粮是贯彻新发展理念、实现国家乡村振兴战略的重要措施。农业科技创新对粮食产业提质增效和实现高质量发展至关重要。首先，要提高农业技术，以提升粮食生产效率。其次，通过农业技术创新改变传统农产品加工工艺，提高粮食成品率。再次，农业科技的发展可使农产品的储存和运输更加科学规范。最后，农业科技还可以为粮食销售引入电商等新平台和新渠道，农业科技的不断创新将推动土壤和水源等外部环境的可持续发展。

第二，创新驱动促进农业转型，实现农业农村现代化。首先，要推动创新驱动农业产业化，确保创新在农产品的生产、加工、储存、运输和销售全过程中起到关键作用，形成完整成熟的产业链，推动农业朝着产业化和市场化发展。其次，创新驱动农业生态化，促进农业生产方式向绿色和可持续方向发展，根据地域特色和需求施肥，推动农业实现绿色和可持续化发展。再次，创新驱动农业智能化，将新一代信息技术如物联网、云计算和大数据与农业机械设备结合起来，加速推进传统农业作业向智能化方向发展。此外，创新驱动农业功能多样化，加速农业发展从单一农业向“农业+”多元化发展，推动农村产业结构的调整和升级。最后，创新驱动农业国际化，提升我国农产品的质量、附加值及其国际竞争力，强化国家战略科技实力。

第三，科技兴农和创新驱动发展是农业农村现代化的战略支撑。

农业农村现代化的关键在于科技进步和创新。首先，要掌握核心科技力量，通过科技力量将劳动的潜在生产力转化为实际生产力，为已有的劳动成果追加附加值。其次，要强化基层科技创新服务的能力，建设一支有创新能力的基层科技管理队伍，强化创业和创新服务，培育发展新型农业经营和服务主体，健全农业社会化科技服务体系。

3）加强党对乡村振兴工作的全面领导

根据党的二十大报告，坚持并加强党的全面领导至关重要，必须坚决捍卫党中央权威和集中统一领导，确保党的领导在各领域、各方面、各环节充分得以贯彻。实施乡村振兴战略，必须加强党的领导。

第一，坚持党管农村工作的方针。在全面推进乡村振兴的过程中，必须建立健全党委全面统一领导、政府负责、党委农村工作部门统筹协调的农村工作领导机制。要按照乡村建设规律，科学规划，注重质量，有序推进规划，确保分阶段、分目标、有优先层次地完成规划；要科学理解乡村的差异性，因地制宜，采取精准施策，发挥农民的主体作用和首创精神。

第二，强化农村基层党组织建设。农村一级党组织在农村全面推进乡村振兴战略中起着核心力量和关键作用。在实践中，需要充分发挥农村基层党组织的全面引领作用，这关系到乡村振兴战略目标的实现，也关系到党在农村的执政能力和农村的稳定发展。工作方向是抓好基层，强化基础，巩固基本。全面推进乡村振兴，要发挥党总揽全局、协调各方的领导核心作用。

第三，构建政治过硬、本领过硬、作风过硬的乡村振兴干部队伍。

乡村振兴作为党和国家关于农村的新的发展战略，其关键在于人，干部起着至关重要的作用。我国农村社会结构的变革，要求着力打造一支“沉得下、留得住、能管用”的乡村人才队伍。通过强化组织建设，培养良好作风，组织干部学习培训，调整农村干部结构等手段，提升农村基层干部队伍的整体水平。

4）助推农民实现美好生活

乡村振兴战略的核心目标是实现农民美好生活，最终达到共同富裕。在具体工作中，需要围绕农民的生活需求和诉求展开，以农民的生活富裕、素质提高和权益保障为重点，将农民对美好生活的向往作为奋斗目标。

第一，提高农民生活水平。实现富裕农民的目标包括提高农民收入，建立促进农民增收的长效机制。为此，要提高农业生产效益，推广新技术，提高农业生产效率；要转变农业发展方式，发展现代特色农业和文化旅游业，发展绿色产业；要提高农民财产收益，发展农民股份合作，激活农村生产要素潜能。

第二，提高农民素质。包括加强农村思想道德建设，开展丰富多彩的文化活动，改善农村青少年教育状况。此外，需要大力发展农村基础教育和农业职业教育，引导农民向新型职业农民转变，培育有文化、懂技术、会经营的新型农民。

第三，保障农民权益。为了提高农民的获得感和幸福感，必须加强农村基础设施、制度和公共服务体系建设。其中，金融政策支持农业农村发展至关重要，医疗卫生工作下沉，加强对基础教育的支持，都是保障农民权益的具体措施。

本章小结

世界各国的发展实践表明，无论是发展中国家还是发达国家，经济发展战略的制定和实施，都在指导和推动经济社会发展上发挥着十分重要的作用。中华人民共和国成立以来，经济发展战略的演进与创新经历了四个阶段。第一个阶段是计划经济时期的国民经济发展战略，“一化三改”战略是该阶段的核心内容。第二个阶段是经济体制转型初期的国民经济发展战略，这一时期以经济建设为中心的改革开放战略是中国共产党在社会主义初级阶段基本路线的两个关键点之一；中国经济建设的战略部署在党的十一届三中全会后大致分为三步走。第三个阶段是市场经济体制确立初期的国民经济发展战略，该阶段主要实施城乡一体化发展战略和区域协调发展战略。第四个阶段是新时代的国民经济发展战略，主要实施了创新驱动发展战略和乡村振兴战略等。

复习思考题

1. 为什么中华人民共和国成立后，我国实施优先发展重工业战略？
2. 我国改革开放战略的背景与实施重点是什么？
3. 简述市场经济体制确立初期的国民经济发展战略。
4. 城乡一体化发展战略的主要内容有哪些？
5. 区域协调发展战略中各区域的发展重点是什么？
6. 简述新时代的国民经济发展战略。
7. 创新驱动发展战略的主要内容有哪些？
8. 全面推进乡村振兴有哪些实现路径？

第七章

国民经济发展规划的编制

在实施国民经济发展战略中，国民经济发展规划担负着重要角色，它是发展战略的具体化，是对战略的具体落实。国民经济发展规划的编制是一项系统性、前瞻性的国民经济管理工作，旨在通过科学方法和手段，对一定时期内经济社会发展目标、任务、政策和措施进行总体设计和安排，以充分调动各方面的积极性，实现国民经济持续健康发展。

第一节　国民经济发展规划的指导思想与主要内容

一、国民经济发展规划的指导思想

时代是思想之母，实践是理论之源。当前中国特色社会主义已进入新时代，世界正经历百年未有之大变局，随之产生了一系列新问题，迫切需要一个与时代相适应的理论作为指导。党的十八大以来，以习近平同志为主要代表的中国共产党人，顺应时代发展，系统回答了新时代坚持和发展什么样的中国特色社会主义、怎样坚持和发展中国特色社会主义这个重大时代课题，创立了习近平新时代中国特色社会主义思想。习近平新时代中国特色社会主义思想内涵丰富，涵盖新时代坚持和发展中国特色社会主义的总目标、总任务、总体布局、战略布局和发展方向、发展方式、发展动力、战略步骤、外部条件、政治保证等基本问题，并根据新的实践对党的领导和党的建设、经济、政治、法治、科技、文化、教育、民生、民族、宗教、社会、生态文明、国家安全、国防和军队、“一国两制”和祖国统一、统一战线、外交等各方面作出新的理论概括和战略指引。[①]习近平新时代中国特色社会主义思想的核心内容是“八个明确”和“十四个坚持”。

在国民经济发展规划编制过程中，要始终高举中国特色社会主义伟大旗帜，坚持

① 习近平新时代中国特色社会主义思想是党和国家必须长期坚持的指导思想[N]. 人民日报，2019-07-22（06）.

以马克思列宁主义、毛泽东思想、邓小平理论、“三个代表”重要思想、科学发展观、习近平新时代中国特色社会主义思想为指导，全面贯彻党的基本理论、基本路线、基本方略，统筹推进经济建设、政治建设、文化建设、社会建设、生态文明建设的总体布局，协调推进全面建设社会主义现代化国家、全面深化改革、全面依法治国、全面从严治党的战略布局，坚定不移贯彻创新、协调、绿色、开放、共享的新发展理念，坚持稳中求进工作总基调，以推动高质量发展为主题，以深化供给侧结构性改革为主线，以改革创新为根本动力，以满足人民日益增长的美好生活需要为根本目的，统筹发展和安全，加快建设现代化经济体系，加快构建以国内大循环为主体、国内国际双循环相互促进的新发展格局，推进国家治理体系和治理能力现代化，实现经济行稳致远、社会安定和谐，为全面建设社会主义现代化国家开好局、起好步。

二、国民经济发展规划的主要内容

国民经济发展规划由环境分析、规划理念、规划目标、主要任务、保障措施等内容组成。

（一）环境分析

环境分析包括对规划对象及其所处的发展阶段、体制背景、国内外大势等进行分析判断，是科学提出规划理念、目标、任务的基本前提。[①]依据对发展环境的不同判断提出不同的目标和任务。例如，“十四五”规划纲要第一章就是发展环境，指出我国进入新发展阶段，发展基础更加坚实，发展条件深刻变化，进一步发展面临新的机遇和挑战。从世界格局来看，当今世界正经历百年未有之大变局，和平与发展仍是时代主题，但不稳定性不确定性明显增加；从国内形势来看，虽然我国已经转向了高质量发展阶段，但发展不平衡不充分等问题仍然突出。鉴于此，针对目前创新能力不适应高质量发展要求，提出要坚持创新驱动发展，全面塑造发展新优势；针对重点领域关键环节改革任务艰巨，提出要加快全面深化改革，构建高水平社会主义市场经济体制；针对城乡区域发展和收入分配差距较大，提出要优化区域经济布局，促进区域协调发展；针对我国农业基础还不稳固，提出要坚持农业农村优先发展，全面推进乡村振兴；针对生态环保任重道远，提出要推动绿色发展，促进人与自然和谐共生；针对民生保障存在短板，社会治理还有弱项，提出要增进民生福祉，提升共建共治共享水平，并通过加强社会主义民主法治建设，健全党和国家监督制度。

（二）规划理念

规划理念主要体现在指导思想、指导原则和战略导向中，决定着其他规划内容。例如“十四五”规划纲要把立足新发展阶段、贯彻新发展理念、构建新发展格局作为规划的基本思想，提出为推动高质量发展，必须坚持深化供给侧结构性改革，必须建立扩大内需的有效制度，必须坚定不移推进改革，必须坚定不移扩大开放，必须强化国内大循环的主导作用。

---

① 杨伟民. 发展规划的理论和实践[M]. 北京：清华大学出版社，2010：7.

（三）规划目标

规划目标是指通过各项举措期望达到的程度和标准，是规划的核心。规划目标不仅要有发展性目标，也要有约束性目标；不仅要有时间性目标，也要有空间性目标；不仅要有定性目标，也要有定量指标。[①]定量指标是对定性目标的落实，是那些可以定量的目标，不同发展时期，发展目标的定性描述不同，定量指标的性质也就不同。例如，在“十四五”规划纲要中，经济发展取得新成就是定性目标，要求我国经济在“十四五”期间，增长潜力充分发挥，GDP 年均保持在合理区间，全员劳动生产率增长高于 GDP 增长，为此在经济发展类别中确定了 GDP 增长率以及全员劳动生产率增长两个可定量的指标。

（四）主要任务

主要任务是为了实现规划目标而提出的重点工作，是规划的主体，其中既包括战略性任务，也包含战术性任务。在不同发展阶段，主要任务有所不同。例如，在计划经济时期，主要任务就是要完成各项生产指标和基本建设投资，而在社会主义市场经济体制下，主要任务则更加丰富，涉及产业结构优化、区域协调发展、民生福祉提升等等。

（五）保障措施

保障措施是实现规划目标和完成规划任务的具体保障。不同发展阶段，保障措施的内容差异较大。计划经济时期，计划得以最终落实主要依靠政府力量，通过党的号召、计划安排、工作部署和政策支撑，来确保计划顺利实施。在社会主义市场经济体制下，规划的实施主要依靠分解约束性指标、完善各项政策、制定实施年度计划等方式，保障规划任务得到落实。如在区域规划中，通常通过制定区域发展政策来保障区域规划的实施，这些政策既包括产业政策、财政政策、税收政策、土地政策等宏观政策，也包括价格政策、人才政策等具体政策。

三、国民经济发展规划编制的基本要求

（一）编制的明确性

国民经济发展规划编制的明确性，是指编制目标要明确。目标是规划方案的核心，是规划方案所要达到的预期结果。目标明确可以确保规划方案具有针对性和可操作性。在制定规划方案时，必须明确规划的具体目标，只有明确了目标，才能有针对性地制定相应的任务和保障措施。

（二）编制的可行性

国民经济发展规划编制的可行性，是指规划方案在实施过程中是否具备条件和资源的支持，是否符合实际情况。规划编制需考虑实际情况，即方案是否能够在现有的法律、政策和经济条件下实施，避免制定过于理想化、不切实际的规划方案。

---

① 杨伟民. 发展规划的理论和实践[M]. 北京：清华大学出版社，2010：8.

（三）编制的系统性

国民经济发展规划编制的系统性，是指在规划编制过程中要考虑各种因素的相互关系和综合影响，各个具体措施之间应该相互衔接、相互支持，形成有机整体，避免片面性和孤立性。例如，在加快发展现代产业体系中，需要综合考虑实体经济、科技创新、现代金融、人力资源等多个因素，需从深入实施制造强国、发展壮大战略性新兴产业、促进服务业繁荣发展、建设现代化基础设施体系出发，只有它们之间相互配合、相互支持，才能最终推动我国形成现代化产业体系。

（四）编制的科学性

国民经济发展规划编制的科学性，是指规划编制应当遵循科学原则，采用科学方法和技术手段进行调查、分析、预测和评估，能够着眼于未来发展趋势和发展需要，充分考虑未来发展的可能性，为未来的发展提供合理指导。

（五）编制的民主性

国民经济发展规划编制的民主性，是指规划的编制应该充分考虑各方利益相关者的意见和建议，尊重公众参与和表达权利，公正、公平地对待各方利益相关者，使其能够参与编制过程，增加规划的可接受性。

第二节 国民经济发展规划指标体系

一、国民经济发展规划指标的重要意义①

（一）指标是规划不可或缺的重要组成部分，处于承上启下的重要地位

规划指标体系既是根据发展环境分析和未来发展需要提出来的，也为主要任务和保障措施的提出进行铺垫。如果规划涉及的一些重大领域方面缺少目标或指标的支撑，就不能成为完整的规划。例如，中央和地方提出的编制五年规划的建议，一般是对未来的发展提出总的方向和要求，不过多地涉及具体的发展指标，而规划则要在建议的指导下编制，并提出具体的发展目标和量化指标。

（二）指标是规划内容的具体化和数量表现形式

指标是目标的具体化和数量表现形式。一般来讲，为了保证重要目标的实现，都要尽可能将目标以具体指标的形式进行量化。同时，为了对规划中的一些重要内容进行强调或进行更清晰的表述，也需要采用具体量化的指标。在“十四五”规划纲要中提出的一些重要任务，就有一些指标与之相对应，使之更直观、更具体。例如，实现更加充分、更加高质量的就业，有城镇调查失业率控制在 5.5%以内的指标相对应；多层次社会保障体系更加健全，有基本养老保险参保率提高到 95%的指标相对应等。

① 杨伟民. 发展规划的理论和实践[M]. 北京：清华大学出版社，2010：146-147.

（三）指标是公众简明直观了解规划主要内容的有效途径

规划一经批准实施，即是未来五年甚至更长时期经济社会发展的宏伟蓝图，是全国各族人民共同的行动纲领，所以必须要使更多的公众认知规划、了解规划，才可能真正实施好规划。要做到这一点，提出鼓舞人心、简明易懂易记的目标和指标非常重要，如“十四五”规划纲要提出的地级及以上城市空气质量优良天数比率为 87.5%、地表水达到或好于Ⅲ类水体比例为 85%、森林覆盖率为 24.1%等约束性指标[①]，就简单明了，易懂易记。

（四）指标是制定相关政策、部署相关工作、安排相关投资的重要参考

部署开展一项工作，最好是定性和定量相结合，既有定性的原则要求，又有定量的具体安排。只有将目标和任务量化落实到具体的责任主体，并定期对落实完成情况进行检查考核，才能够把完成目标任务的压力变成动力。如“十四五”规划纲要中提出了绿色生态的约束性指标，并系统谋划生态环境保护重大政策、重大项目、重大工程，组织编制了生态环境保护、清洁生产在内的多领域专项规划或实施方案，这显然有利于保证深入打好污染防治攻坚战，严密防控环境风险，进一步改善环境质量。

（五）指标是对规划进行评估的重要依据

对规划实施情况进行评估，提出改进实施的意见建议，是规划顺利实施的重要保障。评估工作涉及的内容很广泛，既包括规划编制方法的评估，也包括规划内容的评估；既包括政策评估，也包括目标任务评估。然而，真正能够比较客观、有说服力的评估，还是具体量化目标的完成情况，因为有具体的数量要求，完成情况很容易判断。规划中一些定性的内容，评估其进展情况的标准具有很大的伸缩性，要作出真正客观准确的检查评估并不容易。

二、国民经济发展规划指标设置的原则

规划指标应当能够满足国民经济规划制定和实施全过程的需要，它的设置应遵循以下原则。

（一）阶段性

规划指标应当适应社会主义市场经济体制要求，体现党和政府在一定时期内的战略发展意图和各项方针政策。

（二）有限性

规划指标的选取除了要全面、准确反映国民经济运行状况和发展态势，满足宏观经济分析和宏观经济管理的需要，还需要做到指标数量有限、量值变化幅度有限，并非多多益善。只有突出主要矛盾，选择重点目标，才能在有限的规划期内实现战略意图。

---

① “十四五”时期经济社会发展主要指标解读之绿色生态篇[EB/OL].（2021-06-03）. https://www.ndrc.gov.cn/xxgk/jd/wsdwhfz/202106/t20210603_1282570.html.

（三）可比性

规划指标要简明，含义要确切，内涵、外延要清晰，具备建立统计基础的可能，以便于对实现情况进行客观评价和比较，对自身发展有客观清晰的定位。

（四）动态稳定性

规划指标既要有相对稳定性，又要尽可能保持动态性。规划指标体系不是固定不变的，应随着规划期经济和社会发展形势的变动，随着经济管理体制的变革，不断修改和完善。在规划指标设置过程中，需要在继承与创新之间有一个合理的平衡。继承过多虽有利于纵向比较，但又难以全面反映新的变化；反之创新过多，就难以对规划进行准确评价。

三、国民经济发展规划指标体系的内容①

国家经济发展规划的各项指标不是彼此孤立的，而是互相联系的，从而构成一个完整的国家经济发展规划指标体系。根据指标在规划中的作用，可以把规划指标分为以下三类。

（一）目标性规划指标体系

宏观经济目标是国家在宏观经济管理方面所要达到的国民经济运行状况的预定目的。这一预定目的通过目标性规划指标进行反映。目标性规划指标以科学预测为基础，体现政府宏观调控意图。

目标性规划指标应当力求准确地反映经济社会发展和市场运行的实际情况；同时，它又不同于一般预测，它要充分考虑政府宏观政策效应。目标性规划指标应是政府、企业和社会各界形成的共识，具有最高层次的宏观指导意义。目标性规划指标对各级政府、各有关职能部门尤其是财政、金融等部门具有一定的约束力，是制定各种宏观经济政策和综合运用各种经济调节手段的主要依据、出发点和归宿。目标性规划指标一般不分解下达，对地方和企业不具有行政约束力，主要提供信息导向，向企业公开展示政府的宏观政策意图和市场运行的宏观环境，为企业在市场竞争中自主决策提供最基本的宏观经济信息。

目标性规划指标主要包括以下几点。

（1）反映宏观经济发展总量目标的综合性指标。包括：①反映发展规模的总量指标，主要是 GDP、居民可支配收入总额、消费总额、投资总额等；②反映发展总水平的人均指标，如人均 GDP、人均可支配收入、人均消费额等；③反映宏观经济发展状况的相对指标，如国民经济增长率、失业率、通货膨胀率、消费率等。

（2）反映结构协调发展的结构性指标。包括：①反映三次产业构成的结构指标，如三次产业占比；②反映收入分配状况的结构指标，如基尼系数；③反映消费支出构成的结构指标，如居民消费率、政府消费率；④反映投资支出构成的结构指标，如公共投

① 钟契夫，许光建. 中长期发展规划的基础理论和方法[M]. 北京：中国计划出版社，2002：37-41.

资占比等。

（3）反映社会发展规划目标的评价性指标。包括：①反映基础设施建设水平的指标，如城市用水普及率、人均城市道路面积、互联网普及率等；②反映人力资本情况的指标，如平均预期寿命、人口普查每十万人口中受大专及以上教育人口数、人口普查文盲率等；③反映社会资源环境情况的指标，如人均水资源量、森林覆盖率、二氧化硫排放量等；④反映社会保障情况的指标，如城乡居民社会养老保险参保人数；⑤公共管理等其他情况指标，如调解邻里纠纷数、劳动报酬争议案件受理数等。

（4）反映国际关系发展规划目标的各项指标。主要包括：①反映对外经济贸易发展情况的指标，如货物进出口总额、实际利用外资额等；②反映外债情况的指标，如外债余额、国家外债偿债率、国家外债债务率等。

（二）核算性规划指标体系

国民经济核算体系是国家或国际组织为统一国民经济核算而制定的核算标准和规范。因此，设计国民经济规划的指标，必须以国民经济核算体系为统计核算基础，使规划指标具有可操作性。据此，在指标体系的选取中应包括以下指标。

（1）反映宏观经济总量关系的核算指标。主要包括：总供给与总需求指标；总储蓄与总投资指标；金融资产与负债指标；国际收支指标等。

（2）反映国民经济结构分类的核算指标。主要包括：产业部门分类指标；机构部门分类指标；其他各种经济特征分类指标等。

（3）反映结构协调发展能力的指标。主要包括：产业关联度；区域产业均衡化程度；高技术产业规模；生态产业比重等。

（4）评价国家国际竞争力的核算指标。主要包括：综合竞争力指数；要素竞争力指数；平衡竞争力指数等。

（三）调控性规划指标体系

国民经济发展规划是国家进行宏观经济管理的行动方案，各级政府应当运用一切可以运用的手段和工具促进规划目标的实现。反映国家可以利用的手段和工具的指标构成了调控性规划指标体系，其中最重要的是国家公共资金与资源的动员运用指标。调控性规划指标体系不是固定不变的，可以根据各个时期国民经济发展和宏观调控的需要，适当调整指标设置。货币发行量、社会融资规模、财政收支差额等是典型的调控性规划指标。

四、国民经济发展规划指标的变化

（一）指标数量的变化

计划经济时期，指标的数量很多，可以说无所不包，内容涉及生产计划、价格计划、外汇计划等等。改革开放以来，随着政府职能的精简，指标数量也在逐步减少。以国民经济和社会发展规划为例，其指标数量从“七五”计划的约 150 个，减少到“十四五”规划的 20 个。虽然指标数量的多少并不能作为评价一个指标体系好坏的标准，关键要看指标的选取是否能够满足规划需要，但同样指标数量过多必然会对规划的顺利实施和评估起到负面作用。

（二）指标属性的变化

指标属性取决于规划的属性。随着经济体制的变化，我国规划的属性也在发生变化。计划经济时期，规划确定的目标和任务是指令性的。指令性是指由国家下达的具有强制性和约束力，必须要保证严格执行完成的目标和任务。为此，作为目标和任务重要载体的具体量化指标，其属性也是指令性的，默认为是必须要完成的。国家通过指标的层层分解和下达直接指挥企业的生产活动。改革开放以来，我国的经济体制经历了由计划经济向市场经济的转变，规划的属性也在发生相应变化，逐渐向战略性、宏观性和政策性转变。指标也由指令性转变为指导性。指导性指标主要是向国内外表明政府对规划期发展目标的预期，表明政府宏观调控的基本方针和政策目标，对市场主体起信息导向作用。指导性指标一般也不分解下达。然而，指导性指标对规划的实施没有约束作用，与当前政府职能定位却又不相符，公共服务领域的任务应是政府需竭力完成的。因此，从“十一五”规划开始，指导性指标又细分为预期性指标和约束性指标两类。

（1）预期性指标。预期性指标是国家期望的发展目标，主要依靠市场主体的自主行为实现。政府要创造良好的宏观环境、制度环境和市场环境，并适时调整宏观调控方向和力度，综合运用各种政策引导社会资源配置，努力争取实现。

（2）约束性指标。约束性指标是在预期性基础上进一步明确并强化了政府责任，是中央政府在公共服务和涉及公众利益领域对地方政府和中央政府有关部门提出的工作要求。政府要通过合理配置公共资源和有效运用行政力量，确保其实现。

一般来讲，预期性指标允许围绕目标值上下波动，而约束性指标在规划期结束后应该全部完成。如“十五”计划提出了涵盖宏观调控、经济结构调整、科技和教育发展、可持续发展、提高人民生活水平在内五个方面的主要预期目标（详见学习专栏 7-1）。

学习专栏 7-1

“十五”计划的主要预期目标[1]

“十五”期间宏观调控的主要预期目标是：经济增长速度预期为年均 7%左右，到 2005 年按 2000 年价格计算的 GDP 达到 12.5 万亿元左右，人均 GDP 达到 9400 元。五年城镇新增就业和转移农业劳动力各达到 4000 万人，城镇登记失业率控制在 5%左右。价格总水平基本稳定。国际收支基本平衡。

“十五”期间经济结构调整的主要预期目标是：产业结构优化升级，国际竞争力增强。2005 年第一、二、三产业增加值占 GDP 的比重分别为 13%、51%和 36%，从业人员占全社会从业人员的比重分别为 44%、23%和 33%。国民经济和社会信息化水平显著提高。基础设施进一步完善。地区间发展差距扩大的趋势得到有效控制。城

① 中华人民共和国国民经济和社会发展第十个五年计划纲要[EB/OL].（2001-03-15）. https://www.gov.cn/gongbao/content/2001/content_60699.htm.

镇化水平有所提高。

“十五”期间科技、教育发展的主要预期目标是：2005 年全社会研究与开发经费占 GDP 的比例提高到 1.5%以上，科技创新能力增强，技术进步加快。各级各类教育加快发展，基本普及九年义务教育的成果进一步巩固，初中毛入学率达到 90%以上，高中阶段教育和高等教育毛入学率力争分别达到 60%左右和 15%左右。

“十五”期间可持续发展的主要预期目标是：人口自然增长率控制在 9‰以内，2005 年全国总人口控制在 13.3 亿人以内。生态恶化趋势得到遏制，森林覆盖率提高到 18.2%，城市建成区绿化覆盖率提高到 35%。城乡环境质量改善，主要污染物排放总量比 2000 年减少 10%。资源节约和保护取得明显成效。

“十五”期间提高人民生活水平的主要预期目标是：居民生活质量有较大提高，基本公共服务比较完善。城镇居民人均可支配收入和农村居民人均纯收入年均增长 5%左右。2005 年城镇居民人均住宅建筑面积增加到 22 平方米，全国有线电视入户率达到 40%。城市医疗卫生服务水平和农村医疗服务设施继续改善，人民健康水平进一步提高。城乡文化、体育设施增加，覆盖面扩大，文化生活更加丰富。社会风气和社会秩序好转。

从学习专栏 7-1 可以发现，“十五”计划的目标指标均为预期性指标，无法对政府应履行的职责领域进行有效约束。此外，一些目标表达不实，如：“价格总水平基本稳定。国际收支基本平衡”等，导致规划实施无法落地，评估缺少抓手。所以，从第十一个五年规划开始，规划文件对外公布了主要的预期性和约束性两类指标。这两类指标均属于目标性指标，但预期性指标又具有核算性功能，而约束性指标具有调控性功能[①]，并采取正文加专栏的表达形式，在正文中主要阐述发展方向和重点，专栏则主要介绍指标体系和重点工程，这样使抓手和重点更加突出，便于公众理解和有关机构实施落实，具体见表 7-1 和表 7-2。

表 7-1 “十一五”规划主要指标[②]

类别	指标	2005 年	2010 年	年均增长（%）	属性
经济增长	GDP（万亿元）	18.2	26.1	7.5	预期性
	人均 GDP（元）	13985	19270	6.6	预期性
经济结构	服务业增加值比重（%）	40.3	43.3	[3]	预期性
	服务业就业比重（%）	31.3	35.3	[4]	预期性
	研究与试验发展经费支出占 GDP 比重（%）	1.3	2	[0.7]	预期性
	城镇化率（%）	43	47	[4]	预期性

① 刘瑞. 国民经济管理学概论（第三版）[M]. 北京：中国人民大学出版社，2020：83.

② 中华人民共和国国民经济和社会发展第十一个五年规划纲要[EB/OL].（2006-03-14）. https://www.gov.cn/gongbao/content/2006/content_268766.htm.

续表

类别	指标	2005 年	2010 年	年均增长（%）	属性
人口资源环境	全国总人口（万人）	130756	136000	<8‰	约束性
	单位 GDP 能源消耗降低（%）	—	—	[20]	约束性
	单位工业增加值用水量降低（%）	—	—	[30]	约束性
	农业灌溉用水有效利用系数	0.45	0.5	[0.05]	预期性
	工业固体废物综合利用率（%）	55.8	60	[4.2]	预期性
	耕地保有量（亿公顷）	1.22	1.2	–0.3	约束性
	主要污染物排放总量减少（%）	—	—	[10]	约束性
	森林覆盖率（%）	18.2	20	[1.8]	约束性
公共服务人民生活	国民平均受教育年限（年）	8.5	9	[0.5]	预期性
	城镇基本养老保险覆盖人数（亿人）	1.74	2.23	5.1	约束性
	新型农村合作医疗覆盖率（%）	23.5	>80	>[56.5]	约束性
	五年城镇新增就业（万人）	—	—	[4500]	预期性
	五年转移农业劳动力（万人）	—	—	[4500]	预期性
	城镇登记失业率（%）	4.2	5		预期性
	城镇居民人均可支配收入（元）	10493	13390	5	预期性
	农村居民人均纯收入（元）	3255	4150	5	预期性

注：GDP 和城乡居民收入为 2005 年价格；带[]的为五年累计数；主要污染物指二氧化硫和化学需氧量。

表 7-2　“十四五”规划主要指标①

类别	指标	2020 年	2025 年	年均/累计	属性
经济发展	GDP 增长（%）	2.3	—	保持在合理区间、各年度视情提出	预期性
	全员劳动生产率增长（%）	2.5	—	高于 GDP 增长	预期性
	常住人口城镇化率（%）	60.6*	65	—	预期性
创新驱动	全社会研发经费投入增长（%）	—	—	>7，力争投入强度高于“十三五”时期实际	预期性
	每万人口高价值发明专利拥有量（件）	6.3	12	—	预期性
	数字经济核心产业增加值占 GDP 比重（%）	7.8	10	—	预期性
民生福祉	居民人均可支配收入增长（%）	2.1	—	与 GDP 增长基本同步	预期性
	城镇调查失业率（%）	5.2	—	<5.5	预期性
	劳动年龄人口平均受教育年限（年）	10.8	11.3	—	约束性
	每千人口拥有执业（助理）医师数（人）	2.9	3.2	—	预期性

① “十四五”时期经济社会发展主要指标解读之经济发展篇[EB/OL].（2021-05-25）. https://www.ndrc.gov.cn/xxgk/jd/wsdwhfz/202105/t20210525_1280729.html.

续表

类别	指标	2020 年	2025 年	年均/累计	属性
民生福祉	基本养老保险参保率（%）	91	95	—	预期性
	每千人口拥有 3 岁以下婴幼儿托位数（个）	1.8	4.5	—	预期性
	人均预期寿命（岁）	77.3*	—	[1]	预期性
绿色生态	单位 GDP 能源消耗降低（%）	—	—	[13.5]	约束性
	单位 GDP 二氧化碳排放降低（%）	—	—	[18]	约束性
	地级及以上城市空气质量优良天数比率（%）	87	87.5	—	约束性
	地表水达到或好于Ⅲ类水体比例（%）	83.4	85	—	约束性
	森林覆盖率（%）	23.2*	24.1	—	约束性
安全保障	粮食综合生产能力（亿吨）	—	>6.5	—	约束性
	能源综合生产能力（亿吨标准煤）	—	>46	—	约束性

注：[]内为 5 年累计数；带*的为 2019 年数据；能源综合生产能力指煤炭、石油、天然气、非化石能源生产能力之和；2020 年地级及以上城市空气质量优良天数比率和地表水达到或好于Ⅲ类水体比例指标值受新冠疫情等因素影响，明显高于正常年份；2020 年全员劳动生产率增长 2.5%为预计数。

第三节　国民经济发展规划编制的原则与程序

一、国民经济发展规划编制的原则

在我国，国民经济发展规划的编制必须遵循以下原则。

（一）坚持党的全面领导，以人民为中心

坚持党对国民经济规划编制的全面领导，既是确保国民经济规划前瞻性、科学性、系统性和可操作性的重要前提，也是促进国民经济规划能够得到切实有效实施的根本保障。只有将党的领导贯穿于国民经济规划编制的全过程和各方面，才能为实现高质量发展提供保证。国民经济规划编制的最终目的是增进民生福祉、不断实现人民对美好生活的向往。因此，在规划编制过程中，要坚持人民主体地位，坚持共同富裕方向，始终做到发展为了人民、发展依靠人民、发展成果由人民共享，维护人民根本利益，以此激发全体人民的积极性、主动性、创造性，顺应民意，赢得民心，让国民经济规划得到广大人民群众的拥护和支持，确保其得到切实有效的贯彻落实。

（二）通盘考虑，宏观布局

国民经济规划是关于未来一个时期国民经济总体运行和发展境况的预先部署和安排，因此，全国各地区、各部门、各方面、各环节在制定和实施规划中都要相互协调、步调一致，树立“全国一盘棋”的思想。区域规划、专项规划、空间规划都要以国家发展规划为统帅来制定和实施，或者说，它们都是国家发展规划的具体化，是国家发展规

划总系统中的子系统。这就需要在规划编制过程中，妥善处理整体与局部、中央与地方、不同部门以及不同地区之间的利益关系，站在全局和长远的战略高度运筹谋划，发挥规划应有的各项功能。①

（三）突出重点，统筹兼顾

国民经济规划涉及国民经济和社会发展的方方面面，是一个庞大的具有内在联系的整体，这就要求在编制规划时要统筹兼顾，树立系统的思想观念和工作方法。②同时，在经济和社会发展中总是存在着的一些薄弱环节和相对来说比较重大的问题，需要制定专门的规划有重点地加以解决。要坚持既统筹兼顾又突出重点的原则，将综合性规划和专项规划很好地结合起来，推动整个国民经济持续健康发展。

（四）与时俱进，不断创新

国民经济规划的编制既要适应国内形势与体制变化，也要适应国内外经济发展需要。改革开放以来，我国的经济体制经历了由计划经济向市场经济的转变，这就要求规划的性质、目标等要相应改变。此外，为适应国内经济发展阶段的变化以及适应全球发展的需要，国民经济规划在内容及具体目标上，也应与时俱进。例如，在提出诸如解决温饱、实现小康社会的具体目标的同时，增加履行国际责任、参与全球经济治理等内容，向融入全球经济体系的规划转变。

（五）遵循客观规律，明晰历史定位

在编制规划的过程中，需遵循客观规律，对发展环境深入分析，实事求是地判断国家所处的历史方位，通过理念的调整来引领规划内容、目标的调整。始终遵循客观规律，明晰历史定位，通过发展理念的变革引领发展方向和发展方式变革。

（六）程序规范化，决策民主化

规划编制程序规范化是指在编制规划过程中，遵循一定的程序和标准，确保规划的科学性、合理性和可操作性，这是确保规划质量和有效实施的重要保障。以我国的“五年规划”为例，一般都是在中共中央的领导下，首先经党中央示意，由国务院负责起草，具体工作主要由国家发展和改革委员会（简称国家发展改革委）承担。历经前期研究、起草规划“建议”和规划框架、起草规划草案、规划草案的衔接与论证，随后通过国务院常务会议等一系列会议审议后，最后提交全国人大审议通过等程序。

此外，国民经济规划涉及社会各方面、各部门的利益，需要得到社会各界的普遍认同，规划部门在编制相关规划时，需要重视听取各方面和各界人士的意见，不断增强透明度、开放度和社会参与度，加快决策的科学化、民主化进程，广泛凝聚共识。

二、国民经济发展规划编制的程序

编制程序规范是规划科学性的保证。在国民经济规划编制过程中，一般各类规划

① 钟契夫，许光建. 中长期发展规划的基础理论和方法[M]. 北京：中国计划出版社，2002：19.

② 钟契夫，许光建. 中长期发展规划的基础理论和方法[M]. 北京：中国计划出版社，2002：19.

均需要经历前期研究、规划文本的起草与意见听取、规划草案的衔接与论证、规划草案的审议批准、规划的公布等环节，但在具体落实上各类规划又略有不同。这里以国家总体发展规划，即中华人民共和国国民经济和社会发展五年规划为例展开介绍。

（一）前期研究

一般在每个五年规划实施的第三年，便启动对下个五年规划的编制工作。前期研究是编制规划的重要基础性工作，它为规划的最后形成提供各种初步思路，主要包括中期评估以及重大课题研究等。前期研究的质量直接影响到后续规划草案的编制、审批和实施，所以，做好前期研究意义重大。

中期评估是指对正在实施的规划进行评价和总结，我国首个五年规划中期评估始于“十一五”规划编制期间，“十五”计划的中期评估结果，为编制“十一五”规划提供了思路。往后在五年规划的编制程序中，均保留了中期评估环节。如在“十四五”规划编制初期，便对“十三五”规划实施情况开展多主体、多维度的评估工作，分析出当期国民经济和社会发展的成绩和存在的问题，为进一步深化重大课题研究打下基础。

基于当前规划的中期评估结果及所收集的经济信息，则需对下一个规划期面临的主要矛盾、国内国外政治经济环境的变化、进一步发展的基本条件、需要解决的主要问题、需要采取的重大措施等进行研究，提出国民经济规划的基本思路和设想。首先，组建国民经济规划的起草组织，通常由政府规划部门从内部机构中抽调精兵强将组建，必要时可以从外部机构借调人员参与进来。为保证前期研究的顺利进行，政府财政需要列出专项资金拨款，为研究提供物质条件。其次，列出国家发展规划期间所涉及的重要内容，就规划的基本思路和重大命题提出研究选题，并通过内部调研、外部委托、公开招标、公开征求建议等方式开展研究。①如在“十四五”规划编制的初期，政府规划部门便先后组织了200多项重大课题的研究，委托有关部门、地方及科研机构、高等院校、企业等社会各方力量参与，完成约300份研究报告，最终形成“十四五”规划的基本思路，并由国家发展改革委牵头提出，按程序报到规划“建议”起草组作为参考。

（二）规划文本的起草与意见听取

规划文本的起草就是编制草案，不同类别的规划起草过程也不尽相同，但一般均由指定的编制单位在前期研究基础上，经过多方论证、反复协调、综合平衡后，运用文字语言、数据语言、图形语言等规划语言进行编制。

国民经济和社会发展五年规划文本的起草流程可以分为三个阶段，主要涉及三个重要文件。一是成立由党中央、国务院领导同志担任起草组组长的规划“建议”起草组，并在中央政治局常委会领导下研究起草规划“建议”。在“十三五”“十四五”规划起草过程中，习近平总书记亲自担任规划“建议”起草组组长。二是规划“建议”发布前，国家发展改革委牵头组织各地区各部门，结合自身实际情况，提出自身希望纳入规划纲要的一些目标指标、重大工程项目政策等。国家发展改革委在此基础上，最终起草完成纲要框架。三是规划“建议”发布后，国务院成立纲要草案起草组，在纲要框架的

---

① 刘瑞. 中国经济发展战略与规划的演变和创新[M]. 北京：中国人民大学出版社，2016：102-103.

基础上，全面对标规划“建议”，正式起草纲要草案。三个阶段的工作环环相扣，以中央“建议”为依据，不断细化实化，形成具有宏观性、指导性、可操作性的纲领性文件，共同绘就国家未来 5 年发展的宏伟蓝图和行动纲要。[①]

规划文本的起草与意见听取往往是同步进行的，规划的编制本身就是一个集思广益、统一思想、形成共识的过程。听取意见主要包括三个对象，分别为人民群众的意见、专家的意见，以及各有关部门和地方的意见。在规划编制过程中，一般会针对不同对象采取不同方式听取意见建议。例如，针对人民群众的意见，可通过互联网、媒体报刊开设专栏等方式公开征集，特别是直接关系到人民群众切身利益的某些专项规划，还可以采取听证会等形式；对于专家等意见，多采取座谈会形式征集。目前，在五年规划编制中，党中央、国务院领导同志都会分别召开各类人士代表座谈会，广泛听取意见建议。

（三）规划草案的衔接与论证

为了保证规划的科学性以及规划能更好地代表各方面各部门的利益，政府规划部门应当将规划草案送往有关部门进行衔接。有关部门应当自收到规划草案之日起 30 个工作日内以书面形式反馈衔接意见。未经衔接的规划草案，不得报请批准和公布实施。规划衔接遵循专项规划和区域规划要服从本级和上级总体规划，下级政府的规划要服从上级政府的规划，同级规划之间相互协调不得相互矛盾的原则。对规划的主要目标特别是约束性指标、空间布局、重点任务、重点工程项目、重大政策等进行统筹协调，避免规划之间不一致甚至相互冲突，以增强规划体系的科学性、系统性、严肃性。

规划草案的论证是保证规划科学性极其重要的环节。规划草案的论证既包括规划编制部门的反复推敲、反复论证和不断修改完善，也包括专家委员会的论证。经过专家论证后，应当形成包括规划草案的可行性、协调性、效应及风险等四方面内容的论证报告。[②]在五年规划论证中，由国家规划专家委员会组织全体会议，形成独立的第三方论证报告，提交给全国人大，作为全国人大审议规划草案的参考。

（四）规划草案的审议批准

按照一般做法，规划草案在经过内部编制以及各界意见征求调整后，组织相关会议审议，再提交给相应上级机关组织审查批准。根据规划的对象、范围和功能定位不同，规划由不同的机关审批。一般各级总体规划草案由各级人民代表大会审批，各级专项规划草案由各级政府或其授权部门审批。此外，编制规划的部门向规划批准机关提交规划草案时，应当报送规划编制说明。该说明一般包括编制过程、征求意见和规划衔接、论证情况，以及未采纳的重要意见及其理由。

在编制中华人民共和国国民经济和社会发展五年规划时，纲要草案的审批程序一般需要 3—4 个月的时间。纲要草案须先后提交国务院常务会议审议、中共中央政治局常务委员会会议审议、国务院全体会议审议、全国人大财政经济委员会与其他专门委员

---

① 杨伟民，等. 新中国发展规划 70 年[M]. 北京：人民出版社，2019：244.

② 刘瑞. 中国经济发展战略与规划的演变和创新[M]. 北京：中国人民大学出版社，2016：104-105.

会依据《全国人民代表大会常务委员会关于加强经济工作监督的决定》进行初步审查、中央政治局会议审议。再根据中央政治局会议精神修改完善后，由国务院提交全国人大审查。会议期间，国务院总理在政府工作报告中对纲要草案的主要内容作说明，全国人大代表和全国政协委员进行分组讨论、提出修改意见。起草组根据各方面意见建议形成修改后的纲要草案和修改说明，报经国务院批准后提交全国人大主席团审查，最后提交全国人大通过投票表决方式批准通过。①

（五）规划的公布

规划草案经过批准后，除法律法规另有规定外，各级各类规划均须按程序对外正式公开发布，并通过多种形式进行宣传解读。如国民经济和社会发展五年规划草案经全国人大批准后，会由国务院负责组织各级政府、经济管理机关和企业贯彻执行，并通过规划宣讲、刊发解读文章、出版辅导读本等方式进行广泛宣传。随着网络媒体的快速发展，宣传解读的方式也更加丰富多样。

第四节　国民经济发展规划编制的方法和关键环节

一、国民经济发展规划编制的方法

（一）预测方法

1. 计量经济学方法

计量经济学方法是研究经济结构关系及其变动趋势的预测方法，根据一定的经济理论，运用数学和统计学方法，通过建立计量经济模型，对反映经济关系的实际经济统计资料进行计量和验证，从而进行结构分析、经济预测和政策评价。计量经济学方法的步骤包括模型构建、参数估计、模型检验和模型应用。模型构建是指针对所关心的对象，将其作为被解释变量，依据经济学相关理论，选取影响因素作为解释变量，并选用适当的函数模型反映被解释变量与解释变量之间的关系。待模型建立后，利用计量经济学方法，选择适当估计方法，求得模型参数的估计值，并对估计结果进行理论检验和统计检验，从而确定结果的可靠性。理论检验主要考查参数估计值的符号和大小是否与经济理论相符，统计检验主要是通过显著性 F 检验、标准差 t 检验等来判断参数估计值的准确程度。随后根据已得到的计量模型，利用历史数据对所关注的经济变量进行预测，为编制规划提供指标依据。

2. 系统动力学方法

系统动力学建立在电子计算机系统仿真的基础上，将所研究的对象通过计算机进行仿真模拟，分析结构、研究趋势，从而找出规律，适合分析和研究复杂的社会经济系统。系统动力学方法建模的基本步骤是首先对所研究的对象进行结构分析，通过因果反

① 杨伟民，等. 新中国发展规划 70 年[M]. 北京：人民出版社，2019：246-247.

馈图和系统流程图，用系统动力学专用的 DYNAMO 语言建立系统动力学方程，算出模型预期的结果并进行分析。系统动力学模型主要提供系统发展变化趋势，对制定规划具有较大的参考价值。

3. 灰色预测模型

灰色预测模型是一种常用的预测方法，基于客观事物的过去和现在的发展规律，通过少量的、不完全的信息，建立数学模型作出预测。灰色预测模型具有所需建模信息少、运算方便、建模精度高等优点，被广泛应用于各种预测领域。灰色预测主要包括时间序列预测、灰色畸变预测、波形预测、系统预测四种预测。其中最重要的一类是时间序列预测，即通过等时距观测到的反映预测对象特征的一系列数量构造灰色预测模型，预测未来某一时刻的特征量或达到某特征量的时间，如对国民生产总值的预测等。灰色预测模型的基本步骤包括：建立灰色预测模型—数据残差检验—模型精度评估—模型预测。其中，建立灰色预测模型是关键步骤，需要选择合适的灰色模型进行拟合和预测。

4. 人工神经网络

人工神经网络是一种模拟人脑神经元网络结构的方法，以简单非线性神经元作为处理单元，每个神经元接收输入信号并计算输出信号。这些神经元按照一定的层次结构连接在一起，形成一个复杂的网络。其中，输入层负责接收外部输入的数据，隐藏层负责对数据进行转换和处理，输出层则负责输出最终的预测结果。在预测过程中，人工神经网络首先需要运用历史数据对网络进行训练，通过反复迭代和调整神经元的权重和阈值，使得网络的输出结果尽可能接近真实数据。训练完成后，人工神经网络就可以用来对未来数据进行预测。

（二）平衡协调方法

1. 综合平衡法

综合平衡法是一种宏观经济管理方法，即根据客观经济规律的要求，从全局出发，按照统筹兼顾、适当安排的方针，合理分配全社会的人力、物力、财力资源，使社会总供给与总需求平衡，实现国民经济各部门和社会生产各环节协调发展。在实际应用中，综合平衡法首先要求对现有的资源进行全面评估，包括各类自然资源、人力资源以及资金等。接下来，需要分析这些资源在不同部门和环节中的分布情况，找出可能存在的失衡问题。然后，通过调整资源配置方案，如投资方向、产业政策等手段，纠正不平衡，促进整个经济系统健康发展。综合平衡法强调全局性和综合性，而非局部或单项平衡。实现均衡的经济增长是各国政府追求宏观经济运行的目标之一，所以综合平衡法在实践运用中是必需的[①]，在我国计划经济时期，综合平衡法是政府进行经济管理的主要方法，但在实行市场经济体制后，微观经济组织成为市场活动主体，不再通过规定企业的生产计划，实现供给和需求的数量和比例平衡，而是通过经济手段和经济政策进行总量调控，实现供给端与需求端的大体均衡。

① 钟契夫，许光建. 中长期发展规划的基础理论和方法[M]. 北京：中国计划出版社，2002：155.

2. 投入产出法

投入产出法是一种用于研究经济系统内部结构及各部分之间相互关系的方法。它以投入产出表和相应的数学模型为基础，通过分析经济系统中各个部门的投入和产出，了解各部门之间的依存关系和相互影响程度。投入产出法的主要内容包括编制投入产出表和进行投入产出分析。

（1）投入产出表。作为投入产出法的核心工具，它是一个纵横交叉的表格，反映了经济系统中各个经济部门在生产过程中所使用的各种投入以及所产生的各种产出，如表 7-3 所示。

表 7-3　投入产出简表

产出 投入		中间使用				最终使用				总产出
		部门 1	部门 2	…	部门 n	消费支出	资本形成	出口	合计	
中间投入	部门 1	x_{11}	x_{12}	…	x_{1n}	W_1	K_1	F_1	Y_1	X_1
	部门 2	x_{21}	x_{22}	…	x_{2n}	W_2	K_2	F_2	Y_2	X_2
	…	⋮	⋮	Ⅰ	⋮	⋮	⋮ Ⅱ	⋮	⋮	⋮
	部门 n	x_{n1}	x_{n2}	…	x_{nn}	W_n	K_n	F_n	Y_n	X_n
初始投入（增加值）	劳动者报酬 V	V_1	V_2	…	V_n					
	生产税净额 N	N_1	N_2	…	N_n		Ⅳ			
	固定资本折旧 G	G_1	G_2	… Ⅲ	G_n					
	营业盈余 M	M_1	M_2	…	M_n					
总收入		X_1	X_2	…	X_n					

投入产出表由四个象限组成：第Ⅰ象限为中间使用象限，反映经济系统各部门、产品在一年的生产过程中相互交易的流量，每一元素 x_{ij} 都具有双重含义，从列向看表示 j 部门生产过程中对 i 部门产品的消耗，从行向看则是 i 部门产品分配给 j 部门的生产使用情况。该部分反映产品部门间的投入产出关系，是投入产出表的核心。第Ⅱ象限为最终使用象限，反映各产品部门的产品或服务作为消费品、投资品和出口品最终使用的数量，如 W_1 为部门 1 所生产的产品或服务中作为最终消费品的数量；第Ⅲ象限为初始投入象限，行向反映某个具体的初始投入在不同部门的情况，列向反映各部门增加值构成情况。第Ⅳ象限反映国民收入再分配，由于资金运动和再分配过程极其复杂，难以用限定的栏目充分、完善地表现，故通常此象限被省略。

（2）投入产出分析。是对投入产出表所反映的经济现象进行定量分析。它通过对投入产出表的各个部门进行数学建模，计算出影响力系数和感应度系数，从而揭示各部门之间的内在联系和相互制约关系。

投入产出法的优点在于它能够全面反映经济系统的内部结构和相互关系，有助于我们更好地理解经济运行规律。此外，投入产出法还可以用于制定经济政策和规划，帮助政府更好地了解经济的整体运行情况，并制定出相应的政策措施，有利于综合平衡。

（三）优化方法

1. 最优规划方法

最优规划方法是一种求解最优化问题的数学方法，旨在寻找满足一定约束条件下目标函数的最优解，主要用来解决资源的最优配置和利用问题。最优规划方法的核心思想是通过建立数学模型来描述决策问题，然后运用特定的算法或计算技术找到满足条件的最优解。这些模型通常包含目标函数和一组约束条件。目标函数是指需要优化的指标，而约束条件则反映了实际情况中必须遵守的限制，可以通过等式或不等式表示。最优规划方法主要包括线性规划、整数规划、动态规划、非线性规划等。其中，线性规划是最基础的形式，适用于目标函数和约束条件均为线性的情况。整数规划在此基础上增加了变量必须为整数的约束。动态规划适用于多阶段决策问题，非线性规划则适用于目标函数和（或）约束条件为非线性的情况。最优规划方法的应用范围非常广泛，如生产计划优化、资源配置、路线规划等。对规划工作来说，它可以运用于规划编制的各个方面，如规划方案的选优、宏观政策的评估和选择等。

2. 递推规划方法

递推规划方法是一种在多阶段决策问题中逐步求解最优策略的数学方法。它通过将问题分解为多个阶段，利用递推关系，逐阶段地求解最优解，从而得到整体的最优方案。递推规划方法的核心思想是将多阶段决策问题转化为一系列单阶段决策问题。在每个阶段，决策者需要根据当前的信息和未来的不确定性并利用递推关系求解每个阶段的最优解，且后续阶段的决策依赖于前阶段的决策结果。由于一个递推规划模型往往由多个不同的模型构成，因此递推规划并不存在统一的数学形式。

二、国民经济发展规划编制的重要环节——社会参与

规划编制中的社会参与一般是指除规划职能机构和相关政府机构之外的社会机构、民间组织、党派团体、海外机构和个人，以不同形式介入政府规划的研究、起草、编制和审议的过程。[①]社会参与既是实现决策民主化的重要形式，也是在规划制定过程中深入贯彻以人民为中心的具体表现。提高规划编制环节的社会参与度有利于听取各方意见，协调各方利益，达成社会各界共识，夯实规划编制的社会基础；有利于多层次、多渠道收集汇总大量社会经济信息，保证规划具有坚实的信息基础，确保规划编制的科学性；有利于吸纳有关专家学者，企业界、社会团体代表参与规划编制工作，提高规划编制的透明度，保证规划编制的民主化、公开化。

从“十五”计划编制开始，整个编制过程全面引入社会公众和专家参与，专家论证开始制度化。“十五”计划编制时期，编制部门首次开展了邀请社会公众参与国家五年计划编制的建言献策活动，通过征文、来信等方式，向社会公众广泛征求意见和建议，迈出了“开门编规划”的重要一步。“十一五”规划编制时期，开始利用更方便的信息手段公开征集社会公众意见，开辟了国家发展改革委网站、电子邮件、信件、《经

① 钟契夫，许光建. 中长期发展规划的基础理论和方法[M]. 北京：中国计划出版社，2002：88.

济日报》的建言献策专栏等四个渠道。①

将加强顶层设计和坚持问计于民统一起来，更是“十四五”规划编制最鲜明的特点。集中民智、反映民意，才能更好地凝聚民心、形成合力。在“十四五”规划编制的各个环节，均能发现社会公众和专家的身影。

在开展“十三五”规划实施情况中期评估工作中，国家发展改革委采取自评估与第三方评估相结合的形式，在坚持以政府系统自评估的同时，通过定向委托或公开招标的形式，选择国内外知名研究机构、评估咨询机构和智库开展第三方评估，将第三方评估结果作为自评估的重要参考。

在“十四五”规划编制初期，政府规划部门先后组织了 200 多项重大课题的研究，委托有关部门、地方及科研机构、高等院校、企业等社会各方力量参与，完成约 300 份研究报告。最终形成“十四五”规划的基本思路，并由国家发展改革委牵头提出，按程序报到“十四五”规划“建议”起草组作为参考。

在“十四五”规划“建议”起草过程中，始终坚持发扬民主、开门问策、集思广益。在建议稿起草过程中，习近平总书记先后主持召开企业家座谈会、扎实推进长三角一体化发展座谈会、经济社会领域专家座谈会、科学家座谈会、基层代表座谈会、教育文化卫生体育领域专家代表座谈会，听取各方面对制定“十四五”规划的意见和建议。此外，根据中央政治局会议决定，建议稿下发党内一定范围征求意见，包括征求党内部分老同志意见，还专门听取了各民主党派中央、全国工商联负责人和无党派人士代表意见。文件起草组逐条分析各方面意见和建议，对建议稿进行增写、改写、精简，覆盖各方面意见和建议 546 条。②

在纲要草案的起草过程中，“十四五”规划编制部门召开系列座谈会听取部门和地方意见，并赴中国科学院、中国社会科学院、中国工程院等单位听取专家意见。编制期间，国家发展改革委开展“十四五”规划纲要问计求策活动，开展网上意见征求活动，听取社会公众意见建议，人民群众踊跃参与，留言 100 多万条，有关方面从中整理出 1000 余条建议，同时线下发放问卷 4000 多份。此外，通过召开座谈会，收到全国人大代表和全国政协委员 300 多条具有建设性的意见建议。③

这一切无不说明在规划编制过程中，编制部门始终坚持顶层设计和问计于民相统一，重视编制过程中的社会参与度，切实把各方面、各部门的意见和经验充分吸收到纲要草案中来。

本章小结

国民经济发展规划的编制是一项系统性、前瞻性国民经济管理工作。在

① 杨伟民，等. 新中国发展规划 70 年[M]. 北京：人民出版社，2019：242.

② 习近平. 关于《中共中央关于制定国民经济和社会发展第十四个五年规划和二〇三五年远景目标的建议》的说明[EB/OL].（2020-11-03）. http://www.xinhuanet.com/politics/leaders/2020-11/03/c_1126693341.htm.

③ 安蓓，陈炜伟，谢希瑶. 汇聚亿万人民力量的宏伟蓝图：“十四五”规划和 2035 年远景目标纲要编制记[EB/OL].（2021-03-19）. https://www.gov.cn/xinwen/2021-03/19/content_5594009.htm.

编制过程中应始终坚持中国共产党的全面领导，时刻以人民为中心，坚持顶层设计与问计于民相统一，高度重视规划编制的前期研究，充分利用专家咨询论证环节，促进规划编制工作的规范化、法治化。一般来说，国民经济规划由环境分析、规划理念、规划目标、主要任务以及保障措施构成。其中规划目标常通过规划指标体系进行表述量化。国民经济规划的编制程序由前期研究、规划文本的起草与意见听取、规划草案的衔接与论证、规划草案的审议批准以及规划的公布等构成，其中社会参与涉及上述每个步骤。社会参与是规划编制的重要环节，是实现决策民主化的重要形式，也是在规划制定过程中深入贯彻以人民为中心的具体表现。

复习思考题

1. 国民经济发展规划内容主要由哪些部分构成？
2. 国民经济发展规划指标体系应当包括哪些内容？
3. 计划经济体制下的计划指标与市场经济体制下的规划指标有何异同？
4. 国民经济发展规划在编制过程中一般会经历哪些步骤？
5. 国家级总体规划在起草过程中，会形成哪些重要文件？
6. 国民经济发展规划编制的方法有哪些？

第八章

国民经济发展规划的实施与评估

国民经济发展规划的实施与评估是国家治理现代化的重要内容。国民经济发展规划在充分发挥战略导向作用时，还应构建统一协调的规划实施体系和规划实施评估体系。规划评估作为规划全周期实施中不可或缺的环节，是考量、监测规划实施的主要手段，也是修正完善规划编制和规划管理的重要依据。

第一节 国民经济发展规划的实施与管理

规划编制的最终目的是规划实施，在市场经济条件下，应根据规划的不同功能创新规划实施机制，建立责任明确、分类实施的实施机制。

一、规划实施的主要内容

在社会主义市场经济下，发展规划的实施应根据不同规划内容实行不同的实施机制，规划实施的主要内容包括五个方面：第一，发展规划以导向作用为主，主要依靠市场主体的自主行为实施，政府的职责是要维护公平竞争的环境，不得干预市场机制正常运行；第二，发展规划的重点任务，主要通过努力完善市场机制和利益导向机制实现，政府主要通过体制机制创新和完善政策，为激发市场主体的积极性、创造性营造良好的制度和政策环境，在完成重点任务方面，国有企事业单位要发挥带头和示范作用；第三，公共服务领域的任务，是政府的职责，纳入规划就意味着政府的承诺，各级政府要切实履行职能，运用公共资源全力完成；第四，约束性任务，如主体功能区规划、保护生态环境、资源管理、保护知识产权、调节收入分配、维护市场经济秩序、保障人民合法权益、社会建设和管理等要求，主要通过健全法律法规、加大执行力度等法律手段，并辅之以经济手段加以落实；第五，改革任务，是政府的重要职责，必须放在政府工作的重要位置，加强对改革的总体指导和统筹协调，将改革任务分解落实到有关部门，不失时机地推进。

在具体操作中，不同的规划内容，还要通过制定实施年度计划，完善各项政策，分解约束性指标，安排政府投资，组织实施重大项目等加以实施。

二、规划实施管理的环节和手段

规划实施管理主要包括三个环节，即规划的公布与宣传、规划的实施，以及规划实施的保障性措施落实。

（一）规划的公布与宣传

规划一经批准，除法律、行政法规另有规定的以及涉及国家机密的规划文件外都应及时公布。规划公布主体、公布方式和公布时间，法律上没有明文规定，沿用下来的基本原则是，规划的发布权限归属审批权力机关。全国人大审议通过的国家总体规划由全国人大（全国人大常委会）对外发布；国务院审批的专项规划、区域规划，以国务院文件形式对外发布；国务院有关部门审批的规划，以部门文件形式对外发布，同时采取适当形式在报刊、网络等公众媒体上公开发布。省市等地方规划的公布，也基本上参照该做法。

规划公布的同时，应加强规划的宣传工作。规划实施的重点是通过宣传统一各级领导干部和广大群众的思想，充分利用各级会议、文件，发挥报纸、电视、广播以及互联网的作用，大力宣传规划。在宣传过程中将规划整体思路进行推介，同时将规划制定的材料依据、形势判断、实施要点、奋斗目标等一并宣讲，充分调动各级领导干部和群众的积极性，共同为实施规划努力奋斗。

（二）规划的实施和规划实施的保障性措施落实

规划公布后，由各级政府负责下达和实施规划任务，把总体规划确定的目标任务分解下达到各部门、各地区，并逐级分解落实到实施规划的各单位，这是做好规划实施的重要组织保障。落实工作责任过程中，政府各级职能部门应加大对本行业本领域涉及相关规划的指导、协调和管理，制定有利于规划编制实施的政策，明确时间表和路线图，形成合力。规划实施的保障性措施主要包括三个环节，即监督规划按年度推进、监督规划中确定的重大项目如期完成以及强化政策引导。

（1）年度规划是实施中长期规划的重要手段，把五年规划的任务、目标按年度加以分解，以中长期规划为指导来制定和实施年度规划，逐年实施，分步推进，具体落实，并且通过对年度规划实施情况的监督，及时发现中长期规划实施的问题和偏差，及时调整。

（2）规划确定的重大项目的合理安排和建设是实施规划的坚实基础和重要支撑。不论是总体规划还是专项规划，主要发展指标都要通过具体的建设项目来实现，规划实施中必须监督项目的前期工作和项目建设施工，保证重大项目如期完成。

（3）政府政策引导是规划实施的基础，政府引导企业实现规划目标任务，主要依靠综合运用规划、财政、金融等手段，发挥价格、税收、利率、汇率等经济杠杆的作用。组织、人事、审计等部门要研究将规划执行情况纳入领导干部离任审计中，作为党政领导干部综合考核评价的重要参考。纪检监察机关要加强监督。发展改革、财政、金融、税务、自然资源、生态环境、住房城乡建设、农业农村等部门要研究制定完善相关的配套政策。自然资源主管部门要会同相关部门加快推进规划立法工作。组织部门在对地方党委和政府主要负责人的教育培训中要注重提高规划意识。教育部门要加强相关学科建设。自然资源部门要强化统筹协调工作，会同有关部门按照规划体系总体框架，不断完善制度设计，建立规划编制审批体系、实施监督体系、法规政策体系和技术标准体系，加强专业队伍建设和行业管理。自然资源部要定期对贯彻落实情况进行监督检查，重大事项及时向党中央、国务院报告。根据规划期内大环境的变化和规划实施过程中遇到的问题，制定相应的经济政策和措施，在实施过程中对政策效应加以监测，通过分析宏观调控政策的执行方式、执行情况、执行效果，以及市场主体对规划的认可程度，坚持或调整政策的取向。

三、规划实施中存在的问题

规划实施过程中存在的主要问题是规划编制主体与规划实施主体没有完全一致，同时规划实施机制尚不健全，规划实施与政策制定衔接不够，监督和公众参与不足均影响规划实施效果。

（一）编制主体与实施主体错位

现阶段我国党委及政府换届一般是与规划编制年错开，导致发展规划编制主体政府与实施主体政府没有完全一致，出现“一届政府制定规划一届政府调整规划”的现象，影响规划的严肃性和连续性，导致发展规划难以有效实施。同时，受地方政府政绩考核导向的影响，现有政绩考核的指标体系与规划中的指标体系方向不一致，影响了发展规划的有效实施。

（二）规划实施机制不健全

五年规划没有专门机构和专项资金推动，一定程度上导致规划实施效果不理想。五年发展规划在目前的规划体系中地位最高，作用最大，涉及地方经济社会发展中的重大问题和关键领域，是制定其他各类规划的基础和依据。但在具体实施过程中，没有专门的规划实施领导机构，各级政府也没有专门的财政预算支持。发展规划缺乏常态化的实施机制，没有健全的战略规划管理机制、规划实施机制和监督反馈机制，各部门之间缺乏有效的沟通和协调，规划编制过程中存在的量化指标不严谨、定量指标较少或者量化程度不高，缺乏相应的技术规范，需要哪些约束性和指导性指标缺乏统一要求等问题，都会导致规划实施效果不理想。

（三）规划实施与政策制定衔接不够，监督和公众参与不足

（1）具体政策与发展规划实施衔接不够，制定规划目标任务后，有关政策做了调整，前后政策联系不紧密。相关政策扶持不够，缺少配套跟进，工作措施按规划进度完成的情况有待提高。

（2）规划实施过程中引入公众评价不够。收集公众对规划执行结果的评价是国外

规划及公共政策中公众参与的主要目的之一。在公共服务、环境生态和民生领域引入公众满意度评价，建立群众评价和反馈机制，能够有效衡量政府五年规划的实施效果，从根本上扭转地方政府的绩效导向。现阶段，我国公众参与规划实施过程还缺乏整体性、可操作性和约束性。

四、健全规划实施机制

（一）规范规划编制与实施主体关系

1. 完善规划领导机构设置

设立常规性的规划编制领导小组，对规划的编制与实施进行指导，在规划编制前后，保留高层级领导对规划实施后续工作的统筹指导。逐步完善规划编制实施领导小组的人员配备，由级别较高的高层级行政领导担任组长，以保障规划编制实施过程中的领导力量。领导成员应包括各部委负责人，同时配备相关领域专家学者，保障规划编制实施得到全面指导。完善规划编制实施领导小组的机构设置，规划领导小组办公室可设立在发展改革委，由发展改革委相关领导担任办公室主任。

2. 完善规划研究、编制、决策、实施和监督分离机制

要保障规划的公正性，必须保持规划研究、规划编制、规划决策和规划执行相互独立，不断建立完善规划研究、编制、决策、实施和监督机制。规划研究由发展改革部门委托智库或研究机构进行，发展改革部门会同相关部门、专家学者、公众编制发展规划，规划方案由规划委员会决策并报同级人大审批。规划执行由各个部门根据发展改革委审核备案的本部门实施计划进行。部门实施计划的执行由发展改革部门负责监督，发展规划的执行情况由同级人大进行监督。

（二）提高规划可实施可执行水平

1. 规划实施中做好任务分解和任务的细化量化

加强规划的定量表达，在规划制定时加强发展目标的定量分析，增加约束性指标占比，各级政府在制定五年规划纲要时，在衔接上级规划纲要目标的同时，应保证一半以上具有地方特色的规划目标。

将规划目标任务年度分解落实到位，将国家发展规划确定的主要指标纳入年度指标体系，设置年度目标并做好年度间综合平衡，结合形势发展确定年度工作重点，明确重大工程、重大项目和重大举措的年度实施要求。将规划纲要的目标任务进行分解，与相关领导考核指标挂钩，并跟踪、落实和监督。

2. 强化规划实施组织和资金保障

发展规划包含重大项目和重大工程，一般情况下政府没有财政预算支持，规划与财政预算脱节，导致较多规划中的重大任务未考虑预算的实际支撑能力。预算的分配很少与规划衔接，影响预算的针对性和有效性。鉴于此，财政预算的安排要与规划相结合，明确政府组织实施的重大工程及其布局，将资源配置到相关领域，将规划实施绩效

与支出相结合，落实财政资金和政府投资，使公共财政、公共投资更好地与公共政策目标匹配，以保证将规划实施落到实处。要将各部门规划的编制、实施、评估与财政预算相结合，财权与事权相结合，按照公共服务有限方向配置财政资源，根据规划实施评估结果评价政府部门的绩效水平，以绩效水平审核决算，调整财政预算。

（三）完善规划实施监督机制

1. 完善社会监督机制

加强规划编制、实施、监测评估、监督考核全过程的舆论宣传，营造良好舆论氛围。各地区各部门要创新和丰富宣传形式，及时报道规划实施新机制新做法，充分反映新进展新成效。各实施责任主体要及时发布规划实施进展情况，保障社会公众知情权。畅通公众监督渠道，更好发挥各民主党派、工商联和无党派人士对规划实施的民主监督作用。充分发挥行业协会、商会、贸易投资促进机构、智库等社会力量的专业化监督作用。建立利用互联网等新媒体监督规划实施的有效机制。

2. 加大督查力度

围绕规划主要目标任务及重大项目，强化联合督查和信息联动作用，将规划实施情况纳入国务院大督查内容，建立规划实施专项督查机制。各地区各部门负责组织开展地方总体规划和专项规划实施情况督查。各级审计机关要依法加强对规划实施情况的审计监督。

3. 加强规划实施考核机制

强化年度评估、中期评估、总结评估及专项评估结果的应用，将规划实施情况纳入各级领导干部考核评价体系，考核评价结果作为干部晋升和惩处的主要依据。针对各地区各部门实际，研究提出差别化、可操作的考核内容及权重。探索将规划实施考核结果与被考核责任主体绩效挂钩。①

4. 强化规划权威

规划一经批复，任何部门和个人不得随意修改、违规变更，防止出现换一届党委和政府改一次规划。下级规划要服从上级规划，相关专项规划、详细规划要服从总体规划；坚持先规划，后实施，不得违反规划进行各类开发建设活动；坚持“多规合一”。因国家重大战略调整、重大项目建设或行政区划调整等确需修改规划的，须先经规划审批机关同意后，方可按法定程序进行修改。对规划编制和实施过程中的违规违纪违法行为，要严肃追究责任。

第二节　国民经济发展规划实施中的监测

规划实施监测是保障规划顺利实施的手段，主要包括对国家规划决策和宏观经济

---

① 中共中央办公厅 国务院办公厅印发《关于建立健全国家“十三五”规划纲要实施机制的意见》[EB/OL].（2016-10-23）. https://www.gov.cn/zhengce/2016-10/23/content_5123382.htm.

重要指标的监测、对宏观经济变动的分析和预测，以及对国内外经济形势和市场运行态势的监测，建立和完善规划监测制度是保障规划实施的基础。

一、规划监测的主要内容

（一）对国家规划决策和宏观经济重要目标及参数的监测

对国家规划决策活动进行监测，目的是保证规划决策判断的正确性和科学性，及时发现规划决策过程中的失误，进而采取纠正措施。对宏观经济重要目标及参数的监测，主要内容包括社会总供给和总需求的平衡、经济增长率、产业结构的转换目标及对策、收入分配结构、内外贸规模和结构、物价指数、失业率、国际收支平衡状况、经济效益状况，以及相关重大政策的合理性和可行性等。

（二）宏观经济景气变动评价、分析和预测

通过分析一些宏观经济指标的走势，研究经济景气变动的规律性，进行景气预测。市场经济条件下，经济运行难免会在一定程度上发生波动，而引发经济波动的原因是复杂的。经济波动对经济的发展和国家宏观调控政策的选择，影响也是很大的。因此，监测宏观经济的景气状况，预测其趋势和对经济发展的影响，对国家发展规划的制定和实施具有重要意义。

（三）对资金运行态势的监测

为了优化资金结构，提高资金利用效率，促进国民经济协调发展，顺利实现国家发展规划目标，迫切需要对全社会的资金进行监测。监测的主要内容有各部门资金运用与全社会资金计划安排的衔接，财政、金融与规划部门在资金运行和配置方面相互合作与协调的情况，以及各种社会资金的存量、流量、分布结构、流向等。通过检测发现问题，采取措施，强化财经制度和纪律，促进各单位加强经济核算，改善资金分配结构，减少损失和浪费，提高经济效益。

（四）对市场运行状况的监测

在社会主义市场经济条件下，市场对资源配置起决定性作用，市场调节发挥积极作用的前提条件是市场运行正常、有序，市场主体行为规范，规划监测是实现这些前提条件的重要保障。监测的目的就是保护正当交易，取缔非法行为，实现公平竞争，维护市场的正常运行。对市场的监测包括对买卖当事人经营活动合法性的监测，对交易对象的质量、安全、环境标准及上市合法性的监测，对交易价格、计量手段及标准、商标使用等方面的监测。

（五）对我国对外经贸状况的监测

当代世界经济发展的国际化趋势越来越明显，这对一国经济来说，既可能提供机遇，也可能构成挑战。国家宏观经济管理的重要任务之一就是及时发现并抓住这些机遇，迎接挑战，促使本国经济在国际经济大环境中不断发展。当前，世界百年未有之大变局加速演进，我国正在加快构建“双循环”新发展格局。如何更好地开发国际市场、

利用国外资源，已成为我国经济进一步发展需要研究的重要课题。因此，加强对我国对外经贸状况的监测，已成为我国规划监测的重要内容。除此之外，重大政策措施的实行程度、一些突发事件对规划实施的影响也应纳入规划监测的内容。

二、规划监测的实施

对规划实施的监测更多地依赖于数据指标。因此，首先，应确定监测的评价指标体系，这是监测的基础。只有通过科学合理的评价指标体系，才有可能得出科学公正的评价结论。一般来说，建立监测的评价指标体系，指标应具有代表性，应有稳定的数据来源。其次，应建立健全监测的信息渠道。要加强各级主管部门的纵向信息交流，加强规划主管部门与同级财政、金融、外经贸、统计等部门的信息沟通，并加强与中心城市、重点企业和重要市场等监测点的联系。各级规划主管部门要在信息的协调方面发挥组织作用，促进监测信息的共享和充分运用。最后，综合运用各种科学方法，对收集的信息进行整理和处理。

大量的数据只有经过科学处理才有意义。进行监测可供选择的方法很多，有各种宏观经济模型，特别是宏观监测模型和预警模型。规划监测的具体实施步骤如下：一是收集信息，抓住最重要、最典型的监控环节与对象，通过直接和间接的调查，收集最能说明问题的信息资料；二是量化核算，将通过会计、统计、业务部门取得的信息资料进行整合、综合、分析，提供全面、系统、准确的核算数据；三是检查验证，通过政策检查、现场检查、账务检查，查明事实真相；四是分析原因，根据核算和检查结果，深入分析，发现问题，查明原因，得出结论；五是纠正偏差，确定纠正偏差的措施，包括纠正对象、方式和实施时间。

三、建立和完善规划的监测制度

为了提高规划编制的科学性和规划实施的有效性，建立和完善规划的监测制度是十分必要的。规划监测制度包括以下几个方面。

（一）宏观经济运行的定期监测制度

对宏观经济的监测一般按月度或季度进行，将监测数据与预先设立的警戒值进行比较，经技术处理后进行分析。在经济波动频繁时期，对某些具有关键作用的重要指标应按旬度进行监测。同时，对于制约国民经济发展的短线产品，以及对国民经济发展弹性系数较大的商品，还应进行供需情况监测。对于那些对国内生产影响很大的进出口物资，也应对其国际市场行情进行经常性监测。除了上述宏观监测外，还可根据需要，按地区、行业等分别建立监测制度。

（二）事前、事中、事后的规划监测制度

事前监测是指规划决策实施前的预防性监测，主要是监测规划决策是否具有科学性和可行性。事中监测是指规划实施过程中的日常监测，主要是发现规划实施的缺陷和偏差，分析原因，采取相应对策。事后监测是指规划实施之后的总结性、审查性监测，

即对于已完成的经济活动，分析规划决策是否落实，查明规划与实际产生偏差的原因，分清责任，评价成效。我国各级人民代表大会对规划的审议和批准就属于事前监测，对规划执行情况的审议和批准就属于事后监测，国家综合经济部门定期发布的经济运行景气分析报告则是事中监测的表现形式。

（三）国家、社会、人民群众既有分工又有结合的监测制度

国家监测是以国家的名义，运用国家权力实施的监测，具有较强的权威性和有效性。社会监测是以社会组织和群众团体的名义，对规划实施过程进行的监测。人民群众监测是指人民群众运用自己应有的权利，通过投诉、信访和新闻媒体等，对规划实施进程进行的监测。社会监测和人民群众监测是国家监测的有力支持和必要补充。

（四）经济主体内部和外部相结合的监测制度

经济主体内部监测包括两个层次：一是执行规划的经济主体对自身行为的检查和控制；二是执行规划的同一经济组织内部或同一主管部门的下属单位相互之间的监测。内部监测具有经常性、及时性和全面性的优点，但也存在受行业业务限制、易受行政领导干扰等缺点。外部监测是指国家机关或社会组织从事监测的人员对规划执行单位的经济活动的监测，其特点是比较客观、公正。

（五）重点监测和普遍监测相结合的监测制度

规划评估指标体系确定后，需要对评估指标进行监测，评估指标可测量是规划评估指标可监测的重要基础。对规划评估指标的监测不是五年计划完成之后再监测，而是在规划实施过程中就开始逐月、逐季、逐年进行。只有通过连续的监测，才能为评估奠定基础，发现规划实施过程中出现的问题。普遍监测是指对经济运行进行全面的检查、督导，重点监测则是按照党和国家的要求，或根据人民群众的举报，对某一部门或某项经济活动进行的专门监测。除上述规划监测制度外，还可按照专业性质或规划管理的不同侧面、社会再生产的不同环节，分别建立规划监测制度。①

第三节　国民经济发展规划的评估与修正

规划评估是保障发展规划得以有效实施的重要机制，一方面有利于在规划实施过程中动态监测规划实施情况，及时发现偏差并进行修正和调整；另一方面有利于在规划执行结束后对规划执行结果进行评估，总结规划实施效果，为新一轮的规划编制提供依据。

一、规划评估的意义和作用

规划实施过程是一个动态、持续、反馈的过程。“修正与反馈”是规划实施的重要

① 刘瑞. 中国经济发展战略与规划的演变和创新[M]. 北京：中国人民大学出版社，2016.

步骤，是对规划实施效果持续进行跟踪和监控，主要目的是评估规划实施是否偏离预期目标，针对实施效果对规划方案进行适当调整。国民经济发展规划是一个涵盖面广、涉及对象多、层级多的复杂系统，规划评估是国民经济发展规划编制和实施链条上必不可少的重要环节，评估可以增强和保证规划的科学性和可操作性。发展规划评估的意义和作用主要体现在以下方面。

第一，为规划的编制和修正提供研究基础。规划实施的阶段性评估，可以为规划的修正提供重要的研究基础。例如，我国从“十五”计划实施开始，对规划实施效果进行了中期评估，2023 年 12 月发布了“十四五”规划实施中期评估报告。通过对“十四五”规划的中期评估发现，“十四五”规划提出的经济增长等主要目标指标基本达标，但在科技创新领域、居民消费领域、重点改革领域和生态建设等方面的发展目标没有达到预期效果，经济社会发展不平衡、不可持续的问题仍然存在，在此基础上，提出要更加遵循平衡统筹发展的理念，牢牢把握中国式现代化的科学内涵和本质要求，坚持稳中求进工作总基调，完整、准确、全面贯彻新发展理念，加快构建新发展格局，着力推动高质量发展，体现了我国新发展理念的进一步升级和强化。

第二，为编制新一轮规划奠定基础。规划评估不仅要发现规划期内的问题，同时还要提出下一轮规划编制需要解决的重大问题，对形成下一个规划研究的主题做准备，对编制新规划具有重大意义。

第三，是掌握国内外形势和提升发展理念的重要途径。发展规划评估的过程，是判断国内外环境形势、分析矛盾问题、理清发展思路、明确发展方向的过程。通过评估发展规划主要目标、战略任务、政策举措的落实情况，有利于掌握国际宏观形势的变化，判断国际环境对我国经济社会发展的影响。通过发展规划评估，可以更深入地掌握国内经济社会发展的各项指标和发展基底，关注经济社会发展中的成功模式和矛盾焦点，加深对国情的深入理解。通过发展规划的编制、实施和评估，构建不断深刻认识中国、深刻分析中国和科学发展中国的“政策循环”。①

第四，是依法治国和依法行政的必然要求。对发展规划实施情况的评估，是全面推进依法治国和依法行政的必然要求。国民经济发展规划是依法经全国人大审议批准的纲领性文件，规划提出的目标任务尤其是政府履职和承诺的事项，应通过总结评估工作，对全国人大作出说明。同时依法行政是依法治国基本方略的重要内容，通过规划评估，可以监督考核政府行为，合理追溯责任主体，作为调整优化公共资源分配的依据，推进法治型、责任型政府建设。②

二、规划评估的主要内容

（一）规划评估的类型

根据规划评估的介入时间节点，可将规划评估分为前期评估、中期评估和总结评

① 胡鞍钢. 解码“十二五”规划纲要[J]. 财经界，2011（8）：4-6.

② 李善同，周南. “十三五”时期中国发展规划实施评估的理论方法与对策研究[M]. 北京：科学出版社，2019.

估。前期评估是在规划实施之前进行评估，也叫规划方案评估或预评估；中期评估是过程评估，是在规划开始实施到完成前的任何一个时点进行的评估；总结评估是对已完成的规划进行的评估。

前期评估、中期评估和总结评估在时间节点和内容上有较大差别。前期评估是对规划的可行性进行评估，评估依据是历史资料、经验性资料，涉及的数据大多含有预测推断的成分，是规划部门对若干规划备选方案进行综合比较和权衡，选出规划建议方案并通过法律程序实现法定化的过程。中期评估和总结评估都属于规划实施后的评估，规划中期评估是由政府规划部门或第三方机构对规划实施情况进行评估，主要检查规划是否被实施，实施情况如何、预期目标的实现进度、环境变化对于规划实施的影响等。总结评估是在规划实施完成后，由政府规划部门或第三方机构对规划实施的后果和影响进行评估，主要目的是考察规划实施的情况和效果，为分析规划执行绩效提供参考。由政府规划部门总结规划实施的结果并向人大汇报，或是由第三方机构对规划实施的效益和社会影响进行多方面评估。

（二）规划评估的主体和客体

规划评估主体包括政府自我评估、委托第三方评估和独立第三方评估三种类型，后两种评估类型都属于第三方评估，但存在一定差异。政府自我评估是内部评估，评估结果用于规划监测和内部问责，由政府规划编制部门或实施部门对各项规划目标和任务的实现程度进行评价和总结，重点关注规划各项指标的完成情况或执行进度。委托第三方评估任务主要由政府部门委托专业机构，对规划目标的完成情况和执行进度进行评价，并对规划实施结果进行深入分析，评估任务由政府委托方确定，评估报告为政府的自评估工作提供研究基础和专业支撑，对规划实施中的问题提供深度分析和评价。为保证规划评估结果的客观性和公正性，规划评估可采用自我评估与第三方评估相结合的评估方式。在中期评估中，可以通过定向委托或公开招标等方式委托社会机构参加评估工作。

规划评估客体即评估对象，是指对什么进行评估，评估客体取决于规划过程所处的时点和阶段，发展规划的评估客体大致分为三类。

一是规划重大背景变化情况。发展规划在实施过程中面临不断变化的环境和条件，尤其是国际国内环境复杂多变，在规划评估过程中应关注国内外形势的变化和风险挑战，在发展规划遇到重大变化或困难时，应针对形势变化对规划的实施条件和情况进行整体评估。

二是规划目标的实现程度。规划目标的实现程度就是评估规划提出的发展目标和任务是不是有效实现，即是否“按时、按量、按质”实现发展目标。按时就是实现进度问题，按量就是实现的具体规模，按质就是投入产出的效率问题。规划目标实现程度的评估主要包括四个方面，即发展指标评估、效果评估、影响评估和手段评估。国民经济和社会发展的目标是规划的核心组成部分，发展目标通过统计指标的数量变动来表征。国民经济发展规划在实施过程中受多种因素影响，不可能完全按照规划指标实施，在实际执行过程中发展目标与规划预定目标之间会存在差距。差距存在的原因可能是规划本身存在问题，也可能是规划实施过程中存在问题，规划评估应找出存在差距的原因并做系统分析。在具体分析过程中，应重点分析规划与实际实施结果存在哪些偏差，具体在什么地方什么时间发生偏差，偏差严重到什么程度，并找出产生偏差的具体原因。实施效果评估是指对规划实施的投入与产出之比进行分析评价，是规划本身投入产出比的评估，从规划的实际产出看规划对国民经济产生的影响，体现规划对国民经济的贡献度，从规划的投入角度看为制定规划和为实现规划目标而付出的全部成本，分析投入的结构、合理性等。实施效果评估可以从环境、收入、就业等几个方面来量化，或者使用社会价值尺度和价值判断来衡量。社会影响评估包括对地域发展机会平等程度、城乡居民收入、社会就业和生态环境保护等宏观层面的影响，尤其在可持续发展方面，对规划的影响评估更为重要。实施手段评估主要针对规划目标实施的手段进行评估，是否遵守适用于规划执行的相关法律法规，包括对于规划资金的拨付和使用、设备的购置、各项规章制度的设立是否与国家法律政策相一致、相协调等。

三是主要措施执行情况。规划确定的各类目标需要明确经济社会发展重点领域的主要任务及重大举措，这一类型的规划内容可以体现为规划的主要措施。规划的主要措施大致分为六类：一是推动类措施，是对某些事项明确进行鼓励或促进的相关措施，在规划文本中表述为“坚持、支持、鼓励、加快、强化、推动、推进”等关键词；二是抑制类措施，是指对某些事项进行明确禁止或抑制的相关措施，在规划文本中表述为“严防、严厉打击、减缓、控制、严守、严格、减少、降低”等关键词；三是规范类措施，是对某些行业或领域加强管理、进行规范的相关措施，在规划文本中表述为“健全、优化、适度、完善、引导、调整、改造、规范”等关键词；四是建设类措施，是指涉及城市发展建设等的相关措施，在规划中主要有城市道路建设、城市绿化和环境保护等；五是分配类措施，是指政府对要素收入进行调节的相关措施，在规划中主要有调整个税税率、增加低收入人群福利保障、扶贫工程等内容；六是改革类措施，是指对重点领域或重大事项进行改进革新的具体措施，在规划中主要有经济、政治、科技、军事、外交等方面的重点工作及体制机制的改革等内容。①

三、规划评估的方式

规划评估的方式主要包括定性评估与定量评估相结合，全面评估与重点评估相结合，自我评估与第三方评估相结合。

（一）定性评估与定量评估相结合

中期评估中，在发展目标等宏观层面的评估上，以定性评估为主，力求得出发展形势和前景的准确判断；在具体指标、任务和项目的分析评估上，以定量评估为主，运用科学的评价方法，对规划的实施情况进行定量监测分析，形成量化评估报告，客观反映全市、各区、各部门落实规划的情况。在五年规划的中期评估中，通过各级政府人大对专项规划主要任务的执行情况向社会开放并回收调查问卷，采用定量分析的方法进行统计分析，使规划评估结果以量化方式展现在社会层面。

① 李善同，周南. “十三五”时期中国发展规划实施评估的理论方法与对策研究[M]. 北京：科学出版社，2019.

（二）全面评估与重点评估相结合

在对规划进行全面评估的基础上，强调根据经济社会发展环境的变化，对重点任务的完成情况进行全方位的系统性评估，突出规划的核心内容和重点，避免形成面面俱到的工作总结。根据国家政策导向，强调要对经济建设、社会建设、城市建设、生态文明建设等主要方面的任务进行评估，并重点对自主创新、现代产业体系建设、外溢式发展战略等核心任务的推进情况进行深入研究，增强规划评估的针对性。

（三）自我评估与第三方评估相结合

为保证规划结果的客观性和公正性，可以采用自我评估和第三方评估相结合的评估方式。在中期评估中，可以通过定向委托或公开招标等方式委托社会研究机构参加评估工作。同时，中期评估也可采取深入实际调查研究、召开座谈会、开展问卷调查和网络调查等多种方式，借助社会力量，在不同层面开展评估工作。

四、规划评估的方法

规划评估方法是指采用什么样的技术来分析和处理根据评估标准收集的信息，并对评估客体进行综合判断。评估方法或技术通常包括定量评估技术和定性评估技术。定量评估方法一般采用运筹学、统计学、计量经济学、系统工程理论等学科的理论和方法，建立政策评估数学模型进行量化分析，如回归分析、成本—收益分析、多准则决策分析。还有部分指标无法被量化，需要采用定性分析方法进行弥补。常用的评估方法包括以下几种。

（一）目标一致性评估

目标一致性评估指基于已有发展规划，在规划执行一定阶段之后，对规划执行的一些措施和实际效果进行规范的评估。目标一致性评估的主要原则包括对规划期初的主要指标数据和评估期末的指标数据进行纵向比较的增量评估等。例如，“十四五”规划纲要建立的指标体系，一般包括经济增长、经济结构、科技创新、改革开放、人民生活、公共服务、资源环境等主要领域，确定的主要指标有数十项，其中又分为预期性指标、约束性指标等不同类别，以及与以往规划期限和年份比较、不同地区比较等，取得的成绩、存在的问题、未来的建议等。规划考核方法一般采用重要性排序的方法。在规划文本中，有些领域有具体的发展指标，有些领域仅仅提出定性要求，没有精确的规划指标。针对定性要求的领域，需要寻找客观可操作的指标来加以监测和评估，并且保证各项指标是可量化可监测的。选择客观合理的可监测指标是规划评估的关键。

（二）对比分析法

对比分析法主要是针对特定规划确定的规划期和主要指标数据等，进行规划的年份和特定期限的对比比较，借以分析规划评估期内的工作业绩和经济变化等，为规划执行效果和采取的措施等提供评估效果判断依据。

（三）层次分析法

根据各类规划评估的层次关系，进行指标设计和具体分析，进而对规划评估期的工作成效等作出评估报告。如土地利用总体规划实施评估内容，主要包括规划目标实现程度、土地利用结构与布局、耕地与基本农田保护、生态用地保护、土地节约集约利用、规划实施社会效应、制度建设情况、规划背景变化情况，以及规划修改情况等。

按照层次分析法，将土地利用总体规划评估体系分为三个层次。

（1）目标层。土地利用总体规划实施评估。

（2）准则层。反映土地利用总体规划执行力、控制力、效益和效力的主要因素。

（3）措施层。由直接度量准则层的单项指标构成。

（四）逻辑框架法

国际通行的评估方法为逻辑框架法（logical framework approach），逻辑框架法是由美国国际开发署 1970 年开发使用的设计、计划和评价的方法，是目前国际上广泛应用于各类规划的策划、分析、管理与评价的基本方法。①

五、规划的修正

在规划的实施过程中，有时会发生经济运行结果与规划目标偏离的情况。其原因有时是宏观经济失控，这时应主要采用加大政策力度或出台补充性政策等措施来解决偏离问题；有时则是规划落后于已经变化了的实际，或者规划制定时在判断上有误差，或者某些具体政策与规划要求不协调等。这时则应修订规划或政策。

（一）规划修订的必要性

在国民经济和社会发展规划的实施过程中，根据发展环境和其他客观情况的变化对规划进行适当调整可以对规划实施起到良好的作用，其必要性体现在以下几个方面。

第一，保证规划实施的灵活性，提高对发展环境的适应性。规划实施过程中的大部分目标都是直接与环境变量发生关联的，如果在规划实施过程中不根据发展环境的变化进行适当的调整，那么就有可能使规划和环境完全脱节，确定的宏观经济目标就有可能无法实现。

第二，保证规划的科学性，维护规划的系统性。调整规划可抵消负向环境的影响，从而提高规划的独立性，使得规划实施的结果并不以某一种特定的环境为转移，这也是提高规划科学性的有效方式。因此，需要用发展的眼光来对待规划实施中出现的问题，根据发展环境的变化对正在实施中的规划进行适当调整，防止出现僵化、被动局面。

第三，在实施过程中，对规划进行适当调整的目的是更好地实现国家制定的国民经济和社会发展目标。

因此，当规划实施的内外部环境出现重大变化，导致原来规划的方向目标不可行

---

① 吴维海. 政府规划编制指南[M]. 北京：中国金融出版社，2015.

时，规划的调整就成为必然。规划实施效果评估的结果，关系到规划评估的作用和效果。最理想的方式就是评估结果可以迅速反馈到相关决策机构，并根据评估报告提出的建议对规划方案进行修正，或对规划实施不力的领域强化实施举措。

（二）规划修订应当注意的问题

规划的修订事关国民经济和社会发展全局，因此，应慎重、及时和稳妥地做好规划的修订工作。

第一，应当有必须调整的充分依据。进行规划调整的主要原因是客观形势的变化。一般来说，这些变化包括国际政治经济形势或国内宏观经济形势的变化，突发事件、特殊机遇的出现，以及一些重大政策、重大举措在执行过程中产生的问题等。所有这些都应当经过认真的监测评估以后得出结论，才能提出调整的意见建议。

第二，必须履行法定的程序。调整规划不能用长官意志代替法定程序，不能无章可循，要有法律和制度上的规定与限制。需要调整和修订的部分规划内容要由原规划编制单位按照法定程序提出调整修订方案，并经具有法律权威的机构审议批准后公开发布。

第三，注意对调整后的规划继续进行再评估再监测。经济运行的环境总是不断变化的，任何一项规划都不可能是一劳永逸的，即使调整以后的平稳实施也是相对的，规划的执行始终是一个从实施到评估监测到调整到再实施再监测再评估，必要时还要再调整的动态过程。因此，调整后的规划也同样需要进行再监测再评估，及时发现新情况新问题并采取措施加以解决。

规划修订的内容包括规划目标的修订和政策措施的修订两个方面。规划修订应严格按照法定程序进行，维护国家规划的严肃性和权威性。同时，规划修订应注意规划的综合平衡，保证修订后的规划仍是系统的、协调的、相互配套的完整体系。①

（三）规划修正的依据

控制性详细规划或经济规划的调整与适时修正，是依据当地的经济发展规律和需求，遵循各类规划的政策法规，结合规划评估之后发现的问题和缺陷，进行规划调整和优化。如城市规划与区域规划的修订与调整，一般要由地方政府组织，有关职能部门参与和合作，聘请行业专家领衔、委托专业机构和组织社会公众参与，有时还要经过人大审核表决等程序，根据有关各方的意见予以修订、完善。

规划调整的基本要素，主要是根据已有政策法规或新出台政策的某些条款的变化，以规划评估或者开发过程中出现或发现的矛盾与主要冲突为重点，进行规划的相应调整。规划调整要研究并严格遵循规划调整的国家法规、审核程序和基本规范，避免违规或违反程序地组织规划修正。

（四）规划修正的原因

规划修正的原因主要集中在三个方面。第一，时序混乱与规划分散。部分地方政

---

① 刘瑞. 中国经济发展战略与规划的演变和创新[M]. 北京：中国人民大学出版社，2016.

府或产业园的用地空间分散，时序紊乱，如土地利用空间结构不尽合理；功能分区不明确；城镇建设无序，生活区、生产区难以分清；城市布局相对不合理；规划区域功能不清；商业、住宅等用地布局不集中等，需要进行规划修订与适时调整。第二，强制性的技术规范与实际需求的冲突。在对申请单位的用地性质、道路或市政设施进行调整时，需要对土地开发强度指标，如容积率、建筑密度、建筑高度等重点指标，以及人口增加导致的交通规划等，遵循规范的评估程序，予以及时调整。第三，程序与规划实操的时滞性与不衔接。当前各类规划调整程序和具体操作存在的问题，主要表现在：控制性详细规划修改与更新没有执行法定程序和“五线控制”等要求，区域开发或项目建设机构不熟悉控制性详细规划的修改程序，擅自开工开发项目或土地，重点工程的空间规划修改时间超出预期、超出预算，控制性详细规划与项目开发之间存在冲突。

（五）规划修正的规范

1. 规划修正基本规范

（1）坚持控制性详细规划修正的基本原则。发展规划的修正首先应该遵循控制性详细规划修正的基本原则，控制性详细规划确定的建筑密度、高度、地块用途、基础设施和公共服务设施配套作为“强制性内容”，原则上不可修改。控制性详细规划明确的规划指标，如快速路、主干路等级与标准，公园等公益性公共设施用地、基础设施用地及强制配套设施项目用地等规划指标，一般不能修改。控制性详细规划涉及城市总体规划强制性内容的项目，一般不能修改。

（2）注重发展规划修正更新和动态维护技术的合理性。在发展规划评估后，根据评估结果调整规划时，应尊重历史和经济规律，结合历史文化，尽可能化解历史遗留问题，保障“五线”（红线—黄线—蓝线—绿线—紫线）修改变更与区域开发的统一，增强规划的刚性和弹性。根据控制性详细规划的内容修订和适应性调整，结合发展规划评估结果，使用大数据和云应用等新一代信息技术与服务平台的支撑，整合与政府规划相关的大数据和云平台，完善规划指标信息公开制度，及时向社会公布规划调整的目的、内容等，征求各方的反馈建议，提高规划调整的技术性、可行性和公开性。

2. 规划修正的顺序

（1）总体发展规划的自适应调整。发展规划的五种调整情形：“上级人民政府制定的发展规划发生变更，提出修改规划要求的；行政区划调整确需修改规划的；因国务院批准重大建设工程确需修改规划的；经评估确需修改规划的；规划的审批机关认为应当修改规划的其他情形。”拟修改发展规划的城市，应对原规划的实施情况进行评估，深入分析论证修改的必要性，提出拟修改的主要内容，涉及修改强制性内容的，应就其必要性和可行性编制专题论证。随着政治制度与经济形势的变化，国家主体功能区规划、国民经济和社会发展中长期规划的评估和调整，也要与全球化、国家的政策环境、产业形势、社会需求等相适应，进行自适应，或者他适应的主动优化与适时调整。

（2）土地总体利用规划调整。某一层级土地总体利用规划的调整，须确保上级土地利用总体规划确定的各项用地控制指标不变。规划调整依据调整层次分为原则性修改土地利用总体规划和一般性土地利用规划局部调整，一般性土地利用规划分为单独选址项目规划调整和非单独选址项目规划调整。原则性修改规划指因行政辖区为适应行政区划调整、实施城镇总体规划等相关规划建设引起的用地方向、规模、布局发生重大调整，需进行的土地利用总体规划修改。单独选址项目规划调整指大型能源、交通、水利、军事等不在城市规划建设圈内的基础设施项目，一般以项目为基本单元，对土地利用总体规划的局部调整。非单独选址项目规划调整指为统筹安排各类项目用地，在不改变现行土地利用总体规划确定的土地利用主导方向，土地利用重大布局以及不突破规划约束指标的前提下，为满足新建项目的用地需求，对土地利用总体规划所作的局部调整，一般以行政区划为基本单元。

根据规划调整等级，可以分为省（自治区、直辖市）级、市级、县级、乡（镇）级等规划调整。当前，我国规划调整过程中存在的主要问题有：土地总体利用规划调整随意性大，规划期限长，规划环境变化大，土地利用布局不合理，土地利用节约的集约程度不高，各类规划衔接不顺畅等。一般来说，规划调整的工作程序包括前期准备阶段、方案编制阶段和上级审批阶段三个步骤。各步骤有很详细的工作内容。

（3）经济发展规划适应性调整。国民经济和社会发展中长期规划、经济发展五年规划、专项规划等的调整，一般包括在规划编制前期的调研与修正；在规划编制与评审过程中的意见反馈与调整；在规划执行过程中的中期评估与纠偏调整；在规划执行后期的评估与适时调整等。在特殊经济或法律变更条件下，特定规划自身的条款评估与自适应调整等，也是需要做好的规划管理工作，如有关上位法律法规变化之后，相应的下位规划对应条款也需要优化与调整。

（4）下位规划适时动态性调整。国家级、省级、市县级等不同层次的中长期规划，五年规划，专项规划，土地利用总体规划等，都要执行上层级的规划限制、资源约束与空间管制。一旦上一级规划有较大的变更，本层级规划就要进行适当的、动态的调整。如《全国主体功能区规划》对于北京市区的主体功能进行了重大调整与变化，《北京市主体功能区规划》就要作出适时调整，以便与国家主体功能区规划相适应。

（5）控制性详细规划适时优化调整。控制性详细规划是适应土地综合利用规划和总体发展规划等规划目标，对特定园区、重点项目等规划目标的落实分解与土地、空间等进行详细设计。由于总体发展规划条款的某些调整，或者土地利用总体规划等的特殊调整，可能需要控制性详细规划适度、动态地优化与调整。①

第四节　中国国民经济发展规划的评估实践

我国的五年规划（计划）是各级政府引导各类要素资源合理配置的指导文件，是经济社会发展的总纲领，目前五年规划的编制工作不断完善，规划评估体系的建设也转向依法科学评估的新阶段。

① 吴维海. “十四五”规划模型及编制手册[M]. 北京：中国金融出版社，2020.

一、规划评估的实践探索

改革开放前我国实行的是计划经济，计划经济下的国家发展计划是政府行政指令，计划实施过程和方式依法进行，计划评估以计划执行情况检查和总结的行政方式开展。改革开放后社会主义市场经济体制逐步建立，在市场经济条件下，发展规划逐步转向以指导性、宏观性、战略性和政策性为主，规划编制和实施的过程突出科学化、民主化、程序化、法治化原则，因此必须建立健全科学、规范、公开、公正的规划评估体制和体系方法。

我国的规划评估进程大致可以分为以下三个阶段。

第一个阶段是“九五”计划及其之前的评估雏形阶段。1956 年国务院政府工作报告中，第一次评估了计划的执行情况，对其中的一些问题和错误进行了修正，此后每年的国务院政府工作报告都会对五年计划执行情况进行报告，尽管不是专门、系统的评估报告，但具备了规划评估的雏形。[①]

第二个阶段是“十五”计划首次尝试中期评估。2003 年国家发展改革委组织实施的国家“十五”计划纲要中期评估，开启了我国发展规划评估的先河，这是首次官方性质的试验性评估，将规划中期评估向规范化、制度化推进了一大步。

第三阶段是“十一五”时期开始依法进行中期评估。2013 年在试验性评估基础上，开展了五年规划中期评估，2015 年开展了五年规划总结评估，正式将规划总结评估纳入了规划评估体系。2016 年，国家发展改革委发展规划司又启动了规划年度监测评估。[②]随着机制不断完善和规范，规划评估已成为规划管理的重要工作抓手和手段。

二、规划评估的制度体系

自“十五”计划开始实施中期评估后，党中央、国务院和国家发展改革委相继出台了一系列政策文件，推动我国发展规划实施评估制度不断完善。

2005 年，国务院发布了《国务院关于加强国民经济和社会发展规划编制工作的若干意见》，就建立规划的评估调整机制作了原则性的规定。2006 年 8 月 27 日，十届全国人大常委会二十三次会议通过的《中华人民共和国各级人民代表大会常务委员会监督法》第二十一条规定：“国民经济和社会发展五年规划经人民代表大会批准后，在实施的中期阶段，人民政府应当将规划实施情况的中期评估报告提请本级人民代表大会常务委员会审议。规划经中期评估需要调整的，人民政府应当将调整方案提请本级人民代表大会常务委员会审查和批准。”2011 年发布的《中华人民共和国国民经济和社会发展第十二个五年规划纲要》对发展规划纲要评估提出了更明确、更高标准的原则性要求。2016 年 10 月发布的《关于建立健全国家“十三五”规划纲要实施机制的意见》，对规划纲要实施作出了全面部署，提出了明确要求，包括加强动态监测分析、建立年度监测

---

① 综合开发研究院（中国·深圳）. 五年规划编制的理论与实践：基于地方案例的思考[M]. 北京：中国经济出版社，2015.

② 李善同，周南. “十三五”时期中国发展规划实施评估的理论方法与对策研究[M]. 北京：科学出版社，2019.

评估机制、完善中期评估和总结评估机制、健全动态调整修订机制。2018 年 11 月，《中共中央 国务院关于统一规划体系更好发挥国家发展规划战略导向作用的意见》要求：“加强规划实施评估，规划编制部门要组织开展规划实施年度监测分析、中期评估和总结评估，鼓励开展第三方评估，强化监测评估结果应用。”目前，经过长期的探索实践，我国已初步建立了“年度监测评估+中期评估+终期评估”相结合的规划监测评估体系，成为发展规划体系的重要组成部分（表 8-1）。

表 8-1　中国发展规划评估相关政策文件

时间	文件名	发布单位	政策要点
2005 年	《国务院关于加强国民经济和社会发展规划编制工作的若干意见》	国务院	建立规划的评估调整机制：实行规划评估制度，规划编制部门在规划实施过程中适时组织开展规划实施评估，经评估或其他原因需要进行修订的，规划编制部门应当提出规划修订方案
2006 年	《中华人民共和国各级人民代表大会常务委员会监督法》	十届全国人大常委会	五年规划经人民代表大会批准后，在实施中期阶段，政府应将实施情况中期评估报告提请本级人大常委会审议。规划需要调整的，人民政府应当将调整方案提请本级人大常委会审查和批准
2011 年	《中华人民共和国国民经济和社会发展第十二个五年规划纲要》	国务院办公厅	完善监测评估制度，加强监测评估能力建设，加强服务业、节能减排、气候变化、劳动就业、收入分配、房地产等方面的统计工作，强化对规划实施情况跟踪分析
2016 年	《中华人民共和国国民经济和社会发展第十三个五年规划纲要》	国务院办公厅	开展规划实施情况动态监测和评估工作，把监测评估结果作为改进政府工作和绩效考核的重要依据，并依法向全国人大常委会报告规划实施情况，自觉接受人大监督
2016 年	《关于建立健全国家“十三五”规划纲要实施机制的意见》	中共中央办公厅、国务院办公厅	对规划纲要实施作出了全面部署，提出了“明确实施责任主体”“抓好重点任务落实”“健全相互衔接的规划体系”“强化《纲要》实施监测评估”“完善监督考核机制”等措施
2018 年	《中共中央 国务院关于统一规划体系更好发挥国家发展规划战略导向作用的意见》	中共中央办公厅秘书局	加强规划实施评估，规划编制部门要组织开展规划实施年度监测分析、中期评估和总结评估，鼓励开展第三方评估，强化监测评估结果应用
2018 年	《国家发展改革委关于开展“十三五”规划实施情况中期评估工作的通知》	国家发展改革委	全面评估“十三五”规划实施情况，客观评价规划实施取得的进展成效，总结提炼推进规划实施的经验做法，深入剖析实施中出现的问题及原因，结合国内外发展环境变化，提出改进规划实施的对策建议

三、规划的中期评估

五年规划（计划）中期评估是我国开展最多、范围最广的规划评估，通常安排在规划实施的第三年。评估主要对规划目标的进展或实现程度进行评估，以尽早发现规划执行是否出现偏差，规划目标的设定是否合适，发展环境的非预期变化对规划执行的影响，针对发现的问题，提出解决方案，及时调整规划方案，同时与下一个五年规划的前期研究时间衔接，为制定下一个五年规划打基础。

国家五年规划（计划）中期评估从“十五”计划开始，截至 2023 年已开展了五次，评估研究的方式方法、评估过程、评估内容不断完善，评估研究的深度和评估结果的应用不断提升（表 8-2、表 8-3）。

表 8-2　五年规划（计划）中期评估方式方法

规划（计划）	评估方式	评估方法
“十五”计划	主要采取自我评估，评估过程引入第三方作为辅助，没有采取正式的第三方评估	国家发展改革委发展规划司向专家发放调查问卷，委托国内研究机构针对“十五”计划开展课题研究
“十一五”规划	主管部门自我评估与委托第三方评估相结合的方式，委托世界银行、国务院发展研究中心、清华大学国情研究院三家机构开展第三方评估	国家发展改革委委托国家信息中心分别对专家、大专院校、研究机构、各省政府政研室和企业、行业进行问卷调研
“十二五”规划	主管部门自我评估与委托第三方评估相结合，第三方机构包括清华大学国情研究院、中国经济改革研究基金会国民经济研究所	委托国家信息中心分别对专家、企业和公众进行了问卷调研，首次通过网络面向社会公众进行问卷调查，通过国家发展改革委门户网站公开发布，并在新闻网和人民网等主流媒体网站建立链接
“十三五”规划	自我评估与第三方评估相结合、综合评估与专题评估相结合、目标导向与问题导向相结合、过程评估与效果评估相结合、标准化与个性化相结合、客观评价和主观感受相结合	通过定向委托或公开招标，选择国内外知名研究机构、评估咨询机构和智库开展第三方评估，将第三方评估结果作为自评估的重要参考，更多地运用系统分析、计量模型、政策模拟等方法，同时综合运用文献梳理、调研访谈等方式强化前后情景对照、成本收益分析
“十四五”规划	自我评估与第三方评估相结合、综合评估与重点评估相结合、目标导向与问题导向相结合、过程评估与效果评估相结合、标准化与个性化相结合、客观评价和主观感受相结合	既要掌握各项目标任务进展，做好定性分析和定量评价，客观反映规划实施情况，又要充分运用互联网技术和信息化手段，开展更大范围、更具代表性的企业、公众等社会调查，充分听取各方面意见建议

表 8-3　五年规划（计划）中期评估内容

规划（计划）	评估内容
“十五”计划	中期评估内容包括：宏观调控目标、产业结构、西部地区发展、城镇化、科技教育、资源环境、经济体制改革、对外开放和人民生活 实施过程中的主要问题包括：经济增长方式不合理，过分依赖投资和出口，第三产业发展不足，西部大开发的政策导向和激励机制不足，城镇化步伐缓慢，经济和社会发展协调性不足
“十一五”规划	中期评估内容包括：新农村建设、产业结构调整、区域协调发展、两型社会建设、自主创新、改革开放、民生为重点的社会建设等 实施过程中的主要问题包括：经济结构性矛盾突出、资源环境压力不断加大、重点领域和关键环节还不到位、社会建设仍存在不少矛盾和问题
“十二五”规划	中期评估内容包括：《纲要》实施总体顺利，包括经济增长超过预期目标，经济结构调整取得新进展，科技教育水平稳步提高，资源节约环境保护力度加大，人民生活水平不断提高，社会事业和社会管理得到加强，改革开放稳步推进，其他重点任务进展顺利 实施进度滞后的指标集中在节能环保领域，分别是能源消费强度、二氧化碳排放强度、能源消费结构、氮氧化物排放量。存在的问题和挑战包括结构优化升级进展缓慢，环境污染形势严峻，财政金融风险增大，社会矛盾复杂多发
“十三五”规划	中期评估内容包括：全面建成小康社会主要目标实现情况；新发展理念贯彻落实情况；供给侧结构性改革和重大改革任务推进情况；重大战略任务推进情况；三大攻坚战推进落实情况；重大工程项目进展情况；是否需要对相关内容进行调整修订。《纲要》提出的 25 项主要指标总体进展顺利，2 项指标提前完成，19 项指标达到预期进度，4 项指标滞后于时序进度，分别是服务业增加值比重、研发经费投入强度两项预期性指标和新增建设用地规模、地表水劣 V 类水体比例两项约束性指标 《纲要》目标任务面临诸多挑战，主要是：关键核心技术受制于人问题凸显，创新驱动发展困难增多；打好三大攻坚战任务艰巨，全面实现目标仍有不少难题；经济结构性矛盾依然突出，实体经济发展面临多重困难；区域分化出现新情况，城乡融合发展面临诸多障碍；社会民生短板明显，人民群众获得感幸福感安全感有待增强；能源安全、粮食安全等问题也需密切关注

续表

规划（计划）	评估内容
“十四五”规划	中期评估内容包括：主要指标实现情况；新发展理念贯彻落实情况；重大改革任务推进情况；重大战略任务推进情况；三大攻坚战推进情况；重点任务完成情况；提出调整修改建议。《纲要》提出了 20 项主要指标，其中 16 项基本符合或快于预期，4 项指标滞后预期，分别是单位 GDP 能源消耗降低、单位 GDP 二氧化碳排放降低、地级及以上城市空气质量优良天数比率、每千人口拥有 3 岁以下婴幼儿托位数 《纲要》实施面临的主要问题和挑战分别是，关键核心技术“卡脖子”影响凸显，扩大居民消费长效机制不健全，重点领域改革还有不少硬骨头，污染物和碳排放总量仍居高位，公共服务供给不足和资源部分错配并存，部分重点领域风险隐患较多

在“十四五”规划实施中期评估过程中融合了一系列新的模式，包括以链长制为导向的中期评估模式；以十大区域重大专题战略（如统一大市场、数字化、“双碳”目标、都市圈、上市公司质量提升、招商、科创、产业链等）为导向的中期评估修编模式；以开放式大讨论，思想大解放，悖论大辩论为导向的中期评估模式；以区域多维度评价为基础，系统应用评价结果的中期评估模式；以大开放、大产业、大科创、大生态为特征，再造或突破式促进高质量发展为导向的中期评估模式；以省会及副省级城市为核心的高引领及区域带动为导向的中期评估模式；等等。

从“十一五”规划到“十四五”规划，全国各省（自治区、直辖市）普遍依照国家发展改革委下发的通知，对本地区五年规划实施情况做了中期评估。地方五年规划中期评估的特点如下：一是覆盖范围不断扩大，除了对规划纲要进行评估外，多地还对重要专项规划进行了中期评估；二是流程更加规范，规划纲要评估基本上均由省级发展改革委牵头实施，工作启动时下发正式文件通知，经过调研、研讨等环节形成报告后，提交省人大常委会审议；三是第三方评估及公众参与度不断提高。

本章小结

规划编制的最终目的是规划实施，发展规划以导向作用为主，依靠市场主体的自主行为实施，政府的职责是维护公平竞争的环境。发展规划中公共服务领域的任务是政府的职责，纳入规划就意味着政府的承诺，各级政府应切实履行职能，运用公共资源全力完成；约束性任务主要通过健全法律法规、加大执行力度等法律手段，并辅之以经济手段落实；改革任务是政府的重要职责，应放在政府工作的重要位置。规划实施管理主要包括三个环节，即规划的公布与宣传，规划的实施以及实施规划的保障性措施落实。

规划实施监测是保障规划顺利实施的手段，主要包括对国家规划决策和宏观经济重要指标的监测，对宏观经济变动的分析和预测以及国内外经济形势和市场运行态势的监测，建立和完善规划监测制度是保障规划实施的基础。规划实施监测的具体步骤包括：收集信息、量化核算、检查验证、分析原因、纠正偏差。建立和完善规划监测制度十分必要，一是定期监测宏观经济运行情况；二是事前、事中、事后监测；三是国家、社会、人民群众既有分工又有结合的监测；四是经济主体内部和外部相结合的监测；五是重点监测和普遍监测相结合的监测。

规划评估是保障发展规划得以有效实施的重要机制，一方面有利于在规划实施过程中动态监测规划实施情况，及时发现偏差并进行修正和调整；另一方面有利于在规划执行结束后对规划执行结果进行评估，总结规划实施效果，为新一轮的规划编制提供依据。规划评估根据介入时间节点分为前期评估、中期评估和后期评估。规划评估主体包括政府自我评估、委托第三方评估和独立第三方评估三种类型。发展规划的评估客体一是规划重大背景的变化情况；二是规划目标的实现程度；三是主要措施执行情况。规划评估的方式主要包括定性评估与定量评估相结合，全面评估与重点评估相结合，自我评估与第三方评估相结合。评估方法或技术通常包括定量评估技术和定性评估技术。定量评估方法一般采用运筹学、统计学、计量经济学、系统工程理论等学科的理论和方法，建立政策评估数学模型进行量化分析。我国的五年规划是各级政府引导各类要素资源合理配置的指导文件，是经济社会发展的总纲领，目前五年规划的编制工作不断完善，规划评估体系建设也转向依法科学评估的新阶段。

复习思考题

1. 国民经济发展规划实施中存在的主要问题有哪些?
2. 规划监测包括哪些主要内容?
3. 如何健全和完善规划的监测制度?
4. 为什么要实施发展规划的评估?
5. 如何进行发展规划的修正?
6. 中国“十四五”规划纲要中期评估的主要内容有哪些?

第九章

中国国民经济发展规划的演进与创新

“用中长期规划指导经济社会发展，是我们党治国理政的一种重要方式”，“实践证明，中长期发展规划既能充分发挥市场在资源配置中的决定性作用，又能更好发挥政府作用”①。中华人民共和国成立以来，我国制定和实施了一系列短期、中期和长期规划，以协调和引导国家经济和社会的发展，其中，五年规划作为中期规划的典型代表，承担了推动国家经济稳定增长和社会持续进步的重要任务。从 1953 年开始至今，我国已编制实施了 14 个五年规划（计划），有力推动了经济社会发展、综合国力提升、人民生活改善。通过编制和实施五年规划，接力落实社会主义现代化建设的长远战略目标，使我国实现了从“站起来”到“富起来”再到“强起来”的历史性飞跃，经济社会发展取得了史无前例的伟大成就，创造了人类社会发展史上罕见的经济奇迹。经过 70 多年的探索，我国的发展规划已经比较成熟，由早期计划经济体制下的指令性计划，逐渐演变成为社会主义市场经济体制下国家经济社会发展的战略性、纲领性、综合性、指导性的规划。发展规划的编制和实施已经成为更好发挥政府作用的重要工作，是具有中国特色的治理国家的有效制度，是中国共产党经过 70 年积极又锲而不舍的探索逐渐掌握的治理国家的工具。对“五年规划”的坚持和完善，已成为坚持和完善中国特色社会主义制度、推进国家治理体系和治理能力现代化的重要内容。②

第一节　计划经济时期的国民经济发展计划

一、计划经济时期的“五年计划”

如前所述，从 1949 年中华人民共和国成立到 1978 年党的十一届三中全会提出经

① 习近平．在经济社会领域专家座谈会上的讲话[N]．人民日报，2020-08-25（02）．

② 中国社会科学院经济研究所课题组．“五年规划”的历史经验与“十四五”规划的指导思想研究[J]．经济学动态，2020（4）：3-14.

济体制改革，我国实施计划经济体制长达近 30 年。其间，社会主义建设的中心任务是推进社会主义工业化建设和实现“四个现代化”。为了实现“将我们现在这样一个经济上文化上落后的国家，建设成为一个工业化的具有高度现代文化程度的伟大的国家”①的目标，中央政府先后编制与实施了 5 个国民经济发展“五年计划”。“一五”计划到“五五”计划是以“过渡时期总路线”和“社会主义建设总路线”为指导的，其核心内涵是以赶超发展实现工业化为发展目标、以优先发展重工业为战略重点、以建立单一公有制和计划经济为保障，建立独立完整工业体系与国民经济体系。②

（一）第一个五年计划（1953—1957 年）

根据中国共产党提出的过渡时期总路线和“一五”计划的指导方针，“一五”计划的基本任务是：“集中主要力量进行以苏联帮助我国设计的一五六个建设单位为中心的、由限额以上的六九四个建设单位组成的工业建设，建立我国的社会主义工业化的初步基础；发展部分集体所有制的农业生产合作社，并发展手工业生产合作社，建立对于农业和手工业的社会主义改造的初步基础；基本上把资本主义工商业分别地纳入各种形式的国家资本主义的轨道，建立对于私营工商业的社会主义改造的基础。”③

第一个五年计划于 1956 年底提前完成，到 1957 年底，即超额完成了计划所规定的各项指标。其间，社会主义三大改造仅用四年时间就在全国基本完成，GDP 由 1952 年的 679 亿元增长到 1957 年的 1070 亿元左右，年均增长 9.2%。国民收入平均每年增长 8.9%，高于同期世界上许多国家的增长速度。工农业总产值平均每年增长 10.9%，五年内完成基本建设投资总额 550 亿元。在施工的一万多个建设单位中，限额以上的有 921 个，到 1957 年底，全部建成投产的有 428 个，部分建成投产的有 109 个。④这些新工业的建立，改变了中华人民共和国成立前中国工业部门残缺不全的面貌。第一个五年计划在经济发展上取得的巨大成就，为中国社会主义工业化建设奠定了初步基础，对整个国民经济发展起到重要的推动作用。

（二）第二个五年计划（1958—1962 年）

“一五”计划结束后，中央政府开始力图结合我国实际，探索具有中国特色的社会主义模式。“二五”计划在党中央的直接领导下，由周恩来总理主持编制，在党的八大上讨论通过，基本任务是：①继续进行以重工业为中心的工业建设，推进国民经济的技术改造，建立中国社会主义工业化的牢固基础；②继续完成社会主义改造，扩大集体所有制和全民所有制；③在发展基本建设和继续完成社会主义改造的基础上，进一步发展工业、农业和手工业生产，相应地发展运输业和商业；④努力培养建设人才，加强科学研究工作，以适应社会主义经济文化发展的需要；⑤在工农业生产发展的基础上，增强

---

① 毛泽东. 为建设一个伟大的社会主义国家而奋斗[M].//毛泽东著作选读 下册. 北京：人民出版社，1986：715.

② 中国社会科学院经济研究所课题组. “五年规划”的历史经验与“十四五”规划的指导思想研究[J]. 经济学动态，2020（4）：3-14.

③ 中华人民共和国发展国民经济的第一个五年计划：1953—1957[M]. 北京：人民出版社，1955：18-19.

④ 洪向华，石建国. “一五”计划：新中国工业化的奠基之作[EB/OL].（2019-06-17）. http://dangshi.people.com.cn/n1/2019/0617/c85037-31154961.html.

国防力量，提高人民的物质生活和文化生活的水平。注重国民经济发展速度的同时，妥善地安排不同部门间的比例关系，如轻、重工业之间，工农业生产和运输及商品流转之间，经济建设和文化建设之间，国家建设和人民生活之间等关系。

“一五”计划提前并超额完成后，人民群众的生产建设积极性和创造性被极大地激发出来，但也从上到下滋长了骄傲自满、急于求成的情绪，导致片面重视主观能动性而忽视客观经济发展规律和社会主义建设规律，使得本来以重工业建设为中心、继续推进社会主义改造为主要内容的“二五”计划在“左”倾思想影响下被“以粮为纲”“以钢为纲”等“赶超战略”所取代。1958 年 8 月，中共中央政治局北戴河扩大会议批准《关于第二个五年计划的意见》，调高了原计划的目标和指标，成为脱离实际的五年计划。“赶英超美”的“大跃进”路线对国民经济造成了巨大的破坏。因此，1961 年 1 月，中共中央提出贯彻“调整、巩固、充实、提高”的方针，对国民经济发展规划进行了调整。

总体上看，“二五”计划进一步推动了工业生产，特别是重工业生产，原煤、原油、发电量、金属切削机床、原木和水泥等重要工业产品产量都完成了党的八大通过的增产指标；进行了规模巨大的基本建设，使我国钢和煤的生产能力增加了 2 倍，机床生产能力增加了 4 倍，新增铁路营业里程 4400 公里，公路里程增加了 25 万公里，比 1957 年增长 1 倍，所有这些建设都为国民经济发展奠定了一定的基础。

（三）第三个五年计划（1966—1970 年）

1963—1965 年的 3 年经济调整为实施“三五”计划创造了良好条件，但国际形势发生了明显变化，中苏关系破裂、美国侵越战争升级。出于备战考虑，“三五”计划的指导思想调整为“以备战为中心”“加强三线建设，防备敌人的入侵”。“三五”计划的基本任务和主要指标由 1965 年国家计划委员会提出的《关于第三个五年计划的汇报提纲（草案）》制定，汇报提纲提出：“第三个五年计划期间，必须集中中国的人力、物力、财力把三线建设中的国防工业、原料、材料、燃料、动力、机械、化学工业，以及交通运输系统逐步建设起来，使三线成为初具规模的战略大后方。”

“三五”计划期间国民经济取得的主要成绩有：①建立相对独立的工业体系，促进内地工业发展，显著改变了中国的工业布局。②在三线地区建成了中国一大批国防科研基地，形成了门类齐全各方配套的兵器生产基地。③为保证国家独立，反对霸权奠定了坚实基础。④摘掉了“贫油国”的帽子，大庆油田的开发是中国石化工业蓬勃发展的开端。⑤促进了地方小工业的发展，充分发挥了地方的积极性。

到 1970 年，“三五”计划主要指标基本完成，石油、煤炭、电力、钢铁、水泥、合成氨、棉纱等重要产品的生产能力有了不同程度的扩大。“三五”计划的完成，奠定了我国独立的、比较完整的工业体系和国民经济基础。“三五”计划时期开始的三线建设改善了工业布局，进一步加强了军事工业的建设和为军事工业服务的工业部门的建设。三线建设促进了内地省（自治区）的经济发展和科技文化进步，给内地以后的发展创造了一定条件。

（四）第四个五年计划（1971—1975 年）

第四个五年计划从 1970 年开始制定。1970 年 2 月 15 日，全国计划会议召开，会议讨论、拟定了《第四个五年计划纲要（草案）》。1973 年制定的《第四个五年规划纲要（修正草案）》提出了新的国民经济发展战略部署：①适当改变以备战和三线建设为中心的经济建设指导思想，在重点建设内地战略后方的同时，必须充分发挥沿海工业基地的生产潜力，并且适当发展。②从正确处理农轻重比例关系出发，提出农业是国民经济的基础，要把发展农业放在第一位。③要求第四个五年计划要把钢铁的品种、质量放在第一位。④经济协作区由 10 个改为 6 个。

由于采取了新的经济调整措施，许多地方和企业加强了经济管理，“四五”计划执行情况较好，部分国民经济指标超额完成；工农业生产形势明显好转，工业产品质量有所提高，对外贸易大幅度增长，人民生活有所改善，消费水平指数提高。然而，由于“三五”和“四五”计划对战争形势估计过于严峻，使“一切以备战为中心的观点来衡量”成为此阶段的指导思想，原设定的农业与国防工业和基础工业同时发展的任务转向以三线建设为主，把国防建设置于突出地位，急躁冒进的高指标、高速度和高积累，造成我国国民经济比例严重失调。

（五）第五个五年计划（1976—1980 年）

1975 年 1 月，四届全国人大一次会议后，邓小平主持中共中央和国务院的日常工作，并着手部署研究编制了《1976—1985 年发展国民经济 10 年规划纲要（草案）》，安排了“五五”计划。

“五五”计划的主要目标和任务是：建成我国独立的比较完整的工业体系和国民经济体系。第一，建立起稳固的农业基础，基本实现农业机械化，农、林、牧、副、渔五业并举。第二，建立起丰富多彩的轻工业，主要轻工业产品产量有较大增长，适应国内市场和外贸需要，一般日用工业品大部分省、自治区基本自给。第三，建立起强大的重工业，绝大部分产品在质量、数量、品种等方面基本适应国内需要；有比较强大的国防工业，适应装备部队、武装民兵和援外需要，国家有较多的战略物资储备。第四，建立起适应经济发展和战备需要的交通运输网和邮电通信网，远洋运输民航、邮政、电信事业都有相应发展。第五，建立起完善的商业网，显著改善城镇、工矿区的副食品供应和农村的工业品供应，对外经济交流进一步扩大，工矿产品出口比重提高。第六，建立起发达的科学技术和文教卫生体育事业，大力提高整个中华民族的科学文化水平。1978 年 3 月对“五五”计划进行了修订，提出到 1985 年石油产量达到 2.5 亿吨，新建和续建 120 个大型项目，其中 10 个大型钢铁基地、9 个有色金属基地、8 个煤炭基地、10 个大油气田等。

1978 年 12 月，党的十一届三中全会在北京举行。这次全会是党的历史上具有划时代意义的一次极其重要的会议。全会决定从 1979 年起，全党的工作重心转移到社会主义现代化建设上来，提出了调整国民经济和实行改革开放的重大方针，开始调整经济结构，放慢重工业的发展速度，加强农业和轻工业的发展，进行扩大企业自主权的试点，并于 1979 年 7 月五届全国人大二次会议通过了国民经济的“调整、改革、整顿、提高”八字方针。

“五五”计划期间是我国政治经济和思想文化发生重大转变的时期，也是中华人民共和国成立以来的重大转折时期之一。“五五”计划期间，国民经济的发展取得了比过去较为扎实的成效。从“五五”计划执行情况来看，1977—1978 年社会总产值、工农业总产值、国民收入连续两年大幅度增长，主要工农业产品的产量恢复或者超过了历史最高水平。1977 年，工农业生产总值达到 5055 亿元，超过计划的 4.4%，比上年增长 10.4%。1978 年社会总产值为 6846 亿元，比 1977 年增长 13.1%，1978 年国民生产总值达到 3010 亿元，比 1977 年增长 12.3%，比 1976 年增长 19.4%。[①]

二、计划经济时期国民经济发展“五年计划”的作用与评价

（一）作用

1. 形成了独立的、比较完整的工业体系和国民经济体系

我国的五年国民经济计划一直都以建立独立、完整的工业体系和国民经济体系为目标。毛泽东于 1951 年初提出了“三年准备、十年计划经济建设”的思想。[②]1952 年 5 月的“一五”计划草案划定了当时 156 项重点工矿业基本建设项目。1956 年 11 月，周恩来在党的八届二中全会报告中明确提出：“为了把我国由落后的农业国变为先进的社会主义工业国，我们必须在三个五年计划或者再多一点的时间内，建成一个基本上完整的工业体系。”“工业国的提法不完全，提建立独立的国民经济体系比只提建立独立的工业体系更完整。”[③]如果中华人民共和国的工业化没有从第一个五年计划的经济发展规划中建立独立和全面的工业体系的蓝图开始，所有这些成就都是不可想象的。

2. 建成了一大批支撑我国工业基础的骨干企业

当前我国作为世界公认的制造业大国，与计划经济体制时期支撑我国工业基础的骨干企业密不可分。在计划经济时期，我国建成了一大批支撑我国工业基础的骨干企业，直至今日仍不断孵化出一代又一代新企业。目前 98 家央企的核心部分，绝大多数是计划经济年代建成的。[④]在“一五”时期的 156 项重点工程中，有不少我们今天都耳熟能详的重工企业，如鞍钢、一重、一汽等等。由此可见，计划经济时期建成的一大批工业企业，后来大多陆续发展成为支撑我国工业基础的骨干企业，为我国的工业化建设作出了突出贡献。

3. 奠定了社会主义现代化建设的技术基础

过去的农业社会并不涉及较多知识与技术层面的生产种类，而现代化要从现有技术力量的实际出发。对人才和技术的更高要求是社会主义现代化建设与工业社会、农业社会最大的不同，而人才和技术恰恰都是新中国成立初期最缺乏的部分。“必须看到，建设一个工厂，修筑一条铁路，并不像开一个手工作坊、买一匹毛驴那样容易。这是巨大复杂的工作，没有必要的技术力量，就算有了资金，也不能建成工厂和铁路。”[⑤]

---

① 第五个五年计划（1976—1980）[EB/OL].（2005-10-28）. https://www.gov.cn/ztzl/content_86260.htm.

② 中共中央文献研究室. 建国以来重要文献选编 第二册[M]. 北京：中国文献出版社，1992.

③ 中共中央文献研究室. 周恩来年谱（1949—1976）[M]. 北京：中央文献出版社，1997.

④ 郑志刚. 国企混改：理论、模式与路径[M]. 北京：中国人民大学出版社，2020.

⑤ 陈云. 关于发展国民经济的第一个五年计划的报告[M]//中共中央文献研究室. 陈云文集 第二卷. 北京：中央文献出版社，2005：603-604.

中华人民共和国成立之初，我国 5.4 亿人口中，受过教育的人口数量占比不足 20%，入学适龄儿童超八成无法上学；全国科技人员只有不到 5 万人。针对这些严峻的问题，政府出台了大量对人才和技术的扶持政策。例如，大力扶持工程技校，扩大招生；将各高等院校的理工学院分离出来，单独设立理工学院，定向培养；将有文化的干部抽调到基层工业生产线，把一些工科学院改为干部学校。这些指令性计划大大缓和了当时经济建设和人才缺失的基本矛盾，为改革开放后的社会主义现代化建设奠定了坚实的人才与技术基础。

4. 积累了中国共产党治国理政的丰富经验

习近平总书记指出："改革开放前的社会主义实践探索为改革开放后的社会主义实践探索积累了条件，改革开放后的社会主义实践探索是对前一个时期的坚持、改革、发展。对改革开放前的社会主义实践探索，要坚持实事求是的思想路线，分清主流和支流，坚持真理，修正错误，发扬经验，吸取教训，在这个基础上把党和人民事业继续推向前进。"历史已经证明，如果没有 1949 年建立中华人民共和国并进行社会主义革命和建设，积累了重要的思想、物质、制度条件，积累了正反两方面经验，改革开放就很难顺利推进，中国特色社会主义也很难成功开创。对中国共产党来说，在计划经济时期积累的实践经验和领导经验，对于在社会主义市场经济时期的规划和建设也同样适用。这是因为，这些经验都源自对我国基本国情的深刻认识、对宏观经济运行规律的科学把握、对社会主义现代化建设的实践探索。我们党在计划经济时期形成的反映我国基本国情和经济客观规律的经验，在社会主义市场经济条件下永不褪色。因此，我们要铭记计划经济时代的伟大成就，总结历史经验，在中国特色社会主义市场经济建设中发挥更大能量。

（二）评价

从 1953 年到 1980 年，中国制定和实施了 5 个国民经济发展"五年计划"，在当时的国内外环境下，为中国的工业化、现代化和社会主义建设奠定了重要的物质技术基础，也积累了宝贵的经验和教训。

（1）5 个"五年计划"体现了社会主义集中力量办大事的制度优势，有效地调动了全国各方面的积极性，实现了国民经济快速增长和结构优化。1952 年，我国 GDP 总量为 680 亿元，到 1978 年增加到 3685 亿元。1952 年我国人均 GDP 为 120 元，1978 年我国人均 GDP 增长到 385 元。工业总产值由 1952 年的 349 亿元，增长到 1978 年的 4231 亿元；农业总产值由 1952 年的 396 亿元，增加到 1978 年的 1117.5 亿元。城乡居民储蓄存款总体上呈不断增加的趋势，由 1952 年的约 8.6 亿元增长到 1978 年的约 210.6 亿元。工业体系和国民经济体系逐步完善，一批重大基础设施和重大工业项目建成，取得一批重大科技成果，如"两弹一星"、高产杂交水稻等。这些成就为中国的改革开放和现代化建设奠定了坚实基础，也为世界经济发展和人类文明进步作出了巨大贡献。

（2）5 个"五年计划"，总体反映了计划经济时期我国经济基础薄弱，工业化水平较低，农业生产力不足，人民生活水平普遍较低的基本国情，并形成了一系列符合中国国情的发展思想和发展战略。这些思想和战略主要包括：以农业为基础、工业为主导的经济发展思路；优先发展重工业和基础设施建设的战略；实行计划经济和国家所有制的经济体制；加强农村集体经济和农民合作社的建设等。这些战略的实施，使中国经济得到了快速发展，人民生活水平得到了显著提高，为中国的经济社会发展提供了正确的指导。这一阶段的“五年计划”探索出了一条适合中国国情的发展道路，积累了丰富的实践经验，为后来的改革开放和现代化建设的理论创新和实践创新奠定了基础。

（3）5 个“五年计划”展现了社会主义计划经济的特点和规律，探索了一种适合中国的计划经济体制和管理方式，也暴露了一些固有的缺陷和弊端。在这个时期，中国的计划经济主要采用指令性计划的形式，由中央制定计划，然后层层分解下达到地方和企业，强调通过政府的行政指令来配置资源，实现经济的平衡和增长。这种体制在一定程度上能够克服市场经济的短视性、盲目性和分散性，保证了经济的稳定和协调，也有利于集中力量办大事，发展重点领域和战略性产业，但计划经济体制也存在一些严重问题，如忽视市场的作用，压制微观主体的活力，导致资源浪费和效率低下，抑制科技创新和制度创新，造成经济的僵化和失衡，引发经济的波动和危机。这些问题的存在，限制了经济社会发展的潜力和空间，也对改革开放后的体制转轨提出了迫切要求。

综上所述，计划经济时期的 5 个“五年计划”对推动中国经济发展发挥了重要作用，也反映了中国经济社会发展的独特经验和制度优势，但我们也要看到，计划经济体制时期的 5 个“五年计划”，除“一五”计划外，“二五”计划到“五五”计划有很大的主观性，对客观规律认识和尊重不够，盲目追求高速度，再加之计划体制的“强约束”，出现了“大跃进”等不符合中国实际国情的战略决策，造成了对经济的破坏。这个时期的“五年计划”正常的编制和实施过程也多次因为政治事件干扰而被打断。我们应该继承和发扬这一时期五年规划的优良传统，认真总结正反两方面的经验教训，不断完善和创新五年规划的理念和方法，使之更好地适应社会主义市场经济的要求，更好地服务于国家战略和人民利益，更好地推动中国特色社会主义事业的发展。

第二节　经济体制转型初期的国民经济发展计划

从 1978 年党的十一届三中全会召开到 1992 年邓小平发表南方谈话，是中国经济体制改革方向和目标的探索阶段。在经济体制转型初期，改革的首要目标是解放和发展生产力，建立更加有效的资源配置机制，通过引入市场机制，赋予企业更多的自主权和决策权，提高生产效率和经济效益。在这个阶段的早期，我国的经济体制改革并没有一个清晰的市场化目标。随着改革的持续深入，市场化改革的方向才逐渐清晰。1982 年 9 月，党的十二大会报告明确提出，在计划管理上根据需要采取指令性计划和指导性计划两种不同的形式。从指令性计划向指导性计划的转变，是我国在改革开放初期力图改革传统的计划经济体制而作出的一次有益尝试。在理论上，它是关于计划与市场相互结合认识的体现，在实践上，它突破了计划经济只有指令性计划管理单一形式的格局，使得我国的宏观调控范围和方式得到了调整和改进，为中国国民经济带来了更加灵活、高效和创新的发展环境，推动了经济的快速增长和结构调整，为后续的改革开放奠定了基础。①

一、经济体制转型初期的“五年计划”

在经济体制转型初期，中国制定了 3 个“五年计划”。

（一）第六个五年计划（1981—1985 年）

“六五”计划是改革开放后编制的第一个五年计划，也是继“一五”计划之后第二个经全国人大正式批准通过，并正式公布的五年计划。1982 年 12 月，全国人大五届五次会议批准了该计划。“六五”计划的基本要求是：贯彻“调整、改革、整顿、提高”的方针，解决历史遗留问题，取得财政状况的根本性好转。主要任务是：工农业总产值年均增长 4%～5%，消费品供应提高，加强技术改造，开展以节能为主要目标的技术革新活动，加强能源、交通等重点建设，进行科技攻关，积极引进先进技术，严格控制人口增长，加强环境保护，制止环境污染的进一步发展。

我国从“六五”计划开始了由对旧体制的路径依赖向探索新体制的方向过渡，提出在坚持国营经济主导地位的前提下发展多种经济形式和经营方式，在公有制占绝对优势的基础上实行以计划经济为主、市场调节为辅的原则。作为改革开放之后制定和实施的第一个五年计划，“六五”计划所设定的指标虽然有些保守，但也因此而基本上得以完成，甚至大部分指标都超额完成。1985 年同 1980 年相比，工农业总产值年均增长 11%，远远超过原计划每年增长 4%～5%的速度，其中工业总产值年均增长 12%，农业总产值年均增长 8.1%；国民生产总值年均增长 10%；国民收入年均增长 9.7%。经济效益和效率均有所提高，国家财政收入由“五五”末期的连年下降转为逐年上升，基本实现了收支平衡。同时，基本建设和技术改造领域取得重大进展；对外经济贸易和技术交流打开新局面；社会事业也迎来了新的发展。这一时期，经济发展战略转移的目标顺利实现，农、轻、重工业得以协调发展，人民生活水平也得到显著提高，经济建设和经济体制改革取得巨大成就。

1984 年 10 月 20 日，党的十二届三中全会讨论通过了《中共中央关于经济体制改革的决定》，这标志着我国原来的计划经济体制开始向有计划商品经济体制的转变。在有计划商品经济体制下，我国制定和实施了“七五”“八五”两个五年计划。

（二）第七个五年计划（1986—1990 年）

1985 年，国务院拟订了《中共中央关于制定国民经济和社会发展第七个五年计划的建议》。该建议经党的十二届四中全会原则通过后，提交 1985 年 9 月的党代会审议通过。1986 年 3 月，国务院将《中华人民共和国国民经济和社会发展第七个五年计划》（1986—1990 年）提交六届人大四次会议审议批准。在一个新的五年计划刚刚起步的时

① 刘瑞. 30 年来国家计划实践与理论互动：从计划到规划[J]. 政治经济学评论，2008（2）：70-83.

候，国家就制定出了完整的经济和社会发展计划，这在我国社会主义计划经济史上是第一次。该计划着重推动工业化进程，加强基础设施建设，提高科技水平，促进农村经济发展，加强环境保护，并制定了如下经济发展目标：在不断提高经济效益的前提下，五年内全国工农业总产值增长 38%，平均每年增长 6.7%，其中农业总产值平均每年增长 4%，工业总产值平均每年增长 7.5%，五年国民生产总值增长 44%，平均每年增长 7.5%，到 1990 年，我国工农业主要产品的产量分别达到：粮食 42500 万～45000 万吨，棉花 425 万吨，发电量 5500 亿度，原煤 10 亿吨，原油 1.5 亿吨，钢 5500 万～5800 万吨，全社会各种货运量 94 亿吨，全社会固定资产投资 12960 亿元，进出口贸易总额五年增长 35%，并相应扩大利用外资和引进先进技术的规模。城乡居民实际消费水平，平均每年增长 5%。在这 5 年内，继续保持国家财政、信贷、物资、外汇的基本平衡。①

总体而言，"七五"计划实施的前 3 年，国民经济得到了较快发展，人民生活也得到了进一步改善，但与此同时，由于总需求大于总供给，这 3 年出现的经济过热和一些市场混乱现象依然暴露很多不稳定因素。此后，自 1988 年 9 月起国家开展了为期两年的治理整顿工作，也因此确保了国民经济的持续发展和五年计划目标的基本实现。"七五"计划期间，我国经济在调整中前进，国民经济发展战略和管理体制不断从旧模式向新模式转变，是实现党的十二大提出的"前十年主要是打好基础，积蓄力量，创造条件"战略部署的重要时期。

（三）第八个五年计划（1991—1995 年）

1991 年 4 月，《关于国民经济和社会发展十年规划和第八个五年计划纲要的报告》由全国人大七届四次会议审议通过，并由国务院发布。"八五"计划提出的基本方针是：坚定不移地走建设有中国特色的社会主义道路，推进改革开放，保持国民经济持续稳定协调发展，坚持独立自主、自力更生、艰苦奋斗、勤俭建国，物质文明建设和精神文明建设一起抓，坚持四项基本原则，反对资产阶级自由化。"八五"计划根据"三步走"的战略部署，提出了到 20 世纪末的奋斗目标，即国民生产总值比 1980 年翻两番，年均增长 6%，人民生活从温饱达到小康，并为第九个五年计划期间的国民经济和社会发展奠定更好的基础，创造更好的条件。具体目标包括：工农业生产，在提高经济效益的前提下，计划平均每年递增 4%，力争达到 5%。

"八五"期间，国民经济持续快速增长。1995 年中国的国民生产总值达到 57600 亿元，扣除物价因素，是 1980 年的 4.3 倍，提前完成了"翻两番"的任务。在整个"八五"计划期间，中国经济年均增长速度达 11%左右，比"七五"时期的年均增长高出近 4 个百分点，在中国执行的 8 个五年计划中，"八五"计划是中国历次五年计划中增长最快、波动最小的一个五年计划。"八五"期间，产业结构日趋合理。一、二、三产业的产值结构由"六五"末期的 28.4∶43.1∶28.5 和"七五"末期的 27.1∶41.6∶31.3 转变为"八五"末期的 20.3∶47.7∶32.0。对外贸易总额累计达 10145 亿美元，比"七五"翻了一番，年均增长 19.5%，高于"六五"的 12.8%和"七五"的 10.6%。城

---

① 第七个五年计划（1986—1990）[EB/OL].（2010-01-30）. http://www.npc.gov.cn/zgrdw/npc/zt/qt/jj125gh/2010-11/30/content_1628225.htm.

乡人民生活继续改善。城镇居民人均生活费收入达 1578 元，扣除物价因素，年均增长分别为 7.7%和 4.5%。[①]

二、经济体制转型初期"五年计划"的作用与评价

通过执行"六五""七五""八五" 3 个"五年计划"，我国国民经济和社会发展取得了显著成就，但同时也面临一些挑战。从积极的一方面来看，我国经济发展速度明显加快，国民生产总值、工农业总产值等主要经济指标均实现了较快增长，奠定了有中国特色的新型社会主义市场经济体制的基础。从另一方面来看，由于种种原因，我国实际的经济发展情况并未完全达到预期目标。计划制定和实施过程中也存在一些问题，如生产力分布不均、国民经济重要比例关系失衡等。总体上看，该时期的经济发展为我国的现代化建设奠定了坚实基础。

第三节　市场经济体制确立初期的国民经济发展计划

1992—2012 年，我国处于市场经济体制确立初期，此间，我国制定和实施了 4 个国民经济发展"五年计划"。在邓小平发表南方谈话之后，1992 年党的十四大明确提出，我国经济体制改革的目标是建立社会主义市场经济体制。1993 年十四届三中全会通过了《中共中央关于建立社会主义市场经济体制若干问题的决定》，正式开启了社会主义市场经济体制建设新征程。[②]具有中国特色的"宏观调控"经济理论应运而生。在社会主义市场经济条件下，宏观调控是保证社会再生产协调发展的必要条件，是国家管理经济的重要职能。[③]从计划管理到宏观调控，反映了国家经济制度和中国共产党治国理政的重大变化。由于从"九五"计划期开始就努力实现从计划经济体制向市场经济体制的转型，经过"十五"计划时期，国家计划的性质越来越变成市场经济的计划，所以到"十一五"规划时期，中长期计划就更名为中长期规划，从形式上完成了从计划经济的指令性计划向市场经济的指导性计划的过渡。[④]

一、市场经济体制确立初期的"五年计划"

（一）第九个五年计划（1996—2000 年）

"九五"计划，是确立社会主义市场经济体制改革目标后编制的第一个五年计划。1996 年 3 月，八届全国人大四次会议批准了《国民经济和社会发展"九五"计划和 2010 年远景目标纲要》。"九五"计划开始凸显五年计划的宏观性、战略性和政策性，

① 第八个五年计划（1991—1995）[EB/OL].（2010-11-30）. http://www.npc.gov.cn/npc/c1773/c2518/c15576/c15660/201905/t20190522_50931.html.

② 王振中，胡家勇. 完善社会主义市场经济体制[M]. 北京：社会科学文献出版社，2015.

③ 庞明川. 中国经济转轨中的宏观调控与公共政策[M]. 北京：中国社会科学出版社，2011.

④ 刘瑞. 30 年来国家计划实践与理论互动：从计划到规划[J]. 政治经济学评论，2008（2）：70-83.

主要提出经济社会发展的目标和方针，确定宏观调控目标和政策，明确改革开放、经济建设和社会发展的主要任务和政策。“九五”计划确立的基本方针是：保持国民经济持续快速健康发展，推进经济增长方式转变，实施科教兴国战略，把加强农业放在发展国民经济的首位，把国有企业改革作为经济体制改革的中心环节，坚定不移对外开放，实现市场机制和宏观调控的有机结合，坚持区域经济协调发展，坚持物质文明和精神文明共同进步。“九五”计划提出的奋斗目标是：全面完成现代化建设的第二步战略部署，实现人均国民生产总值比 1980 年翻两番；基本消除贫困现象，人民生活达到小康水平；初步建立社会主义市场经济体制。

到 2000 年，“九五”计划的主要任务完成或超额完成，GDP 达 99776 亿元，年均增长 8.6%；人均国民生产总值比 1980 年翻两番的目标在 1997 年提前 3 年完成[①]；主要工农业产品产量位居世界前列，商品短缺状况基本结束。城乡居民收入大幅度增加，生活质量显著提升。各项事业全面进步，综合国力进一步增强。[②]成功实现由计划经济体制向社会主义市场经济体制的转变，社会主义市场经济体制基本框架初步建立，经济和社会发展的体制环境发生重大变化。“九五”计划的胜利完成，标志着我国实现了社会主义现代化建设第二步战略目标，人民生活总体上达到小康水平，为迈向第三步战略目标奠定了良好基础。

（二）第十个五年计划（2001—2005 年）

在全国人民生活总体达到小康水平之际，党的十五届五中全会基于对世纪之交中国改革开放和现代化建设面临的国内外形势的深入分析，作出“从新世纪开始，我国将进入全面建设小康社会，加快推进社会主义现代化的新的发展阶段”[③]的重大判断，并在此基础上，组织编制了《中华人民共和国国民经济和社会发展第十个五年计划纲要》。“十五”计划纲要在我国计划编制史上具有里程碑式的意义：它是我国从现代化建设的前两步战略目标向第三步战略目标迈进时的第一个五年计划，是我国全面建设小康社会的第一个五年计划，并且它还是我国初步建立社会主义市场经济体制，明确市场机制在资源配置中发挥基础性作用后的第一个五年计划。“十五”计划首次通过群众征文方式征集对编制“五年计划”的意见和建议，为确保计划目标的落实，明确要求加强对计划实施的跟踪分析和宏观调控目标的监测预警，自觉接受人大的监督检查，并首次引入中期评估机制。

在 21 世纪头 20 年集中力量全面建设小康社会，是中华民族在 20 世纪末人民生活总体上达到小康水平后，根据党的十五大确定的新“三步走”发展战略提出的。2001 年 3 月 15 日，九届全国人大四次会议批准的《中华人民共和国国民经济和社会发展第十个五年计划纲要》序言第一段重申了这一重大判断。[④]2002 年党的十六大提出了全面

---

① 第九个五年计划（1996—2000 年）[EB/OL].（2015-11-09）. http://hprc.cssn.cn/gsyj/zhutiyj/18j5zqh/lcwngh/201511/t20151109_4129502.html.

② 王灵桂. 全面建成小康社会与中国式现代化新道路[J]. 中国社会科学，2022（3）：77-96，205-206.

③ 中共中央文献研究室. 改革开放三十年重要文献选编（下）[M]. 北京：中央文献出版社，2008.

④ 中华人民共和国中央人民政府. 中华人民共和国国民经济和社会发展第十个五年计划纲要[EB/OL].（2001-03-15）. https://www.gov.cn/gongbao/content/2001/content_60699.htm.

建设小康社会的奋斗目标，要求要在本世纪头 20 年，集中力量，全面建设惠及十几亿人口的更高水平的小康社会，使经济更加发展、民主更加健全、科教更加进步、文化更加繁荣、社会更加和谐、人民生活更加殷实。围绕“我国将进入全面建设小康社会”的这一判断，“十五”计划提出坚持把发展作为主题，坚持把结构调整作为主线，坚持把改革开放和科技进步作为动力，坚持把提高人民生活水平作为根本出发点，坚持经济和社会协调发展的指导方针。

“十五”计划实施情况总体良好，大部分目标顺利完成，国民经济持续平稳快速增长。GDP 年均增长 9.5%，超过了 7%的计划目标，财政收入增长 1.36 倍。主要工业产品产量大幅度增长；高技术产业快速发展，基础产业和设施建设成就斐然，经济社会信息化程度迅速提高。进出口贸易总额增长两倍，创下改革开放以来的最高纪录。人民生活明显改善，城镇居民人均可支配收入和农村居民人均纯收入分别实际增长 58.3%和 29.2%[①]；城镇新增就业 4200 万人。“十五”计划突出了科教兴国、人才强国和可持续发展三大战略，深化改革并努力消除经济发展的诸多体制性障碍，国际化、信息化、城镇化、基设施建设取得了较快发展，为我国进入 21 世纪奠定了良好的开局。

（三）第十一个五年规划（2006—2010 年）

“十一五”时期是全面建设小康社会的关键时期，具有承前启后的历史地位。中央政府对“十一五”规划的编制工作高度重视，2003 年底，国家发展改革委采取委托、招标、合作研究等方式，对 160 多个重大课题进行了研究，形成了 500 多万字的研究报告。采取公开招标方式研究“十一五”规划纲要涉及的重大课题，在我国中长期规划编制历史上是第一次。在前期研究成果的基础上，国家发展改革委编制了《中华人民共和国国民经济和社会发展第十一个五年规划纲要》，并在 2006 年 3 月，经十届全国人大四次会议批准通过。

“十一五”规划首次将“五年计划”改为“五年规划”，标志着我国五年计划的编制进入了“发展战略规划”时期，在中华人民共和国发展规划（计划）历史上具有重要的承上启下作用，在规划定位、编制过程、规划内容、规划形式、规划评估等方面都作出了重大创新，并对未来的五年规划编制产生了深远影响。

“十一五”规划进一步明确了五年规划纲要的功能定位，即阐明国家战略意图，明确政府工作重点，引导市场主体行为，是经济社会发展的宏伟蓝图，是全国各族人民共同的行动纲领，是政府履行经济调节、市场监督、社会管理和公共服务职责的重要依据。

根据全面建设小康社会的总体要求，“十一五”规划纲要提出了宏观经济平稳运行、产业结构优化升级、资源利用效率显著提高、城乡区域发展趋向协调、基本公共服务明显加强、可持续发展能力增强、市场经济体制比较完善、人民生活水平继续提高、民主法治建设和精神文明建设取得新进展等九个方面的目标，并开创性地将规划指标分为预期性指标和约束性指标两大类，界定了规划实施中政府和市场的边界与功能。首次

---

① 刘爱华. “十五”时期我国经济社会发展取得巨大成就[EB/OL].（2006-03-03）. https://www.stats.gov.cn/zt_18555/ztfx/15cj/202303/t20230301_1920477.html.

以正文加专栏的形式，清晰地列出了经济社会发展的主要指标和重点工程；首次公开委托国内外机构对“十一五”规划实施情况开展独立第三方评估。相比之前的十个五年计划，“十一五”规划坚持科学发展观规划理念更加先进，规划内容更加充实，规划指标更加明确，编制程序更加规范，规划形式更加新颖。

“十一五”规划实施期间，2007 年 10 月党的十七大召开。十七大深刻分析了国际国内形势发展变化和新世纪新阶段我国发展一系列新的阶段性特征，对实现全面建设小康社会宏伟目标作出全面部署，提出了“在优化结构、提高效益、降低消耗、保护环境的基础上，实现人均 GDP 到 2020 年比 2000 年翻两番”的更高发展要求。这些新要求保持了全面建设小康社会这一目标的连续性并增强了部署的针对性。①

“十一五”时期，我国 GDP 年均增长 11.2%，比“十五”时期快 1.4 个百分点，是改革开放以来最快的时期之一；2010 年我国 GDP 达到 39.8 万亿元，跃居世界第二位。在经济结构调整方面，第三产业年均增长 11.9%，比“十五”时期提高了 1.4 个百分点。在人民生活水平方面，城乡居民收入快速增长，城镇居民人均可支配收入年均增长 9.7%，农村居民人均纯收入年均增长 8.9%。在资源环境方面，单位 GDP 能耗累计下降 19.06%，基本完成了节能降耗目标。在科技教育事业方面，国民平均受教育年限从 8.5 年增加到 9 年，研究与试验发展经费支出占 GDP 比重提高 0.43 个百分点。经济社会得到全面发展。②

（四）第十二个五年规划（2011—2015 年）

“十二五”时期是实现全面建设小康社会奋斗目标承上启下的关键时期，是深入贯彻落实科学发展观、构建社会主义和谐社会的重要时期，也是深化重要领域和关键环节改革的攻坚时期，中国经济社会呈现新的阶段性特征，发展环境继续发生深刻变化。从国际看，和平、发展、合作仍是时代潮流，但外部环境更趋复杂，世界经济增长速度减缓，全球需求结构出现明显变化。从国内看，社会总体保持稳定，工业化、信息化、城镇化、市场化、国际化深入发展，人均国民收入稳步增加，有条件推动经济社会发展和综合国力再上新台阶。同时，经济发展步入新常态，社会矛盾明显增多，发展中不平衡、不协调、不可持续问题依然突出。2011 年 3 月，《中华人民共和国国民经济和社会发展第十二个五年规划纲要》经十一届全国人大四次会议审议通过。规划在指导思想上强调以科学发展为主题，以加快转变经济发展方式为主线，深化改革开放，保障和改善民生，巩固和扩大应对国际金融危机冲击成果，促进经济长期平稳较快发展和社会和谐稳定，为全面建成小康社会打下具有决定性意义的基础。

“十二五”规划明确指出“加快转变经济发展方式为主线，是推动科学发展的必由之路”，并提出了“五个坚持”的基本要求：坚持把经济结构战略性调整作为加快转变经济发展方式的主攻方向；坚持把科技进步和创新作为加快转变经济发展方式的重要支撑；坚持把保障和改善民生作为加快转变经济发展方式的根本出发点和落脚点；坚持把

① 吴江，等. 建设世界人才强国[M]. 北京：党建读物出版社，2011.

②“十一五”经济社会发展成就：新发展 新跨越 新篇章[EB/OL].（2011-03-01）. https://www.gov.cn/gzdt/2011-03/01/content_1813927.htm.

建设资源节约型、环境友好型社会作为加快转变经济发展方式的重要着力点；坚持把改革开放作为加快转变经济发展方式的强大动力。[①]规划着力加强和改善宏观调控，把短期调控政策和长期发展政策有机结合起来，围绕经济平稳较快发展、结构调整取得重大进展、科技教育水平明显提升、资源节约环境保护成效显著、人民生活持续改善，社会建设明显加强、改革开放不断深化等 7 个方面提出了建设目标。

"十二五"时期，我国经济社会发展取得了新的重大成就，经济实力、科技实力、国防实力、国际影响力又上了一个大台阶。经济保持持续较快发展，GDP 年均增长 7.8%，经济总量稳居世界第二位，人均 GDP 增至 49351 元；经济结构调整取得重大进展，农业稳定增长，第三产业现价增加值占 GDP 比重超过第二产业，居民消费率不断提高，城乡区域差距趋于缩小，常住人口城镇化率达到 56.1%；基础设施水平全面跃升，高技术产业、战略性新兴产业加快发展，一批重大科技成果达到世界先进水平。综合国力进一步提升。高速铁路运营里程、高速公路通车里程、4G 网络规模、互联网用户规模等均位居世界第一。货物贸易进出口总额自 2013 年起居世界第一位，2014 年使用外商直接投资规模首次位居世界第一，对外直接投资规模自 2012 年起位居世界第三。[②]

"十二五"期间，党的十八大于 2012 年召开。大会在全面总结过去的工作和情况，充分考量和全面分析当前经济社会发展情况后，提出在经济建设、政治建设、文化建设、社会建设、生态文明建设"五位一体"总体布局下全面建成小康社会的战略目标。"十二五"规划的顺利实施，推动我国在全面建成小康社会征程中迈出坚实步伐，为"十三五"时期全面纳入科学发展轨道奠定了良好基础。

二、市场经济体制确立初期"五年计划"的主要特征

以上分析表明，从编制第九个国民经济和社会发展五年计划开始，有关以宏观调控为主要手段的社会主义市场经济条件下的国家计划特征及其基调就设计完成了，主要体现在它在以下几方面不同于计划经济时期的"五年计划"。

（1）国家计划总体上是指导性的。中长期计划是粗线条的（不求详尽）、有弹性的（目标是一个容许浮动的区间）计划，而年度计划则更详尽更具体。这就与计划经济时期总体上具有指令性、强制性的国家计划有了根本区别。

（2）国家计划是宏观性的。五年计划在内容方面突出把握宏观大局，在实施方面突出依托宏观经济手段，在目标确定和政策选择方面突出国家的全局利益。这就与计划经济时期事无巨细、指标分解到微观主体、计划细化到微观领域的国家计划有了很大区别。

（3）国家计划是战略性的。五年计划要与战略保持统一，编制中长期计划实际上就是制定发展战略，年度计划不过是中长期发展计划或发展战略的具体化。这就与计划经济时期国家计划与发展战略相互脱节有了显著区别。

---

① 张平.《中华人民共和国国民经济和社会发展第十二个五年规划纲要》辅导读本[M]. 北京：人民出版社，2011.

② 国家统计局. 新常态新战略新发展——"十二五"时期我国经济社会发展成就斐然[EB/OL].（2015-10-13）. https://www.stats.gov.cn/sj/zxfb/202302/t20230203_1898924.html.

（4）国家发展规划比“计划”更加注重宏观性、战略性、指导性、长远性和科学性。虽然计划和规划都是关于未来行动的方案，但“十一五”规划将“五年计划”改为“五年规划”，更体现了中长期规划作为具有中国特色的治理国家的有效制度，在我国经济社会发展中的战略地位和作用。

（5）国家发展规划是政策性的。五年规划要与政策保持协调，各项政策不仅是保障计划目标实现的手段，同时在编制计划时也要把制定政策考虑进来。这就与计划经济时期的国家计划与宏观经济政策相互脱节有明显区别。

第四节　新时代的国民经济发展规划

党的十八大以来，国家发展站到了新的历史起点上。以习近平同志为核心的党中央统筹推进“五位一体”总体布局、协调推进“四个全面”战略布局，推动我国改革开放和社会主义现代化建设取得了伟大的历史性成就，推动党和国家事业发生了历史性变革，推动中国特色社会主义进入新阶段。在这个新阶段里，党和国家事业发展从指导思想、理念思路、方针政策、体制机制、根本保证到社会主要矛盾、社会环境、外部条件等各方面都发生了巨大变化，发展水平、发展要求更高，呈现出新的时代特征。党中央准确把握这些新的时代特征，作出了“中国特色社会主义进入新时代”的科学论断。新时代的中国经济呈现出一些新的特征：从经济高速增长转向高质量发展，经济发展方式从规模速度型粗放增长转向质量效率型集约增长，经济结构从以增量扩能为主转向调整存量、做优增量并举的深度调整，经济发展动力从传统增长点转向新的增长点。这些变化对党和政府推进治理能力现代化提出了新的要求，也对国民经济发展规划的编制提出了新的要求，是对党和政府规划能力的一大考验。

一、第十三个五年规划（2016—2020 年）

“十三五”是我国进入全面建成小康社会决胜阶段，发展仍处于可大有作为的重要战略机遇期，也面临诸多矛盾叠加、风险隐患增多的严峻挑战。党中央尊重规律与国情，坚持中国特色社会主义政治经济学的重要原则，从关注经济发展速度转向关注经济发展质量，坚持解放和发展社会生产力、坚持社会主义市场经济改革方向，着力在优化结构、增强动力、化解矛盾、补齐短板上取得突破，切实转变发展方式，提高发展质量和效益，努力跨越“中等收入陷阱”①。

“十三五”规划是我国进入新时代后，以习近平同志为核心的党中央领导编制的首个五年规划，亦是实现第一个百年奋斗目标的收官规划。规划创造性地提出“一个统筹”和“两个坚持”的发展重点，即统筹“五位一体”总体布局和“四个全面”战略布局，坚持贯彻落实创新、协调、绿色、开放、共享的新发展理念，坚持以供给侧结构性改革为主线；致力于“两个近远景目标”，确保第一个百年奋斗目标如期实现，为实现

① 彭劲松. 发展与发展战略的辩证法[M]. 北京：经济管理出版社，2017.

第二个百年奋斗目标和中华民族伟大复兴的中国梦奠定雄厚基础。

2015 年 10 月，习近平总书记在党的十八届五中全会上提出新发展理念，强调坚持创新发展、协调发展、绿色发展、开放发展、共享发展，是关系我国发展全局的一场深刻变革。这些理念相互促进、相互支撑，构成了“十三五”规划中最核心的内容和中国发展的新格局。①

“十三五”规划提出七个方面的主要目标：经济保持中高速增长，创新驱动发展成效显著，发展协调性明显增强，人民生活水平和质量普遍提高，国民素质和社会文明程度显著提高，生态环境质量总体改善，各方面制度更加成熟更加定型。新的目标要求的提出，体现了中国政府为建设现代化社会所进行的广泛思考和规划，旨在实现可持续经济发展、提高人民生活水平、促进社会和谐与稳定、生态环境稳定、推动各项制度的完善和进步。

从实施结果来看，“十三五”规划主要目标任务胜利完成，全面建成小康社会战略目标如期实现，经济社会发展取得决定性成就，经济实力、科技实力、综合国力跃上新的大台阶。2020 年人均 GDP 突破 1 万美元，GDP 突破 100 万亿元。②“十三五”前 4 年，经济运行保持在合理区间，GDP 年均增速达到 6.6%。2020 年受新冠疫情影响，经济发展遭受严重冲击，经济增速明显下滑，但仍达到 2.2%，成为全球唯一实现正增长的主要经济体。经济结构持续优化，超大规模市场优势显现，制造业增加值连续 10 年居世界首位，社会生产力水平进一步提高。这一时期，现行标准下（2010 年标准）我国累计有 5575 万农村贫困人口实现脱贫，消除了绝对贫困。全面深化改革取得重大突破，对外开放持续扩大，生态文明建设成效之大前所未有。建成了世界上规模最大的社会保障体系，基本医疗保险覆盖超过 13 亿人，基本养老保险覆盖近 10 亿人，人民生活水平显著提高。③总之，“十三五”时期我国经济社会发展取得了全方位、开创性历史成就，发生了深层次、根本性历史变革，为开启全面建设社会主义现代化国家新征程奠定了坚实基础。

二、第十四个五年规划（2021—2025 年）

习近平总书记指出：“党的十九届五中全会提出，全面建成小康社会、实现第一个百年奋斗目标之后，我们要乘势而上开启全面建设社会主义现代化国家新征程、向第二个百年奋斗目标进军，这标志着我国进入了一个新发展阶段。”“十四五”正是中国社会主义建设事业进入新发展阶段后的第一个五年规划期。

“十四五”时期，世界正经历百年未有之大变局。从国际上看，新一轮科技革命和产业变革深入发展，国际力量对比深刻调整，国际环境日趋复杂，不稳定性不确定性明显增加，新冠疫情影响广泛深远，世界经济陷入低迷，经济全球化遭遇逆流，国际经济

---

① 陈金龙. 五大发展理念的多维审视[J]. 思想理论教育，2016（1）：4-8.

② 国家统计局局长就 2020 年全年国民经济运行情况答记者问[EB/OL].（2021-01-18）. https://www.stats.gov.cn/sj/sjjd/202302/t20230202_1896437.html.

③ 中华人民共和国国家发展和改革委员会. “十三五”规划《纲要》总结评估之 28|主要指标完成情况[EB/OL].（2021-12-25）. https://www.ndrc.gov.cn/fggz/fzzlgh/gjfzgh/202112/t20211225_1309642.html.

政治格局复杂多变。从国内看，中国转向高质量发展阶段，制度优势显著，治理效能提升，经济长期向好，物质基础雄厚，人力资源丰富，市场空间广阔，发展韧性强劲，社会大局稳定，继续发展具有多方面优势和条件。同时，中国发展不平衡不充分问题仍然突出，重点领域关键环节改革任务仍然艰巨，创新能力不适应高质量发展要求，农业基础还不稳固，城乡区域发展和收入分配差距较大，生态环保任重道远，民生保障存在短板，社会治理还有弱项。①

“十四五”规划立足新发展阶段、贯彻新发展理念、构建新发展格局，着力推动高质量发展。以习近平新时代中国特色社会主义思想为指导，统筹推进“五位一体”总体布局和“四个全面”战略布局，提出六个战略导向，即“必须坚持深化供给侧结构性改革，以创新驱动、高质量供给引领和创造新需求，提升供给体系的韧性和对国内需求的适配性。必须建立扩大内需的有效制度，加快培育完整内需体系，加强需求侧管理，建设强大国内市场。必须坚定不移推进改革，破除制约经济循环的制度障碍，推动生产要素循环流转和生产、分配、流通、消费各环节有机衔接。必须坚定不移扩大开放，持续深化要素流动型开放，稳步拓展制度型开放，依托国内经济循环体系形成对全球要素资源的强大引力场。必须强化国内大循环的主导作用，以国际循环提升国内大循环效率和水平，实现国内国际双循环互促共进。”②

“十四五”规划首次将“推动高质量发展”作为中心议题和“十四五”时期国家发展的指导思想和主要目标。高质量发展是新发展理念的体现，有助于实现经济、社会和环境的可持续发展。通过创新驱动，不断提升科技创新能力，推动产业升级和转型升级。通过协调发展，缩小地区发展差距，实现全面协调发展。通过绿色发展，提高资源利用效率，实现可持续发展。通过开放发展，积极参与全球经济合作，推动开放型经济发展。通过共享发展，提高人民的获得感和幸福感。高质量发展理念是中国在新的发展阶段面临的新问题和挑战下作出的战略抉择。③

“十四五”规划仍在执行期间，但在经济增长、创新驱动、产业升级、内需扩大和全面深化改革等方面已经取得了一系列相关成就。2023 年，中国 GDP 超过 126 万亿元人民币，保持了较高的增长速度，中国经济仍表现出了强大的韧性和潜力；人均 GDP 为 1.27 万美元，中国人民的生活水平有了显著提升，国家发展成果更加普惠于民。制造业增加值占 GDP 比重提升至 27.4%；内需对经济增长的贡献率由 2020 年的 74.7%提高到 2023 年的 111.4%。④经济持续恢复向好，高质量发展稳步推进。

三、新时代国民经济发展规划的创新与发展

习近平总书记指出：“用中长期规划指导经济社会发展，是我们党治国理政的一种重要方式。”随着中国特色社会主义进入新时代，谋划好、编制好、实施好国民经济发

---

① 陈昌盛，许伟，兰宗敏，等. “十四五”经济社会发展的三大时代背景[N]. 中华工商时报，2020-09-04（03）.

② 中华人民共和国国民经济和社会发展第十四个五年规划和 2035 年远景目标纲要[N]. 人民日报，2021-03-13（01）.

③ 人民日报评论员. 以推动高质量发展为主题：论学习贯彻党的十九届五中全会精神[N]. 人民日报，2020-11-02（01）.

④ 国家统计局. 中华人民共和国 2023 年国民经济和社会发展统计公报[EB/OL].（2024-02-29）. https://www.stats.gov.cn/sj/zxfb/202402/t20240228_1947915.html.

展规划，对于坚持和加强党的全面领导，发挥党总揽全局、协调各方的领导核心作用，实现全社会思想上的统一、行动上的一致，保证国家战略实施的稳定性和连续性，推动经济高质量发展有着重要的意义。中国政府顺应新时代发展要求，围绕“国民经济规划编制”和“国民经济规划体系建设”进行了一系列的制度创新和改革。

（1）全面坚持习近平新时代中国特色社会主义思想。我国历次五年规划（计划）取得成功的最重要经验，就是始终坚持以马克思主义中国化的最新成果为指导，并将其贯穿规划制定实施的全过程和各环节。党的十九大把习近平新时代中国特色社会主义思想确立为党必须长期坚持的指导思想，反映了全国各族人民共同意志和全社会共同意愿。新时代的五年规划的编制与实施，全面对标习近平新时代中国特色社会主义思想，充分体现“八个明确”“十四个坚持”，紧紧围绕分“两步走”全面建设社会主义现代化国家的新目标，对规划目标、任务等方面作出全面的安排和部署，以达到通过若干五年规划的持续努力，实现社会主义现代化国家的宏伟目标的政策效果。

（2）全面贯彻新发展理念。习近平总书记指出：新发展理念“是在深刻总结国内外发展经验教训、深入分析国内外发展大势的基础上提出的，集中反映了我们党对我国经济社会发展规律的新认识。按照新发展理念推动我国经济社会发展，是当前和今后一个时期我国发展的总要求和大趋势”。《中共中央关于制定国民经济和社会发展第十四个五年规划和二〇三五年远景目标的建议》明确要求在规划编制中，“把新发展理念贯穿发展全过程和各领域，构建新发展格局，切实转变发展方式，推动质量变革、效率变革、动力变革，实现更高质量、更有效率、更加公平、更可持续、更为安全的发展”。全面准确贯彻新发展理念，是科学制定实施新时代国民经济发展规划，顺利开启全面建设社会主义现代化国家新征程的科学指引和重要保证。

（3）加强顶层设计和战略统筹，充分发挥党中央的领导作用。以党中央关于制定国民经济和社会发展五年规划和远景目标的建议为基础，组织编制国家五年规划纲要，经国务院常务会议和国务院全体会议讨论通过后，提请全国人大会议审议，从而把党的建议和政府的主张固定成国家的意志。①

（4）坚持开门问策、集思广益，把加强顶层设计和坚持问计于民统一起来。新时代五年规划的制定，是对世情、国情再认识再深化的过程，是一个统一认识、汇集众智、理清思路的过程。在规划制定的各个阶段，都充分动员各部门、各地方和社会各界广泛深度参与。在“十三五”规划制定过程中，习近平总书记亲自担任起草组组长，体现了对制定五年规划的高度重视。中央委托 42 家单位组织力量完成了 31 项重大课题研究，形成了 117 份专题研究报告，为起草组提供了研究支撑。同时，国家发展改革委在规划纲要制定过程中，还先后向 120 多家单位以及党代表、党外人士征求意见和建议，对规划纲要进行修改完善。国务院领导还多次召开专门座谈会，听取专家学者、企业家和社会各界人士对规划的意见和建议。实践证明，这种方式有利于统一思想、凝聚共识，推进规划的落地实施，对提高五年规划的科学性、有效性、操作性具有十分重要的作用。

（5）加强规划编制的科学性。新时代规划编制更加注重解决实际问题，以问题为

① 詹成付. 中国“五年规划”的力量[J]. 党建研究，2020（10）：13-16.

导向，明确规划目标和任务，围绕主题主线确定政策导向、设置规划目标、明确战略重点，有效地提高了规划的针对性和实效性，确保规划真正服务于经济社会发展。广泛邀请国内外知名经济学家、专家学者参与规划制定，充分听取专家意见和建议，提高规划的科学性和权威性。规划编制更加注重数据的运用，充分利用大数据、云计算等现代信息技术手段，对各类数据进行深入挖掘和分析，为规划制定提供科学依据。更加注重评估机制的建设，建立健全规划实施的监测、评估和调整机制，对规划实施过程中出现的问题进行及时分析和研究，为规划调整提供依据。

（6）进一步建立健全国家规划体系。坚持下位规划服从上位规划、下级规划服务上级规划、等位规划相互协调，建立以国家发展规划为统领，以空间规划为基础，以专项规划、区域规划为支撑，由国家、省、市、县各级规划共同组成，定位准确、边界清晰、功能互补、统一衔接的国家规划体系。一是强化五年规划对各类规划的统领作用。进一步推动五年规划在性质、作用、内容及实施方式等方面的改革创新，不断增强五年规划的导向和约束功能。二是进一步完善各级各类规划。专项规划细化落实五年规划重点任务，明确时间表和路线图，提高针对性和可操作性。区域规划全面贯彻实施重大区域战略，协调解决跨行政区重大问题，突出区域特色，指导区域协作协同发展。三是加强规划的衔接协调。建立健全规划目录清单、规划衔接协调机制等规划管理制度。强化五年规划和各级各类规划在发展目标，特别是约束性指标、总体布局、重大政策、重大工程、风险防控等方面的衔接，推动专项规划从“条”上进行深化、区域规划和地方规划从“块”上予以细化、空间规划从“地”上加以落实，做到各类规划各居其位、相互补位、有机衔接、形成合力。

（7）进一步创新五年规划实施机制。初步建立起系统完善的规划实施机制，形成了全生命周期的规划监测评估机制。新时代规划实施进一步完善了监测评估，强化分类实施，提升规划实施效能。一是继续完善多方参与的评估机制。进一步健全“年度监测分析—中期评估—总结评估”的规划评估体系，建立健全适应高质量发展要求的考核评估机制。推动开展独立的第三方评估，探索面向社会公众的互联网评估方式，提高评估的客观性和认可度。二是建立分类指导的实施机制。区分预期性指标和约束性指标，预期性指标是国家期望的发展目标，主要依靠市场主体的自主行为实现。约束性指标具有法律效力，是要分解落实到有关部门和地区，在规划期内确保实现的指标。强化部门之间的政策协调和规划协调，促进宏观政策、产业政策、微观政策、改革政策和社会政策之间的协调配合。三是健全规划实施监督考核机制。及时公布五年规划的实施进展，自觉接受人大监督、审计监督和社会监督。①

本章小结

中华人民共和国成立以来，连续实施的 14 个五年规划（计划），在推动

① 中宏院院长王昌林：国民经济和社会发展五年规划（计划）制定和实施的主要历程、重要作用、宝贵经验与建议[EB/OL].（2020-10-22）. https://www.ndrc.gov.cn/xxgk/jd/wsdwhfz/202010/t20201030_1249488.html.

国家经济结构转型、促进社会全面进步等方面发挥了不可替代的作用。特别是从计划经济向市场经济体制的转型期，五年计划在平衡改革、发展和稳定关系，引导经济结构的战略性调整，以及推动开放型经济发展方面，发挥了桥梁和纽带作用。五年规划（计划）作为具有中国特色的治理国家的有效制度，是我党经过 70 多年的持续探索和实践，逐渐掌握和完善的治理工具，为中国特色社会主义事业的发展提供了有力支撑，为全面建设社会主义现代化国家奠定了坚实基础。我国在连续制定和实施 14 个五年规划（计划）的过程中积累了宝贵经验，深化了对经济社会发展规律的认识，显著促进了国家治理体系和治理能力现代化。五年规划（计划）的成功实施，不仅促进了中国经济高速增长和社会全面进步，而且为中国特色社会主义道路、理论、制度、文化的发展提供了有力支撑，展示了中国在现代化建设道路上的坚定信心和明智选择。其体现了中国共产党紧密结合实际，科学制定发展策略和政策的智慧与能力，是中国特色社会主义制度优势的重要体现。

复习思考题

1. 结合具体的五年计划案例，分析计划经济体制下，政府如何通过五年计划实现国民经济的快速重建和发展。
2. 分析 1978—1992 年经济体制转型背景下，指令性计划向指导性计划转变的过程及其对中国经济体制转型的影响。讨论“有计划的商品经济”概念引入的意义及其对国民经济计划制定和实施方式的改变。
3. 评述 1992 年后社会主义市场经济体制确立对国民经济计划制度的影响。探讨计划管理向宏观调控转变的过程中，政府如何平衡市场力量与计划调控，以及这一转变对经济增长模式的影响。
4. 分析 2012 年以来，中国国民经济规划在新时代背景下的创新与发展。讨论第十三和第十四个五年规划中体现的创新点，以及这些创新如何支持了中国特色社会主义现代化建设的新目标。
5. 综合评价自中华人民共和国成立以来各个时期五年规划（计划）对中国经济社会发展的作用。讨论五年规划（计划）如何在不同经济体制下适应和引领国家经济社会的发展需求。
6. 结合中国特色社会主义进入新时代的背景，探讨习近平新时代中国特色社会主义思想如何指导我国五年规划的编制；在规划编制过程中，如何全面贯彻落实这一思想。

展望篇

国民经济发展战略与规划的传承与优化

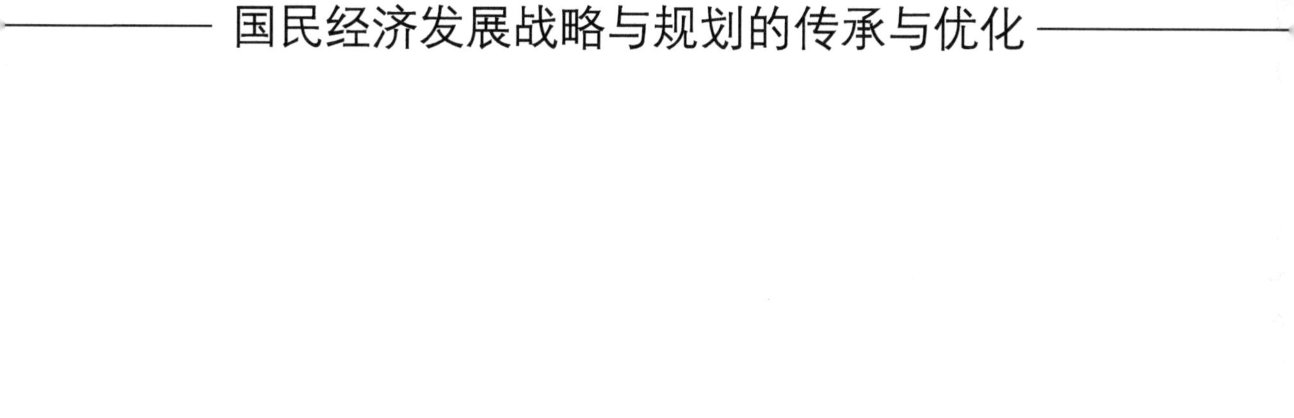

第十章

国民经济发展战略与规划的经验与展望

以国民经济发展战略与规划引领经济社会发展是中国共产党治国理政的重要方式，也是我国 70 多年来在实践和发展中探索并坚持的一项长期工作，在我国社会主义现代化建设中占有重要地位。深刻把握重要历史经验，积极正视实施中的不足，理性把握发展大势，对持续优化国民经济发展战略与规划体系，以中国式现代化全面推进中华民族伟大复兴，具有重要的理论和实践价值。

第一节　国民经济发展战略与规划的历史经验

新中国成立 70 多年来，在党的战略指引下，我国从 1953 年第一个五年计划开始，已编制 10 个“五年计划”和 4 个“五年规划”（以下统称为 14 个“五年规划”），其间积累了一系列重要历史经验，这些经验也是未来制定和实施国民经济发展战略与规划需要把握的长期原则，包括坚持党的集中统一领导、坚持以马克思主义中国化最新理论成果为指导、坚持以人民为中心的发展思想、坚持把握历史方位和发展大势、持续完善社会主义市场经济体制等。

一、坚持党的集中统一领导

中国共产党是国民经济发展战略的提出者，也是国民经济发展规划编制的领导者，更是战略和规划实施的保障者和监督者，战略与规划既是体现党的意志的有效途径，更是将党的主张转化为国家意志的重要桥梁。中华人民共和国成立以来，中国共产党始终为国家经济社会发展提供方向引领，为国家经济社会发展的长远目标和阶段性任务进行谋划，同时也为规划的顺利实施营造良好环境。

从近百年历史来看，中国共产党始终一以贯之地推进中国式现代化进程，真正做到“一张蓝图绘到底”，这一初心也很好地体现在了通过战略引导推动五年规划的实施之中。正如习近平总书记指出的："从第一个五年计划到第十四个五年规划，一以贯之的主题是把我国建设成为社会主义现代化国家"。纵观历史进程，14 个"五年规划"对促进我国经济持续发展和社会进步，全面建设社会主义现代化国家，发挥了重要历史作用。"一五"至"五五"计划时期，为我国的工业化奠定了初步基础，1979 年和 1987 年我党分别提出了"中国式现代化"和现代化建设"三步走"战略，经过"六五"和"七五"计划，解决温饱问题；"八五"和"九五"计划，实现了总体小康；"十一五"时期我国经济规模超过日本，跃升为世界第二位；"十三五"规划结束，我国如期全面建成小康社会，为推进中国式现代化开创了新局面；"十四五"规划是开启全面建设社会主义现代化国家新征程，向第二个百年奋斗目标进军的第一个五年规划，以推动高质量发展为主题，构建新发展格局，为 2035 年我国基本实现社会主义现代化提供强有力支撑。

我党在领导制定和实施国家发展战略与规划的过程中，逐渐形成了一系列成熟、制度化的组织机制和运作机制。首先由党中央从发展全局的高度制定未来的发展战略，形成未来五年的发展建议，然后由政府根据党中央的建议编制规划纲要，最后提交全国人大审议，规划纲要审议通过后，各级政府在党的领导下根据上级五年规划精神制定本级政府的五年规划，并推进规划的实施，各级政府在规划的指引和党的监督下，形成"全国一盘棋"的发展格局。此外，规划内容始终坚持以重大工程为规划实施的重要抓手，不断"集中力量办大事"，有效提高了我党的统筹协调效率。

在国民经济发展战略与规划的运作体系上，我国探索形成了发展战略、发展规划、年度计划三者联动的运作机制。发展战略居于核心和关键地位，发展规划、年度计划是对高度概括性的发展战略的具体化，前者具有全面性和长期性特征，而后者则更有阶段性和具体性。一个战略可能贯穿于多个发展规划之中，被持续体现和落地，比如科教兴国战略和可持续发展战略体现在"九五"计划中，并在之后的每个规划中持续体现；人才强国战略、区域发展总体战略、新型城镇化战略、主体功能区战略贯穿体现在"十一五"到"十四五"和未来的规划之中；扩大内需战略在"十四五"期间提出，落实在"十四五"规划和未来"十五五"规划中。

二、坚持以马克思主义中国化最新理论成果为指导

国民经济发展战略与规划的制定历程是在中国共产党集体领导下，推进马克思主义中国化的实践历程。不同历史时期国民经济发展战略与规划的制定都以马克思主义中国化最新理论成果为行动指南，这些理论成果包括毛泽东思想、邓小平理论、"三个代表"重要思想、科学发展观、习近平新时代中国特色社会主义思想。

中华人民共和国成立以来的发展理念，经历了从传统社会主义发展理念到中国特色社会主义发展理念以及新时代中国特色社会主义发展理念的演进。"一五"计划到"五五"计划是以传统社会主义发展理念为指导的，这个理念可以概括为"过渡时期总路线"和"社会主义建设总路线"，其核心内涵是以通过赶超型发展战略实现工业化为发展目标、以优先发展重工业为战略重点、以建立单一公有制和计划经济为保障；"六

五”计划到“八五”计划是以“发展是硬道理”为要义的中国特色社会主义发展理念为指导的，其核心目标是追求经济增长和发展社会生产力，强调以改革和开放为动力；“九五”计划到“十二五”规划，其指导理念则是在“发展是硬道理”基础上增加了“科学发展观”的中国特色社会主义发展理念，不仅注意到经济增长，还强调“以人为本”的可持续发展；“十三五”规划、“十四五”规划是以习近平新时代中国特色社会主义思想为指导，其核心是创新、协调、绿色、开放、共享的新发展理念。在此基础上，“十四五”规划提出了高质量发展的主题，作出“五位一体”总体布局，协调推进“四个全面”战略布局的重大谋划，提出加快构建现代化经济体系和新发展格局，为全面建设社会主义现代化国家开好局、起好步。指导“五年规划”的这些发展理念的演进，反映了中国共产党对发展规律和中国国情认识的深化，也是中国共产党不断探索将马克思主义与中国实践相结合、创新马克思主义中国化的理论成果的过程。

三、坚持以人民为中心的发展思想

一切为了人民、一切依靠人民是中国共产党贯彻落实的基本路线，国民经济发展战略与规划作为我党治国理政的重要方式，顺理成章地需要体现党的人民性这一鲜明底色。因此，满足人民对美好生活的追求就是国民经济发展战略与规划的根本追求。

1956 年 9 月召开的党的八大指出：我们国内的主要矛盾，已经是人民对于建立先进的工业国的要求同落后的农业国的现实之间的矛盾，已经是人民对于经济文化迅速发展的需要同当前经济文化不能满足人民需要的状况之间的矛盾。因此从“一五”计划到“五五”计划，在计划的制定和实施过程中，我党自始至终都坚持贯彻“既要工业，也要人民”的发展理念，强调经济建设要关注人民的当前利益。1981 年 6 月，党的十一届六中全会通过的《关于建国以来党的若干历史问题的决议》，将社会主要矛盾表述为“人民日益增长的物质文化需要同落后的社会生产之间的矛盾”。从“六五”计划开始，国民经济发展计划正式改名为“国民经济和社会发展计划”，在关注经济之外，增加了关注民生的社会发展相关内容。“八五”计划明确了社会主义现代化第二步部署的任务目标，并成为中国历次五年计划中增长最快、波动最小的一个五年计划，提前五年实现国民生产总值“翻两番”的计划。“十五”计划至“十二五”规划期间，我国开始实施现代化建设第三步战略部署，发展目标更加明确，即贯彻共同富裕论的原则和全面建设小康社会，其中，“十一五”规划是我国全面建设小康社会目标提出后的第一个五年规划，名称上由“计划”改为“规划”，指标上是第一次将发展指标（22 个）分为预期性（14 个）和约束性（8 个）两类指标的五年规划。这一时期各项政策和策略都围绕人民展开，比如保障和改善民生、加强和谐社会建设等。党的十九大提出，“人民日益增长的美好生活需要和不平衡不充分的发展之间的矛盾”是我们发展所要解决的关键性问题。我们坚持推进脱贫攻坚，在“十三五”末如期完成了全面建成小康社会的任务。在“十四五”规划中更是明确提出了下一阶段的任务是要“促进全体人民共同富裕”。

纵观我国国民经济发展战略与规划的发展历程，随着战略与规划一个接一个地实施，我国广大人民的生活也实现了从贫困到温饱再到小康的跨越式发展。这一发展的背后蕴含着我党始终将人民对美好生活的向往作为制定和实施国民经济发展战略与规划的根本追求的深层逻辑。

四、坚持把握历史方位和发展大势

新时期党中央对制定新一轮的国民经济发展战略和规划工作作出一系列重要指示，强调必须加强前瞻性思考、全局性谋划、战略性布局、整体性推进，实现发展规模、速度、质量、结构、效益、安全相统一。其中将前瞻性思考放在突出位置，“思深方益远，谋定而后动”，发展规划虽然是五年，但面向的是更长远的百年，因此只有加强前瞻性思考、以战略眼光审视大势大局，才能编好规划。前瞻性的基础是预见性，而要做到未雨绸缪，则应坚持一切从实际出发，以马克思主义认识论为工作指导，科学研判自身国情，及时把握世界发展的趋势和主题，这是党和国家在历史中总结出的宝贵经验。

中华人民共和国成立初期，面对美苏对峙的局面，我国采取“一边倒”外交政策，与苏联结盟并争取其经济技术援助。“一五”计划期间，苏联援建的 156 项重点工业项目奠定了新中国工业化的基础。进入 20 世纪 60 年代，国际形势急剧变化，中苏关系恶化，中印边境冲突，美国侵越战争升级等事件发生，党中央将时代主题定位为“战争与革命”。在此背景下，“二五”至“五五”计划的发展布局突出战备导向。“二五”计划期间发生了“大跃进”运动；“三五”计划时期，基于对国际形势的严峻判断，党中央确立了“备战、备荒、为人民”的方针，将国防建设置于首位，这种导向一直延续至“五五”计划前期，直到 1978 年改革开放后才逐步调整。进入 20 世纪 80 年代，邓小平同志提出和平与发展是时代的主题，从“六五”计划开始，我国顺应谋求和平、稳定与发展的世界主流趋势，在实行改革开放政策后，经济获得了高速发展，综合国力显著增强。事实证明，准确把握世界发展的主流趋势深刻影响着“五年规划”的制定和国民经济的发展。党的十八大以来，以习近平同志为核心的党中央深入分析世界发展局势，作出了世界处于百年未有之大变局的重要论断，深入分析和把握世界大发展大变革大调整下的机遇和挑战，提出构建双循环新发展格局，建设现代化产业体系，这是未来中国持续稳定发展的重要前提。

同时，制定“五年规划”还需要对国内环境作出科学的分析研判，充分了解本国国情是“五年规划”编制的必然要求。中国处在社会主义初级阶段，在把握我国大的国情基础上，需要进一步总结其运行规律。党的十八大以来，以习近平同志为核心的党中央经过科学分析研判，发现了主要矛盾的变化，提出我国经济社会发展进入了新发展阶段，并在此基础上，把握客观规律，提出了新发展理念。在新发展理念的引领下，“十三五”规划顺利实施，全面建成小康社会的历史任务圆满完成，这印证了中国共产党对当前我国经济社会发展的精准定位。“十四五”规划之际，党中央提出我国已转向高质量发展阶段，并且处于“两个一百年”交汇期，由此“十四五”规划顺势以“六个新”为目标，以推动高质量发展为主题。此外，注重基层调查研究，充分听取和吸收社会各界群众的意见或建议，接纳社会期盼、群众智慧、专家意见、基层经验，对规划把握好历史方位和发展大势起到了重要作用。

五、持续完善社会主义市场经济体制

经济体制改革是我国社会主义现代化国家建设的重要主线。从“一五”到“五五”计划，计划经济体制有效推动了我国的工业化建设，但也出现市场不活跃、社会生产积极性低下等弊端。“六五”计划是实施改革开放政策后的第一个五年计划，以“调整、改革、整顿、提高”为贯彻方针，强调“积极稳妥地推进经济体制改革”的进程。从“六五”计划开始，我国进入由计划经济体制向社会主义市场经济体制转轨时期，“七五”计划遵循对内搞活经济，对外实行开放的总方针，将改革的重点从农村转到城市，促进了有计划商品经济的发展。1992 年邓小平发表南方谈话，同年秋季召开的党的十四大，坚定不移地推进改革开放，确立了社会主义市场经济体制的改革目标。“八五”计划就是在这样的背景下构建社会主义市场经济体制基本框架，并以国企改革为城市经济体制改革的重点领域，深入推进改革向纵深发展。“九五”计划提出经济体制和经济增长方式两个根本转变的目标，并把以企业为中心的改革放在推进经济体制改革的突出位置。2002 年党的十六大宣布社会主义市场经济体制初步建立，同时提出建成完善的社会主义经济制度改革的目标，其间全球化趋势加强，社会矛盾相应凸显，国家发展规划中增加了扩大对外开放、改善经济结构、加强生态环境建设、实施人才强国战略等内容。

2013 年，党的十八届三中全会通过了《中共中央关于全面深化改革若干重大问题的决定》，标志着我国进入经济社会整体改革的全面深化改革新阶段，政府和市场关系有了进一步深化，市场在资源配置中的“基础性作用”修改为“决定性作用”。“决定性作用”意味着，不能有任何力量高于甚至代替市场的作用。“十四五”时期更是从激发市场主体活力、健全现代财税金融体制、加快转变政府职能、完善宏观经济治理、建设高标准市场体系五个方面部署全面深化改革的重点任务，进一步推动构建高水平社会主义市场经济制度。

综上所述，国民经济发展战略与规划为国家深化改革提供战略部署工具，清晰地记录着中国持续完善社会主义市场经济体制改革的足迹，市场经济理念的不断深化为国民经济发展战略与规划持续推进中国式现代化提供源源不断的发展动力。当然，我们在系统总结历史经验的同时，也要看到虽然经过多年的探索与实践，我国已经形成了以国民经济发展战略为引领、通过发展规划具体实施的推进机制，但在落实发展战略的实践中，仍存在一些不可忽视的问题和不足，这也是相关工作未来进一步发展提升的空间。

（一）发展规划的统领作用不够

长期以来，我国规划名目繁多，规划关系有待理顺。“十四五”规划纲要中提出，要“加快建立健全以国家发展规划为统领，以空间规划为基础，以专项规划、区域规划为支撑，由国家、省、市县级规划共同组成，定位准确、边界清晰、功能互补、统一衔接的国家规划体系”。这为我国理顺规划关系指明了方向，国家发展规划居于规划体系最上位，是其他各级各类规划的总遵循，进一步明确了发展规划在各类规划体系中的战略导向作用。

更好发挥规划的战略导向作用，面临的突出问题是国家发展规划的统领作用和指导约束功能不够，其他各类规划对国家发展规划的支撑落实不力，衔接协调流于形式，规划之间没有形成合力，规划支撑体系、政策协同体系、实施监督体系不到位。如何处理五年规划、专项规划、区域规划与空间规划的关系，如何更好发挥国家发展规划的战略导向作用，是需要考虑的重大问题。

法治保障是国家发展规划发挥统领作用的基础。国家发展规划是国民经济和社会发展的战略性、全局性和系统性的科学谋划。但该领域至今尚未出台相关法律，导致发展规划的法律约束力不足，规划编制实施缺乏法律依据，制约着规划统领作用的全面发挥。

在一个完善的规划体系中，总体发展规划是统领，空间规划是基础，专项规划和区域规划是支撑。但在现实中，尚存在各类规划功能定位不明确，规划之间存在交叉重复甚至矛盾冲突等现象。以国土空间规划与国家发展规划衔接为例，国民经济和社会发展规划的规划期限一般是 5 年，而国土空间规划的规划期限较长，本轮规划期限为 15 年，存在规划期限的协调问题；在规划领域上，如新型城镇化规划涉及乡村振兴，与乡村振兴规划存在交叉重复，但规划之间衔接流于形式，不利于资源的优化配置。

（二）规划编制的规范性和科学性有待提升

从规划编制程序看，目前各级各类规划编制的各个环节，包括衔接、批准、颁布、评估、调整，没有明确规范程序的文件，往往由本级政府根据实际情况相机确定。这导致规划程序存在随意性，也就有损规划的权威性，大大降低了规划在实际工作中发挥应有作用。同时，目前规划编制主要是以政府组织及委托第三方机构编制为主，在实际编制过程中，社会公众参与流于形式，缺乏规范明确的吸收民众意见环节。

从人才支撑看，现有国土空间规划在高校中设有明确的学科专业，进行了梯度化的人才培养，有较完善的规划资质评定制度，形成了一批专业化的规划编制人员。相比之下，国民经济和社会发展规划没有明确的学科专业支持，导致政府规划部门既缺乏专业化人员，也难以得到系统培训。而社会化的规划编制机构进入门槛低，规划编制人员队伍素质参差不齐，难以保证规划的质量。

从指标设置看，一方面，指标设置分为预期性指标和约束性指标，由于经济类和社会类指标往往属于预期性指标，对于政府执行的约束力较低，指标的目标导向作用不明显。另一方面，地方政府在指标设置上往往照搬上级的指标，缺乏地方特色。同时，由于部分指标在市县级没有完备统计，因此指标完成情况的评估成为当前规划评估的一大难题。

除此之外，一些指标的统计标准已经不能适应国民经济和社会发展规划的需求。[①]

① 许宪春，唐雅，胡亚茹．“十四五”规划纲要经济社会发展主要指标研究[J]．中共中央党校（国家行政学院）学报，2021，25（4）：90-99.

“十四五”规划纲要提出激活数据要素潜能。数据作为一种新型要素，已经融入经济的生产、分配、流通、消费和社会服务管理等各环节，对促进经济社会发展具有重要意义，但数据要素的核算滞后，使得数据生产要素在经济增长中的作用在指标体系中未能得到充分体现。

从编制技术方法看，发展规划的编制方法仍多采用座谈汇报、现场调研等方式，大数据、云计算等现代信息技术应用不足，发展规划基础数据主要通过各部门的资料汇总而成，现状数据多为人口、经济、社会等方面的总量指标，缺少空间信息。在规划编制期间，发展规划与其他规划的现状数据缺少互通，数据无法衔接共用，未能形成全口径的基础数据库。有些预测所用到的数据和模型也不一致，不同规划预测的数据不统一，造成规划之间衔接困难。

（三）规划实施效果有待加强

从部门之间的配合看，规划的实施需要配套政策的支持，当前问题集中体现在宏观经济政策与发展规划的不协同。一是财政政策保障力度不够，联动性不强。其主要原因在于发展规划的重大任务和重大工程项目主要由发展改革部门统筹，由具体牵头部门负责实施，而具体财政政策的制定和财政资金的使用由财政部门负责，在实施过程中往往由信息不对称和利益不一致等问题导致项目无法有效实施。二是货币政策的支撑作用不足。目前推进重大任务和重大工程项目时，财政投入来源较为单一，主要来自银行信贷和财政资金，市场化资金来源相对不足，尤其是地方政府项目，由于资金供应不足，很多项目难以实质性推进。

地方政府任期也会影响规划实施效果。党政领导干部的履新和更替往往发生在五年规划的初步实施阶段，导致干部任期与规划编制周期出现错位。新任领导干部往往要通过新一届的党代会制定施政纲领，与原有五年规划的谋划思路可能会存在错位，在一定程度上影响了发展规划的权威性，实施效果受到影响。

（四）评估监督机制有待完善

从目前的规划评估机制来看，仍以政府自评估为主，委托第三方评估为辅。同时，由于第三方评估机构往往受聘于规划制定主体，缺少真正意义上的独立第三方评估，难以真实科学评估规划实施效果。从评估方法来看，尽管采用了定量评估与定性评估相结合的方法，但在实施过程中，由于定量指标的可获得性等原因，仍以定性评价为主。从规划评估过程来看，仍然相对封闭，公众对评估的参与度和知晓度较低。从评估问责和纠偏机制来看，法律赋予人大审议政府五年规划中期评估报告的权力，各级人大常委会通过听取本级政府汇报规划评估报告的方式来审查、监督规划的执行情况，但人大的监督主体作用发挥不充分，对责任单位的约束力不强。同时，跨行政区发展类规划的监督评估约束如何突破行政分割，落实主体责任的机制有待探索。从评估结果的运用来看，评估结果的上报、反馈、整改缺乏刚性约束，评估结果对指导规划修订完善的作用发挥不足。

第二节　国民经济发展战略与规划环境因素的新变化、新趋势

国民经济发展战略与规划不仅是对今后五年经济社会的发展目标、发展重点和发展任务等的谋划，更是从全局整体和未来长远出发，做出的国家经济社会发展的宏伟蓝图。因此，科学制定与编制国民经济发展战略与规划，必须秉持着眼长远、立足未来的原则，准确把握事物发展的必然趋势，敏锐洞悉前进道路上可能出现的机遇和挑战，以科学的战略预见未来、引领未来。[①]当前，世界百年未有之大变局加速演进，局部冲突和动荡频发，全球性问题加剧，世界进入新的动荡变革期，而以人工智能、大数据等技术为代表的新一轮科技革命与产业变革深入发展，为我国带来了全新的发展机遇与挑战。与此同时，我国提出全面建设社会主义现代化国家的宏伟目标，着力推进国家治理体系和治理能力现代化，国民经济发展战略与规划要牢牢服务于总战略和总目标，为中国式现代化的推进贡献发展动力。

一、百年未有之大变局加速演进

2018 年 6 月，习近平总书记在中央外事工作会议上提出“百年未有之大变局”的论断。当前，世界之变、时代之变、历史之变正以前所未有的方式展开，世界政治的历史性转型和变革性调整正在成为国际战略格局演变的新态势，使我国面临的国际环境日益复杂化，不确定性因素明显增加。与此同时，随着新一轮科技革命和产业变革的广泛应用，我国经济社会积极推进数字化转型，数字经济发展为中国式现代化注入新动能。当前，世界百年未有之大变局加速演进，我国发展面临前所未有的战略机遇与风险挑战并存的复杂局面。这一历史方位既对实现第二个百年奋斗目标提出新的时代考题，也为中国在国际格局演变中把握战略主动、塑造有利发展环境提供了重要契机。

（一）复杂的国际环境

随着国际体系和国际秩序深度调整，国际环境日趋严峻复杂。一方面，国际形势的不稳定性、不确定性明显增加，经济全球化遭遇逆流，民粹主义、排外主义抬头，单边主义、保护主义、霸权主义行径越发猖獗，地缘政治与地缘战略对抗的态势明显上升，对世界和平与发展构成严重威胁。另一方面，和平、发展、合作、共赢的历史潮流不可阻挡，国际社会对和平与发展的呼声更加强烈，对公平与正义的期盼更加坚定，对合作与共赢的追求更加迫切。

复杂的国际环境对我国经济社会产生广泛的影响：第一，经济稳定运行面临一定挑战。近年来，随着稳增长一系列措施的贯彻落实，我国经济呈现出稳定恢复的势头。

① 推进中国式现代化需要处理好若干重大关系：论深入学习领会习近平总书记在学习贯彻党的二十大精神研讨班开班式上重要讲话[EB/OL]. http://www.cppcc.gov.cn/zxww/2023/02/13/ARTI1676268848646452.shtml.

但由于我国经济与世界经济的融合度较高，世界形势的调整和变化会对我国经济产生较大影响。当前，地缘政治冲突持续升级，逆全球化思潮进一步加剧，主要国家宏观经济政策的调整、国际金融市场的动荡等事件的爆发、扩散，都对确保我国经济运行稳定带来了较大压力。第二，对外贸易的稳增长困难增加。对外贸易是我国与世界经济往来的一个重要渠道，对我国经济发展发挥了极其重要的作用。近年来，世界贸易总量乃至总需求呈现萎缩的趋势，直接影响到我国出口的增长，并且国际金融市场的动荡引起人民币汇率频繁波动，对出口也形成了较大的扰动。一些国家针对我国采取了“卡”“断”等手段，通过提高关税等措施限制我国一些产品的出口，增加了对外贸易稳增长的难度。第三，实际利用外资和技术引进障碍增加。受美国等一些国家持续加息、国际资本收益提升的影响，逐利的资本将会更多地向这些国家流动，造成我国实际利用外资难度加大。技术进步是经济持续稳定增长的重要因素，一些国家出于遏制我国经济发展的目的，采取了技术壁垒等措施，限制对我国技术的出口，我国的技术引进特别是先进技术的引进受到了严峻挑战。第四，宏观经济政策实施难度增加。面对严重的通货膨胀，世界主要国家宏观经济政策纷纷由宽松向紧缩调整转向，而我国正处于疫情之后经济发展的恢复期，需要宏观经济政策的进一步宽松，外部政策的紧缩增加了国内宽松政策的操作难度。特别是近一个时期以来，世界主要国家纷纷上调利率，而国内又面临着下调利率的现实需要，利差的进一步扩大不利于国际资本流入，降息空间进一步收窄。

我国正处于开启全面建设社会主义现代化国家新征程、向第二个百年奋斗目标进军的新发展阶段，面对持续涌现的全新挑战和安全威胁、轮番上演的公开较量和隐蔽斗争、接踵而至的风险传导和矛盾升级，维护国家安全的必要性和紧迫性前所未有。习近平总书记在党的二十大报告中指出，“我国发展进入战略机遇和风险挑战并存、不确定难预料因素增多的时期”，“必须统筹发展和安全”，“必须坚定不移贯彻总体国家安全观，把维护国家安全贯穿党和国家工作各方面全过程”，这些重要论述强调了在推进高质量发展过程中保障国家安全的极端重要性。面对前进道路上的重重考验，必须牢固树立总体国家安全观，加快构建新安全格局，应对新挑战、解决新问题，有力维护国家安全和社会稳定。

统筹中华民族伟大复兴战略全局和世界百年未有之大变局，我们应立足国内，放眼世界，深刻认识错综复杂的国际局势对我国的影响，既保持战略定力又善于积极应变，既集中精力办好自己的事，又积极参与全球治理，为国内发展创造良好环境。因此，在当前复杂严峻的国际环境下，编制国民经济发展战略与规划时应当对中国短、中、长期面临的国际战略挑战和风险进行全面评估、深入分析，科学、客观和冷静地寻找应对方案，确保中国发展的历史性进程稳步向前，坚定不移地以高质量发展和高水平对外开放为世界稳定、发展与繁荣注入中国力量。

（二）新一轮科技革命与产业变革

信息技术、生物技术、新能源技术、新材料技术等交叉融合正在引发新一轮科技革命和产业变革。新一轮科技革命和产业变革以人工智能、大数据、量子信息、生物技术等为代表，目前已逐渐成为经济增长的重要引擎，深刻影响经济社会的运行方式。从历史经验看，重大科技革命和产业变革是推动国际格局调整的重要原因。为此，世界各国都在加紧部署重大前沿领域科技创新，努力抢占未来科技竞争先机。牢牢把握新一轮科技革命和产业变革历史机遇，全力抢占科技创新制高点，是事关我国现代化建设全局的战略抉择。必须将创新驱动发展作为国家战略核心，在新赛道上塑造竞争新优势。基于上述背景，习近平总书记强调："新一轮科技革命和产业变革与我国加快转变经济发展方式形成历史性交汇，为我们实施创新驱动发展战略提供了难得的重大机遇。"其中，新一轮科技革命和产业变革以数字化和绿色化为显著特点。

数字技术在 20 世纪末迅速发展，特别是近年来，随着人工智能、大数据、云计算等新兴数字技术取得重要突破，数字化成为不可忽视的时代潮流。迅速发展的数字技术与生产部门的结合促进了生产效率的进一步提升，进而影响着生产关系和社会关系的变革。从经济结构来看，数字化发展主要包括数字产业化和产业数字化。其中，数字产业化是指将数据资源价值化，通过数字技术的应用引发新产品、新服务变革，并与经济社会发展进程相整合，促进生产效率和服务绩效的提升；产业数字化是指通过新技术、新要素的应用促使传统经济增值的部分，即利用数字技术对产业进行升级，从而促进产业效率提升和产出增加。二者在数字经济化进程中相辅相成、协同推进，成为国民经济增长的核心驱动因素。

新一代数字技术迭代速度快，渗透力强，影响面广，已经并将继续深刻影响人类的生产生活方式。数字化对我国经济社会产生广泛影响：第一，推动人们生活方式的深刻变化。网上购物、数字消费已迅速融入普通家庭日常生活，我国网络零售市场规模连续 8 年保持全球第一，消费新业态新模式持续涌现。第二，推动生产方式革命性变化。数据成为新的生产要素，数字技术能够为其他产业注入新的活力，智能制造、服务型制造、数字贸易等新的生产方式或贸易活动迅速兴起。第三，促进国家治理体系和治理能力现代化。数字政府在治理理念、平台、流程、标准等方面发生深刻变革，促使政务服务水平显著提高。第四，推动国际竞争范式的深刻变革。数字经济发展水平很大程度上决定着一国的国际竞争力，数据安全已成为事关国家安全与经济社会发展的重大问题。

在数字经济高速发展的背景下，数字化正逐渐成为国民经济发展战略与规划中不可忽视的重要因素。为此，编制国民经济发展战略与规划应当充分重视数字化的影响，加大力度培育具有全球竞争力和影响力的大型数字平台、数字化转型大企业，加强数字技术人才培养，发展前瞻性技术和新型应用模式，多措并举提升数字经济治理效能，推动公共服务的数字化，增强数字经济发展内生动力，以此不断提升国民经济发展战略与规划的科学性、有效性与可行性。

改革开放以来，我国经济发展取得了举世瞩目的成就，但粗放式的发展模式也造成了资源浪费和环境污染问题。因此，党中央、国务院高度重视经济的绿色低碳发展，绿色发展理念在各项措施中不断得到深化和细化。2015 年《中共中央 国务院关于加快推进生态文明建设的意见》中首次提出"绿色化"的概念，这标志着我国现代化战略从工业化、信息化、城镇化与农业现代化的"四化同步"发展为"五化协同"。绿色化是一种科技含量高、资源消耗低、环境污染少的产业结构和生产方式，并且能够带动绿色产业发展，形成经济社会发展新的增长点。绿色化是生态文明建设与经济社会发展相互融合和协同提升的过程，也是经济社会发展的生态友好程度不断提升、逐步实现经济社会与生态系统和谐发展的过程。

经济社会发展的绿色化转型不断催生出新技术、新产品、新服务，孕育经济增长新空间。绿色化对我国经济社会产生广泛影响。第一，推动绿色产业蓬勃发展。节能环保产业快速发展，绿色技术不断进步，新能源、燃煤机组超低排放、煤炭清洁高效加工及利用等方面取得重大突破。第二，推广绿色生活方式。绿色生活创建行动全面推进，因地制宜推行生活垃圾分类，推进塑料污染全链条防治，开展节约粮食反对浪费行动，反对商品过度包装，简约适度、绿色低碳、文明健康的生活方式成为更多人的自觉选择。第三，提升资源利用效率。实施能源消费总量和强度双控，强化责任目标评价考核，推进工业、建筑、交通运输、公共机构等重点领域节能，推广先进节能技术和产品。第四，健全绿色制度体系。绿色生产和消费的法规政策体系不断完善，法规标准的约束力、引导性进一步强化。国家生态文明试验区建设持续深化，探索形成一批可复制、可推广的改革经验。

新发展格局下，加快推进绿色经济发展不仅是全面建设社会主义现代化国家的必然要求，也是推进生态文明和美丽中国建设的必然选择，更是有效应对全球变暖问题的大国责任担当。因此，国民经济发展战略与规划应当加强绿色经济发展的顶层设计和制度规范；厘清政府与市场边界，更好发挥绿色发展主体能动作用；建立现代化绿色产业体系；构建完备的绿色技术创新及成果转化体系；增强绿色经济发展的金融支持，更好推动我国绿色经济高质量发展。

二、中国式现代化建设的蓝图已经绘就

“十四五”规划开启了全面建设社会主义现代化国家新征程。在中国共产党的领导下，经过前 13 个五年规划的实施，各级政府履行职责，全社会群策群力，形成了全党全国各族人民强大合力，我国全面建成了惠及十几亿人口的小康社会，为实现社会主义现代化目标奠定了坚实基础。党的二十大报告提出“中国共产党的中心任务就是团结带领全国各族人民全面建成社会主义现代化强国、实现第二个百年奋斗目标，以中国式现代化全面推进中华民族伟大复兴”[①]，进一步明确了党在未来很长一段时间的目标是把我国建成社会主义现代化强国。

全面建成社会主义现代化强国，总的战略安排是分两步走：从 2020 年到 2035 年基本实现社会主义现代化；从 2035 年到本世纪中叶把我国建成富强民主文明和谐美丽的社会主义现代化强国。未来 30 年，五年规划是中国开启全面建设社会主义现代化国家新征程的宏伟蓝图，是全国各族人民共同的行动纲领，是推进中国式现代化的顶层设计。习近平总书记指出，“我们已经明确了未来发展的路线图和时间表。这就是，到 2035 年，用 3 个五年规划期，基本实现社会主义现代化。然后，再用 3 个五年规划

① 习近平. 高举中国特色社会主义伟大旗帜 为全面建设社会主义现代化国家而团结奋斗：在中国共产党第二十次全国代表大会上的报告[EB/OL].（2022-10-16）. https://www.gov.cn/xinwen/2022-10/25/content_5721685.htm.

期，到本世纪中叶，把我国建成富强民主文明和谐美丽的社会主义现代化强国。”国民经济和社会发展第十四个五年规划开创性地对接了 2035 年远景目标，从目前到 2035 年，中国还将制定“十五五”规划、“十六五”规划；到 2050 年，中国需要不断实现中国式现代化的阶段性目标，推动建成社会主义现代化强国。现代化是分阶段、分领域推进的，五年规划始终以全面建设社会主义现代化国家为目标，基于不同发展阶段的国情变化，把各个阶段的发展目标、重大战略任务落实到五年发展规划的贯彻实施上。要实现这些目标，发挥五年规划的战略导向作用至关重要。

同时，社会主义现代化未来进程并不会总是一帆风顺的，中华民族伟大复兴也绝不是轻轻松松、敲锣打鼓就能实现的，还将面临一些风险和挑战，包括经济增速变缓、人口增长率下降、“未富先老”的老龄化加重等。同时，在发展过程中，要特别注意防范“灰犀牛”和“黑天鹅”风险事件的发生，坚持底线思维，加强风险防患意识。鉴于此，未来编制和实施国民经济和社会发展五年规划，需要坚持长期原则，妥善应对风险，保持定力，奔着全面建成社会主义现代化强国的目标坚定前行。

三、国民经济发展战略与规划在国家治理体系中地位更加凸显

国民经济发展战略与规划是一项具有中国特色的制度安排，是国家治理体系的重要组成部分，是党和国家领导人治国理政总体思路和发展理念的充分体现，发挥着引领经济社会发展的重要功能。习近平指出：“治理国家，制度是起根本性、全局性、长远性作用的。”治理制度能够规范各治理主体行为，科学界定各治理主体的运行边界，有效吸纳和整合各主体的利益与诉求，确保稳定的社会秩序。

以推进国家治理体系和治理能力现代化为导向，中国的国民经济发展战略与规划制度从建立至今不断探索完善。即使在 20 世纪 80 年代，世界上大多数国家对此产生疑惑，甚至逐渐减少或取消这一制度的背景下，中国仍矢志不渝，长期坚持并不断完善国民经济发展战略与规划。在党的战略指引下，从单一的经济发展（主要是经济增长）计划，发展为经济和社会发展规划，再到“五位一体”总体布局的发展规划，中国特色的国民经济发展战略与规划制度取得了明显成效。一是理顺了战略与规划之间的关系，明确了发展战略的纲领作用，明确了国家发展规划在规划体系中的统领作用。二是科学区分规划目标性质，规划性质由指令性计划转变为指导性和约束性相结合的规划，规划内容逐步拓展到经济发展、社会民生、生态环境等方方面面。三是编制方法程序逐步规范化、制度化。在规划编制和实施的过程中，探索形成了包括前期研究、制定草案、听取意见、规划衔接、审议批准、公开发布等比较规范的程序，建立了包括任务分工、年度监测、中期评估、总结评估等系统完善的规划实施机制。

第三节　国民经济发展战略与规划的优化

尽管中国的国民经济发展战略与规划制度建设取得了积极成效，但面对新形势、新任务、新格局仍有不少方面还不能很好地适应国家治理体系和治理能力现代化的要

求。要发挥战略与规划统筹经济社会发展的能力，提升治理效能，需要与时俱进，不断创新，进一步加强体制机制建设，提升法治化水平，使国民经济发展战略与规划在体制上更加优化，编制上更加科学，实施上更加高效，评估上更加健全。

一、充分发挥国民经济发展战略与规划的统领作用

（一）建立自上而下的管理体系

党的领导是国民经济发展战略与规划能够持续推进并取得重大发展成就、积累多重经验的根本保障①，也是国民经济发展战略与规划科学性、合理性的根本保证，必须毫不动摇坚持和加强党的战略领导。全国人大要针对发展规划启动立法程序，在法律地位上给予发展规划明确地位。在规划管理的体系上，要着力提升五年发展规划的权威性，进一步强化下位规划服从上位规划、下级规划服务上级规划、等位规划相互协调的规划体系，从根本上解决规划林立、相互打架的问题。在规划实施的过程中，应着力落实主体责任、加强监督与评估、强化政策的协同保障。

（二）健全统一战略与规划体系

明确发展战略与各类规划的功能定位是理顺规划体系的前提，要进一步加强国民经济发展战略在规划制定中的统帅和引领作用，加强规划与战略的衔接。要进一步强化发展规划在高质量发展、重大任务推进、重大工程项目谋划中的战略引领作用，明确空间规划在重大发展布局中的基础作用，提升国土空间管控的约束力，明晰专项规划和区域规划的边界和使命，有效规避规划间的交叉重复和矛盾冲突。建立健全衔接协调机制，健全政府的规划目录清单，推进规划的统一备案，规范规划出台的衔接程序，确保各级各类规划协调一致。在实际规划编制中，要坚持“规划必须服从于战略”“下位规划必须服从上位规划”，确保发展规划服从、落实发展战略的要求，空间规划、区域规划、专项规划等各类规划服从、落实总体发展规划的要求与目标，为国民经济发展战略的落实提供支撑。

二、提升规划编制的规范性与科学性

（一）优化规划编制方法

随着现代信息技术的不断发展，规划编制有了更多可以依靠的技术手段，如可以依托卫星遥感数据进行数据指标和项目建设的实时监测，可以依托大数据等做好发展目标的预测，依托人工智能手段对重点任务进行分析和判断等。同时，也应更长期地与科研机构等智库合作，对规划编制实施进行长期跟踪研究，更好发挥智力支持。公众是五年规划的重要参与主体，要扩大规划征求意见范围和宣传渠道，真正发挥公众在规划编制全流程的重要参与和监督作用。

---

① 张青卫，魏佳楠. 五年规划持续推进中国式现代化的历史进程和经验总结[J]. 学习论坛，2023（5）：5-12.

（二）加大规划编制队伍建设力度

科学合理的经济社会发展战略规划离不开相应的人才支撑，既需要对现有人才进行优化配置，又需要重视相关战略规划人才的培养。要着力加强国民经济发展战略与规划相关学科建设，梯度化培育对口专业人才。探索建立发展类规划资质体系，开展专业技能培训，加强准入管理，提高编制门槛。政府各部门尤其是发展改革部门要强化规划知识和技能的常态化培训，着力提升规划编制人员的专业素养。

三、健全规划实施保障机制

（一）落实规划实施责任

“十四五”规划纲要指出：“各地区、各部门要根据职责分工，制定本规划涉及本地区、本部门的主要目标任务实施方案。”规划确定的约束性指标、重大工程项目和公共服务、生态环保、安全保障等领域任务，要明确责任主体和进度要求，合理配置公共资源，引导调控社会资源，确保如期完成。规划提出的预期性指标和产业发展、结构调整等领域任务，主要依靠发挥市场主体作用实现，各级政府要创造良好的政策环境、体制环境和法治环境。年度计划要贯彻发展规划提出的发展目标和重点任务，将规划确定的主要指标分解纳入年度计划指标体系，设置年度目标并做好年度间综合平衡，合理确定年度工作重点。

（二）完善五年规划实施监督机制

加强对五年规划实施结果的监督和问责。各类规划编制部门要将规划实施情况作为政务信息公开的重要内容及时公布实施进展，自觉接受人大监督、审计监督和社会监督。加强五年规划实施情况的动态监测，对违反规定擅自调整规划内容、违反规划审批项目等行为，按照规定进行责任追究。对规划的目标完成情况、重大工程、项目和政策落实完成情况进行跟踪和监督，并对规划经费的使用效率进行评估，将规划实施情况纳入各级党政领导班子和领导干部政绩考核，着力实现规划实施考核结果与被考核责任主体绩效相挂钩。

（三）强化政策协同保障

坚持规划定方向、财政作保障、金融为支撑、其他政策相协调，着力构建规划与宏观政策协调联动机制。重点是实现财政政策、金融政策与发展规划中土地、产业、人才等政策的协同，形成政策方案组合。发挥更高层面部门协调机制的统筹作用，增强部门间的政策协同性。在发展规划编制阶段和规划中期阶段，加强部门横向联席会商，围绕规划政策协调、资源配置等进行沟通协调，同时，建立多类型的日常工作协商机制，如围绕规划具体推进过程中发现的问题共同进行调研，举办内部研讨会预判发展规划实施中潜在的问题，实行现场联动办公，及时解决出现的问题。①

① 陈工，刘昊. 加快促进财政金融协同发展[N]. 中国社会科学报，2021-04-21（A03）.

四、完善规划评估体系

（一）健全规划评估组织体系

从我国规划评估的现行组织方式看，仍然以发改系统内部的层层推进为主，依旧实行“谁编制、谁评估”的责任划分原则，在评估结果上缺乏中立性、客观性和公信力，同时，人大的监督仅对评估报告负责，并未参与规划评估的全流程。在未来，探索第三方独立评估仍然是应重视的发展方向，规划编制实施方与评估方应为不同的主体，同时，人大也应对规划具体实施情况展开实时监测和评估。

（二）创新规划评估方法

规划评估方法的创新要充分采用新一代信息技术。首先，要针对规划的指标体系进行空间化测度，得出较为准确的发展指标。其次，要针对规划的重点任务和重点工程项目进行空间落位。对于项目实际建设进度等情况，可以通过空间监测进行客观评判；对于区域融合、城镇化等发展战略的推进情况，可以通过空间描图、数据分析等方法进行客观分析。同时，要加强对规划安全的评估，丰富对战略安全的评估维度，既要重视发展，也要关注规划在推进国家安全方面的建设成效。

（三）重视规划实施效果评估结果及其运用

评估本身并不是目的，目的在于对评估结果的有效运用。当前的评估往往以通过人大审议为最终结果，并没有反作用于政府部门的日常工作。今后，相关部门要重视规划实施效果评估结果，特别是进一步加强和规范评估结果运用方案，完善规划实施保障的政策机制，充分发挥评估的时效性，强化评估结果运用，使其更能体现新发展阶段评估的精髓要义。

本章小结

以国民经济发展战略与规划引领经济社会发展是我党治国理政的重要方式，也是我国在实践和发展中探索并坚持的一项长期工作。经过多年的探索和实践，我们已经积累了重要的历史经验，包括坚持党的集中统一领导、坚持以马克思主义中国化最新理论成果为指导、坚持以人民为中心的发展思想、坚持把握历史方位和发展大势、持续完善社会主义市场经济体制等。当然，在实践中还存在一些问题和不足，例如，发展规划的统领作用不够，规划编制的规范性和科学性有待提升，规划实施效果有待加强，评估监督机制有待完善等。当前和今后一段时期，影响我国国民经济发展战略与规划的环境因素更加复杂，这既提供了良好的发展机遇也提出了严峻挑战。因此，要针对环境因素的变化以及当前实践中存在的问题，进一步优化国民经济发展战略与规划，以更好地发挥其在推进中国式现代化，全面实现中华民族伟大复兴中的作用。

复习思考题

1. 中华人民共和国成立以来，国民经济发展战略与规划发挥了哪些作用？有哪些历史经验？
2. 五年规划在编制和实施过程中有哪些需要改进的地方？
3. 数字化趋势如何影响国民经济发展战略与规划的制定（编制）、实施和评估？
4. 思考国民经济发展战略和规划与中国式现代化的关系。
5. 面对国内外环境因素的新变化，我国应从哪些方面优化国民经济发展战略与规划？

参 考 文 献

安蓓, 陈炜伟, 谢希瑶. 汇聚亿万人民力量的宏伟蓝图: “十四五”规划和 2035 年远景目标纲要编制记[EB/OL].（2021-03-19）. https://www.gov.cn/xinwen/2021-03/19/content_5594009.htm.

安士伟. 中国宏观经济发展战略演变研究[J]. 经济经纬, 2004,（2）: 26-28.

曹春华, 卢涛, 李鹏, 等. 国土空间规划监测评估预警: 内涵、任务与技术框架[J]. 城市规划学刊, 2022（6）: 88-94.

陈升, 刘泽, 杨永恒. 规划编制影响规划完成程度的定量分析[J]. 中国软科学, 2019（5）: 11-17, 39.

陈小华, 潘宇航. 数字政府: 演进阶段、整体形态与治理意蕴[J]. 观察与思考, 2021（1）: 97-106.

陈云. 计划与市场问题//中共中央文献研究室.《三中全会以来重要文献选编》（上）[M]. 北京: 人民出版社, 1982: 68-71.

陈云. 陈云文选 第三卷[M]. 2 版. 北京: 人民出版社, 1995.

程恩富, 等. 马克思主义政治经济学基础理论研究[M]. 北京: 北京师范大学出版社, 2017.

程宇. 加快形成新质生产力[N]. 人民日报, 2023-11-21（09）.

当代中国研究所. 新中国 70 年[M]. 北京: 当代中国出版社, 2019.

邓小平. 邓小平文选 第二卷[M]. 2 版. 北京: 人民出版社, 1994.

邓小平. 邓小平文选 第三卷[M]. 北京: 人民出版社, 1993.

丁忠毅. 编制和实施五年规划: 中国共产党治国理政的重要方式[J]. 思想理论教育导刊, 2021（4）: 71-77.

董煜. 完善和创新五年规划编制的几点思考[J]. 中国行政管理, 2019（8）: 12-13.

杜鹏辉. 规划周期、工作阶段和领导注意力: 中国地方发展规划内容清晰或模糊的分析[J]. 中国行政管理, 2023,（8）: 127-136.

顾朝林, 武廷海, 刘宛. 国土空间规划前沿[M]. 北京: 商务印书馆, 2019.

顾龙友. 自然资源保护与开发进入强化规划引领、管控新阶段[J]. 国土资源情报, 2019（3）: 3-7.

顾书桂. 中国经济发展战略回顾、逻辑与前瞻[J]. 湖北经济学院学报, 2021, 19（2）: 5-12, 125.

郭琳琳, 周怀龙, 王凌云. 我国自然资源“十三五”规划评估实践探索[J]. 中国国土资源经济, 2021（2）: 74-80.

郭旭红, 武力. 从五年规划看中国共产党治国理政的基本经验[J]. 华中师范大学学报（人文社会科学版）, 2021（4）: 15-24.

国家发展和改革委员会.《中华人民共和国国民经济和社会发展第十四个五年规划和 2035 年远景目标纲要》辅导读本[M]. 北京: 人民出版社, 2021.

国务院. 国务院关于加强国民经济和社会发展规划编制工作的若干意见（国发〔2005〕33 号）[EB/OL].（2008-03-28）. https://www.gov.cn/zhengce/content/2008-03/28/content_2039.htm.

国务院发展研究中心课题组. 未来 15 年国际经济格局变化和中国战略选择[J]. 管理世界, 2018（12）: 1-12.

韩保江, 李志斌. 中国式现代化: 特征、挑战与路径[J]. 管理世界, 2022（11）: 29-43.

韩博天, 奥利佛·麦尔敦, 石磊. 规划: 中国政策过程的核心机制[J]. 开放时代, 2013（6）: 8-31.

何建武. 现有五年规划指标体系存在的问题及其启示[J]. 发展研究, 2019（6）: 56-59.

洪银兴. 论中国式现代化的经济学维度[J]. 管理世界, 2022（4）: 1-15.

侯荣华. 宏观经济管理若干问题思考[M]. 北京: 中国计划出版社, 2005.

侯荣华, 赵丽芬. 宏观经济政策调控力度及协调分析[M]. 北京: 中国计划出版社, 1999.

胡鞍钢. 解码“十二五”规划纲要[J]. 瞭望, 2011（10）: 9-13.

胡鞍钢, 刘珉, 赵海兰. 中国治国理政的重要方式: 五年规划实践（1953—2020 年）[J]. 北京工业大学学报(社会科学版), 2022, 22(3): 1-22.
胡鞍钢, 唐啸, 鄢一龙. 中国发展规划体系: 发展现状与改革创新[J].新疆师范大学学报(哲学社会科学版), 2017(3): 7-14.
胡敏. 70 年来经济理论发展的中国特色[EB/OL]. (2019-10-24). http://www.rmlt.com.cn/2019/1024/559888.shtml.
黄群慧. 改革开放 40 年中国的产业发展与工业化进程[J]. 中国工业经济, 2018(9): 5-23.
黄群慧, 周倩. 论中国式宏观经济治理现代化[J]. 北京社会科学, 2023(4): 4-14.
黄征学. 国家规划体系的演进历程与融合对策[J]. 改革, 2020(4): 65-73.
姜佳莹, 胡鞍钢. 五年规划: 坚持长期主义实现中国式现代化[J]. 北京工业大学学报(社会科学版), 2024, 24(2): 78-92.
科特勒. 国家营销: 创建国家财富的战略方法[M]. 余利军, 江春, 译. 北京: 华夏出版社, 2001.
黎淑雪, 毛峰. 中国共产党经济发展战略的历史演进与经验探析[J]. 克拉玛依学刊, 2023, 13(1): 18-24.
李成勋. 经济发展战略学[M]. 北京: 北京出版社, 1999.
李国平, 李爽. 京津冀协同发展战略实施十年回顾及展望[J]. 河北学刊, 2024, (1): 60-69.
李辉, 苏昌贵, 魏晓. 省级主体功能区规划实施效果评估与政策启示: 以《湖南省主体功能区规划》实施为例[J]. 经济地理, 2022, 42(5): 45-55.
李金华. 新中国 13 个五年计划的历史贡献与未来启示[J]. 东南学术, 2019(5): 18-31, 246.
李善同, 周南. "十三五"时期中国发展规划实施评估的理论方法与对策研究[M]. 北京: 科学出版社, 2019.
李玉举, 连欣, 马小腾. 习近平经济思想的理论贡献与实践伟力[EB/OL]. (2023-12-14). https://www.ccdi.gov.cn/llxx/202312/t20231214_314385.html.
林木西. 中长期规划是中国共产党治国理政的重要方式[J]. 经济学动态, 2021(5): 31-40.
林木西, 黄泰岩. 国民经济学辞典[M]. 北京: 经济科学出版社, 2014.
林木西, 黄泰岩. 国民经济学(第三版)[M]. 北京: 经济科学出版社, 2018.
林毅夫. 发展战略与经济改革[M]. 北京: 北京大学出版社, 2004.
林毅夫. 百年未有之大变局下的中国新发展格局与未来经济发展的展望[J]. 北京大学学报(哲学社会科学版), 2021, 58(5): 32-40.
林毅夫, 蔡昉, 李周. 中国的奇迹: 发展战略与经济改革[M]. 增订版. 上海: 格致出版社, 2014.
刘瑞. 30 年来国家计划实践与理论互动: 从计划到规划[J]. 政治经济学评论, 2008(2): 70-83.
刘瑞. 中国经济发展战略与规划的演变和创新[M]. 北京: 中国人民大学出版社, 2016.
刘瑞. 我国五年中期规划的绩效与理念[J]. 社会科学研究, 2017(1): 9-14.
刘瑞. 国民经济管理学概论(第三版)[M]. 北京: 中国人民大学出版社, 2020.
刘瑞, 李华. 国民经济管理学(第三版)[M]. 北京: 高等教育出版社, 2020.
刘瑞, 武少俊. 社会经济发展战略与规划: 理论, 实践, 案例[M]. 北京: 中国人民大学出版社, 2006.
刘瑞, 郑霖豪, 罗洁. 数字技术赋能五年规划管理: 理论逻辑和实践意义[J]. 上海经济研究, 2023(7): 64-72.
刘素仙. 公民参与: 建设公共服务型政府的根本途径[J]. 理论探索, 2007(4): 120-122, 134.
刘伟, 陈彦斌. 新时代宏观经济治理的发展脉络和鲜明特点[J]. 中国经济评论, 2022(Z1): 85-89.
刘欣琦. 五年规划中的国家治理机制研究[D]. 大连: 东北财经大学, 2022: 29-32.
刘泽. 发展规划决策对规划实施水平的影响机制研究[J]. 软科学, 2022, 36(9): 8-14, 36.
马克思, 恩格斯. 马克思恩格斯选集(第三卷)[M]. 3 版. 中共中央马克思恩格斯列宁斯大林著作编译局译. 北京: 人民出版社, 2012.
马克思, 恩格斯. 马克思恩格斯全集(第二十三卷)[M]. 中共中央马克思恩格斯列宁斯大林著作编译局译. 北京: 人民出版社, 2016.

马克思，恩格斯. 马克思恩格斯全集(第四十六卷)[M]. 中共中央马克思恩格斯列宁斯大林著作编译局译. 北京：人民出版社, 2016.
马永欢，吴初国，强海洋，等. 健全自然资源融合管理机制研究[J]. 中国软科学, 2022(8)：12-18.
孟红艳. 对中国 70～90 年代经济战略演变的研究[J]. 商, 2015(29)：78-79.
牛玉峰，刘晓伟. 新中国“五年规划(计划)”研究的实践检视与理论反思[J]. 当代经济研究, 2018(7)：69-75.
庞明川. 中国经济转轨中的宏观调控与公共政策[M]. 北京：中国社会科学出版社, 2011.
逄锦聚. 把握习近平经济思想的要义和精髓[N]. 经济日报, 2023-11-03(11).
人民日报. 习近平新时代中国特色社会主义思想是党和国家必须长期坚持的指导思想[N]. 人民日报, 2019-07-22(06).
任力，黄超芬. 中国经济发展战略的演变与新发展格局的时代意义[J]. 改革与战略, 2021, 37(5)：40-47.
任平. 当代中国马克思主义研究[M]. 北京：北京师范大学出版社, 2017.
任晓伟. 社会主义计划经济的历史和理论起源[M]. 北京：人民出版社, 2009.
沈悦，靳利飞，刘天科，等. 统一规划体系下自然资源规划顶层设计初探[J]. 中国国土资源经济, 2019(7)：52-57.
孙久文. 区域经济规划[M]. 北京：商务印书馆, 2004.
孙智君，李萌. 新时代中国共产党的长江经济带发展战略研究[J]. 重庆社会科学, 2020, (12)：28-44.
陶蕊，施筱勇，迟计. 国外发展战略与规划评估的案例研究及启示[J]. 软科学, 2019, 33(1)：29-33.
王朝科，鲁保林. 中长期发展规划引领是中国式现代化的典型特征[J]. 改革与战略, 2023(1)：1-12.
王春磊，郭琳琳. 高质量发展背景下优化自然资源规划实施机制探析[J]. 山东国土资源, 2024(1)：65-70.
王丹莉. 新中国西部开发战略的历史演进与未来趋势分析：基于“市场-政府”协作视角[J]. 农村金融研究, 2020(7)：3-9.
王光伟. 当代中国马克思主义的最新理论成果：习近平新时代中国特色社会主义思想学习体会[J]. 中国社会科学, 2017(12)：4-30, 205.
王灵桂. 全面建成小康社会与中国式现代化新道路[J]. 中国社会科学, 2022(3)：77-96, 205-206.
王文寅. 国家计划与规划：一种制度分析[M]. 北京：经济管理出版社, 2010.
王一鸣，等. 调整与转型：中国发展战略和中长期规划研究[M]. 北京：中国计划出版社, 2009.
王振中，胡家勇. 完善社会主义市场经济体制[M]. 北京：社会科学文献出版社, 2015.
吴丹，胡鞍钢，鄢一龙. 国家发展五年规划的战略分析与实践认识：以“十二五”规划为例[J]. 清华大学学报(哲学社会科学版), 2016, 31(1)：27-39, 189.
吴维海. “十四五”规划模型及编制手册[M]. 北京：中国金融出版社, 2020.
吴维海. 政府规划编制指南[M]. 北京：中国金融出版社, 2015.
习近平. 中国共产党领导是中国特色社会主义最本质的特征[EB/OL].(2020-07-15). http://www.qstheory.cn/dukan/qs/2020-07/15/c_1126234524.htm.
习近平. 关于《中共中央关于制定国民经济和社会发展第十四个五年规划和二〇三五年远景目标的建议》的说明[EB/OL]. (2020-11-03). http://www.xinhuanet.com/politics/leaders/2020-11/03/c_1126693341.htm.
习近平. 正确认识和把握中长期经济社会发展重大问题[EB/OL].(2021-01-15). http://www.qstheory.cn/dukan/qs/2021-01/15/c_1126984966.htm.
习近平. 把握新发展阶段，贯彻新发展理念，构建新发展格局[EB/OL]. (2021-04-30). http://www.qstheory.cn/dukan/qs/2021-04/30/c_1127390013.htm.
习近平. 全党必须完整、准确、全面贯彻新发展理念[J]. 求是, 2022(16)：4-9.
习近平. 加快构建新发展格局把握未来发展主动权[EB/OL].(2023-04-15). http://www.qstheory.cn/dukan/qs/2023-04/15/c_1129525276.htm.
习近平. 推进中国式现代化需要处理好若干重大关系[EB/OL].(2023-09-30). http://www.qstheory.cn/

dukan/qs/2023-09/30/c_1129890528.htm.
项敬尧. 中国共产党政党能力与国家治理现代化[J]. 教学与研究, 2023(1): 56-65.
肖春梅, 孙久文, 叶振宇. 中国区域经济发展战略的演变[J]. 学习与实践, 2010(7): 2, 5-11.
谢洪波. 从“计划”到“市场”: 我国社会主义经济体制的嬗变[J]. 宏观经济管理. 2008(5): 23-25.
新华社. 第一观察丨中央政治局新年首次集体学习, 聚焦新质生产力[EB/OL]. (2024-02-01). http://www.xinhuanet.com/20240201/39fa14f96e02406c94c321fc0a72185f/c.html.
许欣. 东北振兴战略演进轨迹及其未来展望[J]. 改革, 2017(12): 15-24.
鄢一龙. 五年规划: 一种国家目标治理体制[J]. 文化纵横, 2019(3): 76-86, 143.
央视网. 新思想引领新征程, 我国加快推动形成新质生产力[EB/OL]. (2024-01-30). https://politics.gmw.cn/2024-01/30/content_37118907.htm.
杨大楷. 国民经济学[M]. 上海: 复旦大学出版社, 2009.
杨封瑶. 浅析新时代实施乡村振兴战略的意义与路径[J]. 山西农经, 2023(19): 17-19.
杨近平, 中国共产党领导制定五年计划和规划的历史启示[J]. 广西社会科学, 2011(8): 93-96.
杨伟民. 发展规划的理论和实践[M]. 北京: 清华大学出版社, 2010.
杨伟民. 改革规划体制 更好发挥规划战略导向作用[J]. 中国行政管理, 2019(8): 6-8.
杨伟民, 等. 新中国发展规划 70 年[M] 北京: 人民出版社, 2019.
杨永恒, 陈升. 现代治理视角下的发展规划: 理论、实践和前瞻[M]. 北京: 清华大学出版社, 2019.
殷冬水, 周光辉. 国家规划引领国家发展: 基于国家五年规划的政治学分析[J]. 政治学研究, 2022(5): 99-112, 155.
詹成付. 中国“五年规划”的力量[J]. 党建研究, 2020(10): 13-16.
张车伟, 蔡翼飞, 董倩倩. 日本“国民收入倍增计划”及其对中国的启示[J]. 经济学动态, 2010(10): 107-111.
张皓翔. 中国共产党领导“五年规划”编制的历程与经验研究[D]. 长春: 吉林大学, 2023.
张今声, 王希文, 张虹. 国民经济规划学[M]. 北京: 经济科学出版社, 2005.
张静, 张今声, 等. 国民经济发展战略学[M]. 北京: 经济科学出版社, 2013.
张启华. 走进中国特色社会主义的新时代[J]. 当代中国史研究, 2018(1): 4-6.
张青卫, 魏佳楠. 五年规划持续推进中国式现代化的历史进程和经验总结[J]. 学习论坛, 2023(5): 5-12.
张神根, 方闻昊. 党的十一届三中全会与改革开放起步[J]. 党史文苑, 2021(12): 7-14.
张兴, 王春磊, 李亚茜. 新发展阶段发展规划实施评估指标体系的构建[J]. 自然资源情报, 2023(1): 1-7.
张兴, 王凌云, 周怀龙. 重大工程项目规划评估方法和指标体系建设[J]. 中国国土资源经济, 2020(10): 77-83.
张兴, 周怀龙, 丁宇. 规划实施评估原则、方法特征及技术趋势[J]. 中国国土资源经济, 2023(11): 1-11.
张兴. 规划评估的重要性及评估策略的选择[J]. 中国土地, 2022(5): 25-28.
赵大国. 1979 年 3 月 30 日, 邓小平在党的理论工作务虚会上作《坚持四项基本原则》的重要讲话[EB/OL]. (2017-11-28). http://cpc.people.com.cn/n1/2017/1128/c69113-29672334.html.
赵德起, 等. 中国国民经济和社会发展五年规划演进[M]. 北京: 经济科学出版社, 2021.
赵丽芬, 江勇. 可持续发展战略学[M]. 北京: 高等教育出版社, 2001.
赵晓雷. 中国改革开放 40 年经济发展战略转型研究[J]. 经济与管理研究, 2018, 39(11): 3-9.
赵延安, 陈凤仪. 乡村振兴战略的思想资源、科学内涵和实现路径[J]. 西北农林科技大学学报(社会科学版), 2023(6): 1-9.
政武经, 加快形成新质生产力(人民要论)[N]. 人民日报, 2023-11-09(13).
郑有贵. 经济发展战略思想及其实践[M]. 北京: 当代中国出版社, 2020.
郑栅洁. 《中华人民共和国国民经济和社会发展第十四个五年规划和 2035 年远景目标纲要》实施中期评估报告[EB/OL]. (2023-12-27). https://www.ndrc.gov.cn/fzggw/wld/zsj/zyhd/202312/t20231227_

1362958.html.
中共中央文献研究室. 建国以来重要文献选编 第二册[M]. 北京: 中国文献出版社, 1992.
中共中央文献研究室. 周恩来年谱(1949—1976)[M]. 北京: 中央文献出版社, 1997.
中共中央文献研究室. 改革开放三十年重要文献选编(下)[M]. 北京: 中央文献出版社, 2008.
中国科学院可持续发展研究组. 1999 中国可持续发展战略报告[M]. 北京: 科学出版社, 1999.
中国社会科学院经济研究所课题组. "五年规划"的历史经验与"十四五"规划的指导思想研究[J]. 经济学动态, 2020(4): 3-14.
中国式现代化研究课题组. 中国式现代化的理论认识、经济前景与战略任务[J]. 经济研究, 2022(8): 26-39.
中华人民共和国中央人民政府. 中共中央关于全面深化改革若干重大问题的决定[EB/OL]. (2013-11-15). https://www.gov.cn/zhengce/2013-11/15/content_5407874.htm.
中华人民共和国中央人民政府. 中共中央 国务院关于建立国土空间规划体系并监督实施的若干意见[EB/OL]. (2019-05-23). https://www.gov.cn/zhengce/2019-05/23/content_5394187.htm.
中华人民共和国中央人民政府. 中华人民共和国国民经济和社会发展第十四个五年规划和 2035 年远景目标纲要[EB/OL]. (2021-03-13). https://www.gov.cn/xinwen/2021-03/13/content_5592681.htm.
中央深入学习实践科学发展观活动领导小组办公室. 国内外经济社会发展实例选编: 深入学习实践科学发展观活动参阅资料[M]. 北京: 党建读物出版社, 2008.
钟契夫, 许光建. 中长期发展规划的基础理论和方法[M]. 北京: 中国计划出版社, 2002.
钟荣丙, 欧阳一漪. 创新驱动发展战略: 研究综述与历史演进[J]. 科技和产业, 2016, 16(7): 40-46.
钟镇涛, 张鸿辉, 刘耿, 等. 面向国土空间规划实施监督的监测评估预警模型体系研究[J]. 自然资源学报, 2022, 37(11): 2946-2960.
周人杰. 健全宏观经济治理体系 形成共促高质量发展合力[N]. 学习时报, 2023-01-12(02).
综合开发研究院(中国·深圳). 五年规划编制的理论与实践: 基于地方案例的思考[M]. 北京: 中国经济出版社, 2015.
Hirschman, A O. The Strategy Of Economic Development[M]. New Haven: Yale University. Press, 1958.
Sen, A. The concept of development[J]. Handbook of Development Economics, 1988, 1: 9-26.